KB202807

신천지 대해부

- 이만희 씨의 천지창조를 중심으로 -

저자 박유신

기독교포털뉴스

신천지 대해부
– 이만희 씨의 천지창조를 중심으로 –

발행일 | 초판 1쇄 2020년 2월 7일
　　　　 초판 2쇄 2020년 3월 13일
저자 | 박유신
디자인 | 마루그래픽스(maroo@maroogd.co.kr)
표지 디자인 | 최주호(makesoul2@naver.com)
교정 | 명은심(esbright@naver.com)
총판 | 하늘유통(031-947-7777)
펴낸 곳 | 기독교포털뉴스(www.kportalnews.co.kr)
신고번호 | 제 377-25100-2011000060호(2011년 10월 6일)
주소 | 우 16518 경기도 수원시 영통구 중부대로 335 삼부리치안 1동 1510호
전화 | 010-4879-8651

가격 | 16,000원
이메일 | unique44@naver.com
홈페이지 | www.kportalnews.co.kr

이 도서의 국립중앙도서관 출판예정도서목록(CIP)은 서지정보유통지원시스템 홈페이지
(http://seoji.nl.go.kr)와 국가자료종합목록 구축시스템(http://kolis-net.nl.go.kr)에서 이용하실 수 있습니다.
(CIP제어번호 : CIP2020001753)

이만희 씨의 **천지창조**를 중심으로

신천지
대해부

박유신 지음

天地創造
A   Ω

 기독교포털뉴스
www.kportalnews.co.kr

진용식 목사 (한국기독교이단상담소협회장, 세이협 대표회장, 상록교회 담임)

　이단에 미혹된 사람을 회심시키는 이단 상담은 본질적으로 교리 반증 강의다. 교리 반증을 할 때 가장 중요한 것은 먼저 이단이 주장하는 교리를 정확하게 파악하고 이해하고 설명해 주는 것이다. 이단 교리를 잘 알아야 정확한 반증 강의를 할 수 있다. 신천지에 빠진 사람들을 상담하려면 가장 먼저 신천지 교리가 무엇인지 잘 파악해야 한다. 박유신 목사님께서 쓰신 책『신천지 대해부』는 이 기본을 철저히 지키며 신천지 교리를 정확하게 드러냈다는 것이 특징이다. 신천지 교리를 잘 밝힌 것과 더불어 반증은 더욱 명쾌하다. 신천지 신도들을 상담해야 하는 목회자, 교회 지도자들에게 이 책이 큰 도움이 될 것이라고 생각되어 적극 추천한다.

탁지일 교수 (부산장신대)

　신천지 교리는 성경에 대한 자의적이고 허구적인 해석에 기초해있다. 박유신 목사의『신천지 대해부』는 신천지 교리의 허점과 모순을 성경을 통해 분석한 글이다. 특히 이 책은 이만희의 교리서인『천지창조』에 대한 신학적 분석과 변증으로, 안산제일교회에서 저자가 강의했던 체계적인 자료들로 구성되어 있다. 이 책의 잠재적인 독자는 기독교인들뿐만 아니라, 신천지 신도들이라고 저자는 밝히면서, 또한 신천지를 이탈한 신도들의 회복을 돕기 위한 목적도 있다고 덧붙인다. 신천지는 거짓의 가면을 쓰고 신앙공동체를 무너뜨리기 위해 수단방법을 가리지 않고 있다. 박유신 목사의 『신천지 대해부』가 신천지 대처의 효과적인 도움이 될 수 있을 것이라 생각된다.

신현욱 목사 (신천지 전문 구리상담소장)

그간 이단 신천지를 비판하는 서적들은 여럿 있었지만, 본서는 신천지 교리를 집대성한 『천지창조』를 중심으로 저들의 교리를 정확하게 분석하고 비판했다는 점에서 탁월하다. 몰상식과 황당함으로 자칫 어려울 수 있는 신천지 교리를 누구든지 알기 쉽게 그리고 그 거짓됨을 명확하게 드러냄으로써 신천지에 미혹된 자들에게는 눈을 뜨게 하는 안약이 되고, 저들의 실체를 알고자 하는 모든 이들에게는 요긴할 것이라 확신하여 강력히 추천한다.

차례

어느 날 우연히 필자의 컴퓨터에 저장되어 있던 '천지창조 해부하기'란 제목의 파일이 눈에 들어왔다. 지난 3년 동안 안산제일교회에서 이만희 씨의 저서 「천지창조」를 분석하고 강의 했던 자료들이었다. 요즈음 망나니처럼 날뛰는 신천지의 소행에 대한 소식을 더 많이 접하게 된다. 최근에는 누군가가 집 사서함에 신천지 신문을 계속 꽂아두고 간다. 자존심이 상하고 분노가 일어났다. 결국 이것이 묵혀두었던 파일에 손이 가게 만들었다. 그리고 이만희 씨의 저서들을 다시 끄집어내어 책상 위에 올려놓고 컴퓨터에 앉게 되었다. 이것이 이 책의 집필 동기이다.

이 책을 쓴 목적은 세 가지다. 첫째, 교회와 성도들이 신천지 교리의 허구를 바로 알고 바른 대응을 하는 데 조금이나마 도움이 되게 하기 위해서이다. "교회 바깥에서 성경공부 하지 마라"는 권유 정도와 "신천지 출입금지" 스티커 정도로만 대응 수단을 삼는 교회일수록 신천지 추수꾼들이 편리한 공격대상으로 삼기 때문이다.

둘째, 신천지 신도들을 위해서이다. 자기가 속한 집단의 실체를 알려주기 위해서이다. 이미 세뇌가 된 사람들 중에도 이성적 사고를 가진 사람들이 있다고 믿는다. 그들 중에 열린 마음을 가지고 이 책을 볼 수만 있다면, 최소한의 고민이 자리 잡게 될 것으로 믿는다. 당연히 신천

지에 완전히 물들지 않은 사람들에게는 이 책을 통해 하나님의 구원하
시는 역사가 있게 될 것을 확신한다.

셋째, 신천지 교주 사후 혼란을 겪을 신천지 신도들을 염두에 두었
다. 부산 CBS 방송국 건물 내에 이음공동체라는 작은 교회가 있다. 신
천지에서 탈퇴한 사람들이 중심이 된 교회이다. 신천지에 속았다는 사
실을 알고 자기가 떠난 교회로 다시 돌아갔지만, 기존 성도들의 색안
경적 시선이 불편해서 따로 마음 편하게 예배드리기 위해서 세워진 교
회이다. 그들이 호소하는 가장 큰 문제가 하나 있다. 설교를 들을 때
마다, 그동안 신천지에서 주입받았던 잔재들이 남아 있어서 적지 않은
혼선이 생긴다는 것이다. 필자는 여기에서 신천지 교주 사후에 발생할
혼란을 보게 되었다. 이 책은 신천지에서 이탈한 사람들을 체계적으로
재교육하는 데 적합하게 만들어졌다.

이만희 씨가 쓴 「천지창조」는 신천지 교리가 총망라되어 있다. 「천지
창조」는 신천지 교리 백과사전과 같다. 「신천지 대 해부」는 사실 「천지
창조」 해부하기이다. 왜냐하면 「천지창조」의 목차를 그대로 따라가면
서 분석하고 일일이 반증했기 때문이다. 단 제3부 '노정 교리 해부하
기'는 「천지창조」 목차 제2부 '천지창조론'에 포함되어 있지만, 워낙 신
천지의 핵심 교리이기 때문에 따로 떼내어 다루었다.

각 주제에 대한 연구는 ①신천지 주장 ②성경적 해석의 두 과정을
통해서 이루어진다. 먼저 '신천지 주장'은 「천지창조」의 내용을 그대로
인용한 후, 다시 쉬운 말로 정리했다. 이어지는 '성경적 해석'에서는
신천지의 오류를 지적하고 성경적으로 올바른 해석이 무엇인지를 제
시했다.

제1부 '신천지 성경론 해부하기'에서 이만희 씨의 성서관을 정리했
다. 이만희 씨의 모든 주장은 그가 성경을 어떻게 이해하고 있는 지에

서부터 출발한다. 모든 성경의 내용이 은닉되어 있다고 주장하는 목적은 결국 그가 성경의 최종 해석자로 등장하기 위한 사전 포석이었음을 밝혔다. 제2부 '신천지 천지창조론 해부하기'에서는 '영육합일설'과 '6일 창조론'으로 나누어서 다루었다. 신천지의 최종 목표인 영계와 육계가 하나 되는 나라의 창조가 성경적 지지를 받을 수 없는 이만희 씨 개인의 작위적인 주장이었음을 밝혔다. 신천지의 6일 창조론은 창세기 1장이 자연계의 창조가 아닌 신천지 설립 과정을 말하는 것으로, 노정 교리로 넘어가는 연결 고리와 같은 역할을 한다. 이 또한 분쇄하는 데 역점을 두었다. 제3부에서는 '신천지 노정교리'를 해부했다. 노정 교리는 성경의 긴 노정 끝에 등장하는, 시대의 마지막 목자 이만희 씨 한사람을 위해서 만든 교리이다. 필자는 그 긴 노정을 일일이 따라다니며 황당한 그의 주장들을 저지했다. 제4부 '신천지 요한계시록 해부하기'는 「천지창조」 제3부 '요한계시록 전장 요약 해설'을 분석한 것이다. 요한계시록을 오늘날 신천지를 중심으로 일어났던 장막성전의 변천사로 해석하는 이만희 씨의 주장을 분석하고 성경적으로 반증하였다. 제5부 '신천지 주제별 강해 해부하기'에서는 신천지가 주장하는 대표적인 주제 열 개를 선정해서 다루었다. 마지막 세 개의 주제인 '동방교리', '첫째 장막과 둘째 장막', '재림 예수 이만희'는 「천지창조」가 아닌 이만희 씨의 다른 저서와 「신탄」을 참고하였으며, 이 또한 근거 없는 낭설임을 증명했다.

　이 책이 나오기까지 기도로 후원해주신 어머니와 아내와 이모님과 그리고 안산제일교회 성도들께 감사한다. 이만희 씨가 쓴 여러 저서를 선물해 주시고 추천의 글을 써주신 신현욱 목사님과 미국에서 필요한 자료를 제공해 주신 한창수 목사님과 국내에서 도움을 주신 권의택 목사님, 박병주 목사님, 장정규 목사님, 김한수 목사님과 추천의 글을 써

주신 탁지일 교수님, 진용식 목사님에게 감사드린다. 마지막으로 하늘에서 끝까지 격려를 아끼지 아니하셨을 나의 외조부 사랑의 원자탄 고 손양원 목사님과 두 분 삼촌에게 이 책을 올려드린다. 이 책을 통해 더 이상 신천지에 피해를 입는 성도들이 없기를 바라며, 신천지에 빠져 있는 사람들이 자신이 속한 집단의 실체를 깨닫고 돌아올 수 있기를 소망한다.

2020년 1월 20일
박유신 목사

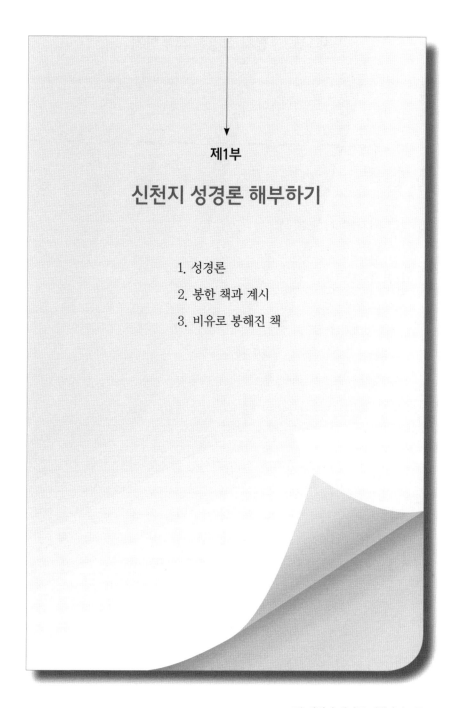

제1부

신천지 성경론 해부하기

1. 성경론
2. 봉한 책과 계시
3. 비유로 봉해진 책

제1부: 신천지 성경론 해부하기

1. 성경론

1) 성경 저자의 기록 목적

① 신천지 주장

> 성경 전서의 저자는 하나님이시다. 영이신 하나님께서 약 35~40명
> 에 이르는 선지자들과 사도들을 대필자로 삼아 하나님의 말씀을 기
> 록하셨다. 하나님께서 성경을 저술하신 목적은 아담 범죄 이후 사망
> 에 빠진 인류를 구원하여 영생을 주시기 위해서이다(요 5:39).[1]

'성경 저자의 기록 목적'에 대한 신천지의 주장은 다음과 같다.

* 성경의 저자는 하나님이며 영이신 하나님은 약 35~40명의 대필자
  를 사용했다.
* 성경을 저술하신 목적은 아담 범죄 이후 사망에 빠진 인류에게 영생
  을 주기 위함이다.

---

1) 이만희, 『천지창조』 (과천: 도서출판 신천지, 2007), 22.

② 성경적 해석

하나님께서 성경을 기록한 목적이 천년성에서 영원히 죽지 않는 영생을 가르쳐주기 위함인가?

이만희 씨는 하나님께서 대필자로 하여금 성경을 쓰게 하신 목적은 영생을 얻게 하기 위함이라고 한다. 하지만 이 영생은 성경이 의미하는 영생이 아니다. 이만희 씨가 쓴 책 「천지창조」는 영생에 관해 다음과 같이 말한다.

> 이 천 년 기간은 만국을 소성하는 기간이요 그리스도께서 통치하시는 시대이다. 이 시기에는 사람의 생명이 나무의 수명처럼 길어진다 (사 65:17~23). 이상은 아담 범죄 후 예수님께서 십자가를 지신 이래 영계와 육계가 하나 되는 신인합일체(神人合一體)의 천국 나라가 이 땅에 창조됨을 말한 것이다(계 21:1~3). …그리스도와 함께 사는 천년성 안 열두 지파 영적 새 이스라엘은 악이 없는 세계 속에서 영원히 살게 된다.[2]

이만희 씨는 영계의 영들과 육계의 신천지 신도의 육체가 결합하여 탄생된 '신인합일체' 라는 존재가 천년성에서 육신적 죽음 없이 영생한다고 주장한다. 하나님께서 이와 같은 영생을 알게 하기 위해 성경을 저술했다는 것이다.

하나님께서 성경을 기록하신 목적은 예수 그리스도를 통해서 영생을 주시기 위함이다.

---

2) 위의 책, 120-121.

이만희 씨가 성경의 기록 목적을 영생과 관련시킨 것에 대해서는 이의가 없지만, 그가 말하는 영생은 성경이 말하는 영생과 무관하다. 영생은 천년성에 거주하는 신천지인들의 수명이 나무의 수명처럼 길어져서 육신적 죽음 없이 영원히 사는 것을 말하지 않는다. 영생(αἰών)은 영원불멸의 개념이 아니라 그리스도를 믿음으로 하나님과 새로운 관계에 참여하는 것을 의미하며(요 17:3; 롬 5:21) 이 친교는 영원한 하나님과의 친교를 의미한다(요 6:40; 요일 2:17).

이만희 씨는 「천지창조」에서 영생에 대해 다음과 같은 주장도 펼친다.

마지막 때는 요한계시록에 약속한 목자를 통해 하나님의 말씀과 계시를 받아야만 하나님과 예수님을 알 수 있고, 천국과 영생을 얻을 수 있다(마 11:27, 요 17:3 참고).[3]

여기서 약속한 목자는 이만희 씨를 가리킨다. 이만희 씨는 자기가 계시하는 말씀을 받아야만 영생을 얻을 수 있다고 가르친다. 그는 이처럼 예수 그리스도의 자리에 자기 이름을 올려놓는다. 그는 항상 '예수'를 언급한다. 하지만 그 범위는 지극히 제한되어 있다. 예수는 구약의 성취, 자기는 신약의 성취, 예수는 구약이 약속한 목자, 자기는 신약이 약속한 목자, 예수는 초림 주, 자기는 재림 주라는 도식을 만들기 위한 수단일 뿐 예수님을 구원의 주로서, 하나님으로 나타내지 않는다.

이만희 씨는 자기 스스로를 가리켜 '한 시대의 획을 긋는 약속한 목자', '신약 성경이 나타내고자 하는 한 사람', '예수가 증거하는 한 사람'으로 지칭하며, 자기를 이 시대에 하나님이 세운 마지막 종으로 나타

---

3) 위의 책, 214.

낸다. 심지어 성경의 기록 목적과 영생도 자기 자신과 결부시킨다. 하지만 이 같은 주장은 성경의 지지를 받을 수 없다. 성경은 "영생은 곧 유일하신 참 하나님과 그가 보내신 자 예수 그리스도를 아는 것이니이다"(요 17:3) 라고 밝히기 때문이다. 성경은 하나님께서 성경을 기록한 목적에 대해서 분명히 밝힌다. 하나님께서 성경을 기록한 목적은 예수 그리스도를 통해서 영생을 주시기 위함이다(요 5:39 ; 요 20:31). 이러한 성경을 하나님께서 감추어두었다는 주장은 지극히 모순이다.

2) 성경 내용 구분

① 신천지 주장

성경의 내용은 크게 역사, 교훈, 예언, 실상, 이 네 가지로 구분한다. 그 중 예언은 장래사를 미리 말한 것으로, 배도, 멸망, 구원의 노정으로 이루어진다. 특히 신약 성경의 예언은 대부분 구약 성경에 나오는 인명과 지명을 빙자하여 비유로 기록되어 있다.[4]

'성경 내용 구분'에 대한 신천지의 주장을 정리하면 다음과 같다.

＊성경의 내용은 역사, 교훈, 예언, 실상으로 구분된다.
＊예언은 장래사를 말하는 것으로 배도, 멸망, 구원 순서로 되어 있다.
＊신약의 예언은 대부분 구약성경의 인명과 지명을 빙자하여 비유로 기록되었다.

---

4) 위의 책, 23.

② 성경적 해석

성경은 역사와 교훈과 예언과 '실상'으로 구분되어 있는가?

　이만희 씨는 성경이 역사와 교훈과 예언과 실상으로 구분되어 있다고 주장한다. 일반적으로 성경의 장르는 구약은 율법서, 역사서, 시가서, 선지서로 구분하고 신약은 복음서, 사도행전, 서신서, 요한계시록 등으로 구분한다. 이만희 씨는 자기만의 방식으로 성경을 분류하며 실상이라는 기이한 장르 하나를 첨가한다. 여기서 실상이란 '실제적 의미' 혹은 '실제적 사건'을 뜻한다. 이 실상은 비유와 예언과 연결된 단어이다. 비유와 연결되어 사용할 때는 비유의 실제적 의미가 되고, 예언과 연결되어 사용할 때는 예언이 성취된 실제적 사건이 된다. 이만희 씨는 자기 스스로를 성경의 실상을 밝히 드러내는 자로 자처한다. 자기가 감추어진 비유의 실제적인 뜻을 밝혀 주며, 예언이 이루어진 실제적 사건을 증거하는 자라는 것이다. 그는 이를 위해 성경은 철저히 감추어진 책이라는 전제를 먼저 설정한다. 심지어 성경은 성경을 기록했던 기자도 자기가 기록한 내용을 알지 못했다고 주장한다.[5]

성경은 누구나 이해할 수 있는 하나님의 말씀이며, 성경 자체가 실제(실상)이며 다른 실상은 존재하지 않는다.

　이만희 씨의 주장은 성경 신학적 관점에서 받아들이기 힘들다. 모든 성경 기자는 하나님의 뜻과 계획을 유기적인 대언자로서 전달했기 때문이다. 그들은 기계적으로 사용되어진 대필가가 아니었다. 하나님의 뜻과 계획을 전달함에 있어서 필연적으로 청자와 독자들이 처한 시대적 정황과 자신이 전하는 메시지의 의미를 충분히 이해하고 있어야만

---

5) 이만희, 『천국 비밀 요한계시록의 실상』 (과천: 도서출판 신천지, 2005), 45.

했다. 그렇지 않고서는 하나님의 뜻을 정확하게 전달할 수 없었다. 그러므로 청자와 독자들도 자기들의 언어로 다가오는 모든 성경을 누구의 도움 없이도 하나님의 말씀으로 충분히 이해하고 깨달을 수 있었다.

하나님은 '성경을 통해서' 자기를 계시하고 자기의 뜻을 전하신다. 하나님은 성경을 통해서 자기의 백성들을 교훈하시고, 책망하여 바로잡으시고, 의로 교육하시고, 온전하게 만들어 선한 일을 시키신다(딤후 3:16~17). 그러므로 성경은 그 자체가 실제이다. 구약의 예언서도 예외가 아니다. 실상은 따로 존재하지 않으며, 그 실상을 밝혀줄 누군가도 필요하지 않다. 그런 역할을 할 수 있는 존재는 오직 성령 하나님밖에 없다(요 14:26).

구약의 인명과 지명 속에도 하나님께서 말씀하시는 뜻이 있다.

신약 성경의 예언은 대부분 구약 성경에 나오는 인명과 지명을 빙자하여 비유로 기록되었다는 이만희 씨의 주장은 타당한가? 성경의 원저자는 하나님이다(벧후 1:21). 그 하나님이 신약의 예언 메시지를 구약 성경의 인명과 지명 안에 감추어 두었다는 주장은 어느 정도 설득력이 있는가?

성경은 하나님의 자기 계시이다. 하나님은 성경 안에서, 그리고 성경을 통해서만 자기를 드러내 보이신다. 하나님은 이성을 가진 모든 인간이 성경을 통해서만 하나님과 예수 그리스도를 인식할 수 있도록 하셨다. 성경의 모든 내용은 하나님을 나타낸다. 구약의 인명과 지명도 예외가 될 수 없다. 성경 전체가 영감된 하나님의 말씀이므로, 구약의 인명과 지명도 영감된 하나님 말씀이다. 하나님은 인명과 지명을 통해서도 하나님 자신을 드러내신다. 하나님이 성경의 내용을 감추어두었다는 주장은 성경의 원저자의 권위를 심각하게 훼손한다.

성경의 예언은 장래사를 미리 말한 것으로, 배도, 멸망, 구원의 노정으로 이루어진다는 주장은 그 자체로 모순이 된다. 왜냐하면 요한계시록을 포함한 성경의 예언서는 먼 미래에 일어날 어떤 일을 계시하는 것이 아니기 때문이다. 신천지의 배도, 멸망, 구원 교리에 대해서는 제3부 '노정 교리 해부하기'에서 자세히 다룬다.

3) 성경은 선민에게 하신 말씀

① 신천지 주장

성경은 하나님께서 선민에게 하신 말씀이다. 하나님의 선민을 상징하는 말로는 이스라엘, 유다, 예루살렘, 시온 등이 있다. 이러한 용어가 선민을 가리킨다는 사실을 모르면 성경을 제대로 이해할 수 없다. 구약 시대에는 아브라함에서 비롯한 육적 이스라엘이 선민이었으며, 신약 시대에는 예수님을 믿는 영적 이스라엘이 선민이다. …오늘날 하나님의 선민이 된 우리 그리스도인은 신약 성경이 하나님께서 우리 선민에게 보낸 편지요 언약서임을 알아야 한다.[6]

'성경은 선민에게 하신 말씀'에 대한 신천지의 주장을 정리하면 다음과 같다.

＊성경은 하나님께서 선민에게 하신 말씀이다.
＊구약시대에는 아브라함의 혈통이 선민이며 신약시대에는 영적 이스라엘이 선민이다.

---

6) 위의 책, 32–34.

＊오늘날은 신천지 신도가 선민이며 하나님께서 이 신천지인에게 신약 성경을 보냈다.

② 성경적 해석

성경은 선민에게만 주어졌는가?

이만희 씨는 하나님께서 성경을 선민에게만 허락했다고 주장한다. 그리고 그 선민이 누구인지 세 가지로 분류하여 설명한다. 첫 번째, 육적 이스라엘이라 지칭하는 선민이 있다. 육적 이스라엘은 아브라함의 혈통적 후손을 말한다. 두 번째, 선민은 영적 이스라엘로 지칭하는 예수님을 믿는 자들이다. 영적 이스라엘의 범주에 속하는 사람들은 예수님의 열두 제자에서부터 1966년도에 설립되었다가 1981년 와해된 유재열 장막성전의 신도까지를 포함한다.[7] 세 번째 선민은 현재 이만희 씨가 교주로 있는 신천지 장막성전의 신도들이다. 이만희 씨는 하나님께서 이 세 그룹의 선민들에게만 성경을 허락했다고 주장한다.

성경은 모든 사람에게 주어진 하나님의 말씀이다.

하나님께서 과연 성경을 어떤 특정 집단만을 위해서 기록했으며, 특정 집단만이 소유할 수 있는 특권을 주셨을까? 하나님께서는 성경을 특별히 소유할 수 있는 대상에 대해 지정하지 않았다. 하나님은 누구든지 성경을 읽고 예수님께서 하나님의 아들 그리스도이심을 믿게 하고, 그 이름을 힘입어 생명 얻기를 원하시기 때문이다(요 20:31). 하나님은 누구든지 성경을 읽고 그것을 통해서 교훈과 책망을 받고, 바르게 되

---

7) 유재열 장막성전은 신천지 장막성전의 전신으로 교주 구속 후 와해된 사이비 집단이다. 탁명환, 『기독교 이단연구』 (서울: 국종출판사, 1986), 345–349.

고, 의로워지고, 온전한 사람이 되기를 원하신다(딤후 3:16~17). 그러
므로 하나님은 성경이 유대인 안에만 머물러 있기를 원하지 않으셨다,
그래서 유대인 전도자들로 하여금 세상 모든 민족에게(마 28:19~20),
땅 끝까지(행 1:8) 성경을 전달하라고 하셨다. 하나님은 성경 속에서 복
음의 진리를 발견하고 그것을 받아들이는 모든 사람에게, 그가 선민이
든, 아니든 구원이 임하도록 정해 놓으셨다(롬 1:16). 하나님의 기록된
말씀 곧 성경은 모든 사람을 향한 하나님의 말씀이다. 성경은 볼 수 있
는 눈을 가진 모든 사람에게 개방되어 있다.

2. 봉한 책과 계시

1) 봉한 책 – 예언서, 요한계시록

① 신천지 주장

> 성경은 내용상 역사와 교훈과 예언과 실상으로 구분할 수 있다. 그 중 역사, 교훈과 이미 성취된 실상은 공개되어 있으므로 봉함되었다고 말할 수 없다.[8]

> 일곱 인으로 봉한 하나님의 책(계 5장)은 계시될 때까지는 그 누구도 그 내용과 실체를 알 수 없다. 하나님께서 봉해 놓고 열어 주시지 않는데 그 책을 어느 누가 펼칠 수 있으랴![9]

'봉한 책'에 대한 신천지의 주장을 정리하면 다음과 같다.

＊성경 가운데 역사서와 교훈서(잠언)와 이미 성취가 된 이야기는 봉함되어 있지 않다.
＊성경 가운데 장래사를 알리는 예언만 봉함되어 있다.
＊일곱 인으로 봉해진 요한계시록의 내용은 감추어져 있다.

② 성경적 해석

---

8) 이만희, 『천지창조』, 29.
9) 위의 책, 25.

예언서와 요한계시록만 봉해져 있는가?

이만희 씨는 성경 가운데 역사서와 교훈서 그리고 이미 성취된 이야기를 제외한 나머지, 예언서만 봉함되었다고 주장한다. 요한계시록도 그 중 하나이다. 봉함되었다는 의미는 그 내용이 숨겨져 있음을 뜻한다. 더 정확히 말하면 문자 이면에 다른 '본래의 뜻', '참 뜻'이 있음을 말하는 것이다. 눈에 보이는 글자는 하나의 비유 내지 상징일 뿐, 그것은 다른 의미를 내포하고 있다는 것이다. 이만희 씨는 앞에서도 예언서뿐 아니라 대부분 구약에 등장하는 인명과 지명도 비유적 표현이며, 그 참뜻은 신약에서 찾아야 된다고 하였으므로 봉함의 범위는 더 넓어진다. 더 나아가 그의 봉함의 범위는 예언서에만 국한된 것이 아니라 성경 전체까지 확대되어 있다.

이만희 씨는 예언서와 요한계시록뿐 아니라 모든 성경이 봉해져 있는 것으로 간주한다.

이만희 씨는 모든 성경이 봉함된 것으로 간주한다. 그것은 그의 성경 해석을 통해서 확인이 가능하다. 예를 들면 창세기 1장에서 하나님께서 창조하신 빛, 하늘, 땅, 바다, 동물, 조류, 어류, 식물, 해, 달, 별 등은 실제가 아닌 상징으로 간주한다. 그리고 이에 대해 완전히 새로운 의미를 제시한다. 이러한 예는 창세기뿐 아니라 그의 모든 성경 해석에서 나타난다. 교훈서인 잠언 12:1과 30:2의 짐승을 '생령이 되기 전 아담'[10], 잠언 16:15의 늦은 비는 '성경책'[11], 역사서인 역대하 9:13의 솔로몬이 받은 세금은 '사탄의 지식'[12], 신명기 32:2의 풀과 채소는

---

10) 위의 책, 80.
11) 이만희, 『천국의 비밀 계시록의 진상』 (안양: 도서출판 신천지, 1985), 34.
12) 이만희, 『천지창조』, 226.

'사람'[13], 출애굽기 30:18의 성막의 물두멍은 '성경책'[14], 신명기 28:5의 일곱 길은 오늘날 존재했던 어떤 단체의 일곱 사람이 '흩어진 길'[15] 등으로 해석한다. 그는 역사서든 교훈서든 장르의 구분 없이, 구약 전체를 감추어진 글로 해석하며 자기만의 답을 제시한다.

신약 성경도 마찬가지이다. 예를 들면 마태복음 3:16의 비둘기를 '영계의 영들'[16], 마태복음 6:11의 일용할 양식을 '신천지의 말씀'[17], 마태복음 13:49의 물고기를 '신천지 새가족'[18], 요한복음 19:34의 찌른 자는 '기성교회'[19], 서신서인 데살로니가후서 2:3의 불법의 사람을 오늘날의 '두 인물'[20], 히브리서 9:2~3의 성소와 지성소를 오늘날의 '두 사이비 단체'[21]로 해석한다. 이처럼 이만희 씨는 구약의 역사서, 교훈서, 신약의 복음서, 서신서의 구분 없이, 모든 성경을 비유와 상징으로 감추어진 글로 해석하고 그 참뜻(?)을 제시한다. 이만희 씨가 주장하는 봉함의 범위는 실제로는 전체 성경으로 확대되어 있다.

모든 성경은 열려 있으며, 모든 성경은 하나님을 드러낸다.

과연 성경이 이처럼 봉함되어 감추어져 있는 글일까? 요한계시록 1:1에 계시(Ἀποκάλυψις)라는 용어가 등장한다. 여기서 '계시하다'는 숨겨진 것을 드러내 보인다는 의미이다. 이는 성경에서 말하는 계시의 성격을 잘 나타낸다. 성경은 계시의 글이다. 계시의 주체는 하나님이며 계시의 내용은 예수 그리스도이다. 예수 그리스도 안에서 일어난

---

13) 위의 책, 60.
14) 이만희, 『천국 비밀 요한계시록의 실상』, 324.
15) 이만희, 『천국의 비밀 계시록의 진상』, 67.
16) 이만희, 『천지창조』, 64.
17) 위의 책, 315~316.
18) 위의 책, 64.
19) 이만희, 『천국의 비밀 계시록의 진상』, 34~35.
20) 이만희, 『천지창조』, 350~351.
21) 『진리의 전당 주제별 요약 해설』 (과천: 도서출판 신천지, 2009), 301.

일이 계시의 내용이다. 그리고 하나님은 이 계시가 하나님의 계시가 되게 하기 위해 자신의 성령을 이 계시에 부으셨다(딤후 3:16). 하나님은 감추어졌던 자기 자신을 예수 그리스도를 통해서, 그리고 성경을 통해서 드러내신다. 하나님은 모든 성경을 자기 자신을 드러내시는 수단으로 삼으신다. 그러므로 성경은 열려 있어야 한다. 성경을 계시의 관점에서 이해할 때, 하나님께서 자신을 계시하고 있는 성경을 봉함하고, 은닉하고, 닫아 두었다는 주장은 설자리를 잃는다. 성경은 봉함되어 있고, 그러므로 누군가가 나타나 풀어줘야 한다는 주장은 대부분 사이비 교주들이 즐겨 사용했던 소재이다.

2) 봉한 책과 약속한 목자

① 신천지 주장

> 지금으로부터 약 2,700년 전 이사야 선지자는 유다와 예루살렘에 관한 이상을 보았고(사 1:1), 약 2천 년 전 밧모섬에 유배되어 있던 사도 요한은 예수 그리스도의 계시를 받았다(계 1:1~2). 이 두 사람이 받은 이상과 계시 가운데는 봉한 책에 관한 내용이 포함되어 있다(사 29:9~14, 계 5장, 10장).[22]

> 하나님께서는 '묵시는 정녕 이룰 때가 있으므로 달려가면서도 읽을 수 있도록 마음 판에 확실히 새기라.'고 하셨다(합 2:2~3). 그러나 그 책은 정한 때가 되기까지 하나님께서 봉해 두시기에 아무도 기록

---

22) 이만희, 『천지창조』, 29.

된 뜻을 알지 못한다.[23]

문제의 봉한 책(사 29:11, 계 5:1)은 오늘날 예수님께서 하나님의 손에서 취하여(계 5:7) 인봉(印封)을 모두 떼어 펼치시고 실상으로 이루셨다. 그리고 펼치신 그 책을 약속한 한 목자에게 주시고 책 안에 기록된 예언의 말씀과 그 이루어진 실상을 증거하게 하셨다(계 10장).[24]

'봉한 책과 약속한 목자'에 대한 신천지의 주장을 정리하면 다음과 같다.

＊이사야 29:9~14, 하박국 2:2~3, 요한계시록 5장과 10장은 성경이 봉한 책임을 말한다.
＊봉한 책은 약속한 목자가 실상으로 증거한다.

② 성경적 해석

이만희 씨는 표면적으로 모든 성경이 봉함된 것이 아니라 구약의 예언서, 신약의 요한계시록만 봉함되었다고 주장한다. 그러나 그는 「천국비밀 계시록의 진상」에서 다른 주장을 한다.

먼저 우리는 성경 66권 전체의 열매라고 할 수 있는 이 계시록이 봉해지면 성경 전체가 봉해지는 결과가 되며 계시록이 개봉되면 성경 전체가 개봉된다는 것을 이해하는 것이 순서이다.[25]

---

23) 위의 책, 29.
24) 위의 책, 471.
25) 이만희, 「천국의 비밀 계시록의 진상」, 79.

이만희 씨는 요한계시록이 봉함되었으니 성경 전체가 봉함된 것과 마찬가지라는 논리를 펼친다. 그는 실제로도 모든 성경이 봉함된 것으로 간주하고 해석한다. 그는 이 주장의 근거로 이사야 29:10~11, 하박국 2:2~3, 요한계시록 5:1, 10:4을 제시한다. 그 밖에 다니엘 12:4도 인용한다.[26] 과연 이 구절들이 성경이 봉함되었다는 그의 주장을 뒷받침하는지 살펴보자.

성경은 성경이 봉함되었다고 말하지 않는다.

이사야서 29:10~11 해석

> 10 대저 여호와께서 깊이 잠들게 하는 영을 너희에게 부어 주사 너희의 눈을 감기셨음이니 그가 선지자들과 너희의 지도자인 선견자들을 덮으셨음이라. 11 그러므로 모든 계시가 너희에게는 봉한 책의 말처럼 되었으니 그것을 글 아는 자에게 주며 이르기를 그대에게 청하노니 이를 읽으라 하면 그가 대답하기를 그것이 봉해졌으니 나는 못 읽겠노라 할 것이요(사 29:11).

이사야 29:11의 "그러므로"는 원인과 결과를 이어주는 접속사이다. 이사야는 하나님의 모든 계시가 봉한 책의 말처럼 된 원인에 대해서 앞의 10절에서 말한다. 그 이유는 하나님께서 백성들에게 잠들게 하는 영을 부어 눈을 감기게 하셨기 때문이다. 즉 모든 계시를 닫아버렸기 때문이다. 유다 백성들은 오랫동안 하나님의 말씀과 선지자들을 의도적

---

26) 『진리의 전당 주제별 요약 해설 III-1』 (과천: 도서출판 신천지, 2011), 146–147.

으로 멸시해왔다. 이런 정황 속에서 하나님은 이사야를 통해서 그들을 더 깊이 잠들게 하여 더 무감각하게 만들어 버리겠다고 선언한다. 그 결과 모든 계시는 백성들에게 감추어진 계시가 된다. 심지어 "글 아는 자들" 즉 유식하다는 사람들에게 조차도 하나님의 말씀이 밀봉되어 버린다. 이 구절은 성경 자체가 봉함되었다는 것을 말하지 않는다. 단지 성경에 대해서 불손한 태도를 가진 자 앞에서는, 성경은 스스로 문을 닫아 버린다는 교훈을 주고 있을 뿐이다.

하박국 2:2~3 해석

> 2 여호와께서 내게 대답하여 이르시되 너는 이 묵시를 기록하여 판에 명백히 새기되 달려가면서도 읽을 수 있게 하라. 3 이 묵시는 정한 때가 있나니 그 종말이 속히 이르겠고 결코 거짓되지 아니하리라 비록 더딜지라도 기다리라 지체되지 않고 반드시 응하리라(합 2:2~3).

하박국은 남 유다가 바벨론에 의해 멸망되기 직전 B.C 612~605년에 활동한 선지자이다. 이 시기는 남 유다의 종교적, 도덕적 부패가 극에 달한 시기였다. 남 유다는 바벨론으로부터 멸망당하기 직전이었다. 이때 하박국은 하나님에게 남 유다보다 훨씬 악하고 패역한 나라 바벨론을 들어서 선민을 치시는 이유에 대해서 질문한다. 하박국의 이 항의성 질문에 하나님은 잠시 바벨론을 들어 심판할 뿐, 바벨론 또한 그들의 죄악으로 심판받게 된다는 답을 주신다. 하박국 2:2~3은 이 문맥 속에서 읽어야 한다. 하박국이 기록하고 보관해야 할 '묵시'는 하나님이 하박국에게 밝혀주신 계시이다. 즉 바벨론을 들어서 패역한 남 유다를 심판하겠지만, 바벨론 또한 자기의 죄악으로 심판받는다는 내용이다. 이 묵시는 하나님께 정하신 때 즉 '종말' 때까지 보관되어야 한다. '종말'은 유다와 바벨론에 대한 심판이 이루어지는 날을 가리킨다. 이 구절과 봉함된 성경과는 무관하다.

요한계시록 5:1 해석

> 내가 보매 보좌에 앉으신 이의 오른손에 두루마리가 있으니 안팎으로 썼고 일곱 인으로 봉하였더라(계 5:1).

이만희 씨는 보좌에 앉으신 하나님의 손에 있는 '봉해진' 두루마리를 '봉해진' 성경으로 간주한다. 그러나 봉해진 두루마리는 곧바로 공개되고 시행된다. 어린 양이 두루마리를 취하여 봉해진 인을 뗐기 때문이다(계 5:7). 그리고 그 내용은 요한계시록 6장부터 공개된다.

다니엘서 12:4, 8~9 해석

> 다니엘아 마지막 때까지 이 말을 간수하고 이 글을 봉함하라 많은 사람이 빨리 왕래하며 지식이 더하리라(단 12:4).

> 내가 듣고도 깨닫지 못한지라 내가 이르되 내 주여 이 모든 일의 결국이 어떠하겠나이까 하니 그가 이르되 다니엘아 이 말은 마지막 때까지 간수하고 봉함할 것임이니라(단 12:8~9).

다니엘 12장은 다니엘에게 주어진 예언 봉함 명령이다. 가브리엘 천사는 다니엘에게 마지막 때까지 이 말씀을 은밀히 간수하고, 봉하라고 명령한다. 다니엘이 봉함해야 될 '이 말'과 '이 글'은 무엇인가? 다니엘이 직간접으로 받은 모든 묵시 즉 7장에서 12장까지의 내용을 가리킨다. 이 내용을 봉하는 기간은 다니엘 12:4의 "마지막 때까지"이다. 다니엘이 꿈과 환상을 통해 받은 묵시는 세계사 속에 등장하는 대제국들의 흥망성쇠에 관한 내용들이었다. 바벨론 제국, 페르시아 제국, 그리고 헬라 제국이 네 등분 된 후 북방 셀류크스 왕조와 남방 프톨레미 왕조 간의 각축전, 그리고 셀류크스 출신의 안티오커스 에피파네스의 등장과 만행까지의 모든 내용을 가리킨다. 이 묵시의 내용은 안티오커스 에피파네스가 나타나서 성전을 모독하고 하나님 백성을 핍박하였던 B.C 2세기에 모두 성취된다. 그러므로 봉하는 기간을 명시한 "마지막 때까지"는 다니엘서의 모든 예언들이 문자대로 성취될 때를 가리킨다. 다니엘의 봉한 묵시와 이만희 씨의 봉한 성경과는 아무 관련이 없다.

요한계시록 10:4 해석

> 일곱 우레가 말을 할 때에 내가 기록하려고 하다가 곧 들으니 하늘에서 소리가 나서 말하기를 일곱 우레가 말한 것을 인봉하고 기록하지 말라 하더라(계 10:4).

요한은 하늘로부터 긴급한 천사의 명령을 듣는다. "일곱 우레가 말한 것은 인봉만 할 뿐 기록하지 말라"는 소리였다. 그러므로 요한은 그 내용을 기록하지 않았다. 때문에 우리는 그것이 무엇인지 알 수 없다. 그럼에도 불구하고 이만희 씨는 그것을 요한계시록이라고 단정하고, 요한계시록은 인봉된 책이라고 주장한다. 그리고 약속한 목자인 자기가 그것을 열어서 실상으로 공개해야 한다고 한다.[27] 그러나 이 주장은 그 자체로써 모순을 지닌다. 요한이 기록하지 않은 내용이 어떻게 오늘날 기록된 요한계시록으로 존재하고 있느냐는 것이다. 그리고 어떻게 이만희 씨가 그것을 해석하고 증거할 수 있느냐는 것이다. 이상에서 살펴본 구절들은 성경 봉함과는 아무 관계가 없다.

이만희 씨의 이러한 주장을 통해 한 가지 추측할 수 있는 것은 '성경 봉함설'은 결국 어떤 한 사람을 드러내기 위한 사전 포석이었을 것이라는 점이다. 성경이 봉해지고 감추어져서 누군가 가르쳐주지 않으면 안 된다는 주장은 결국 이만희 씨 한 사람을 드러내기 위한 수단이었을 것이다. 이러한 추측은 이만희 씨의 또 다른 주장을 확인함으로써 확신으로 전환된다.

> 봉한 책은 예수님께서 펼치시고 그 책에 기록된 대로 이루신다. 그리고 이긴 자 한 사람을 택하여 그 이루신 것을 천사를 통해 보여주시고 또 열린 책을 그에게 주어 그 이루신 것을 증거하게 하신다(계 1:1~3, 계 10장)[28]

> 본장은 예수님께서 약속하신 목자 한 사람을 우리에게 알리는 내용이다. 그는 바로 사도 요한의 입장으로 와서 하늘에서 온 책을 받아먹고 통달한 자요 보혜사 성령의 위치에 있는 본장의 천사가 함께하는 예수님의 대언자이다. …하나님과 예수님께서는 사도 요한의 입장으로 오는 목자에게 말씀을 열어 주시기로 약 이천 년 전에 본장에

27) 이만희, 『천지창조』, 214.
28) 위의 책, 472–473.

미리 정해 두셨다.[29]

여기서 약속한 목자와 이긴 자는 이만희 씨를 가리키고, 하늘에서 온 책은 요한계시록을 말한다. 즉 천사가 기록하지 말라고 명한 그것이다. 신천지는 2천 년 전에 하나님께서 요한계시록을 이만희 씨에게 먹이고 그것을 통달하게 한 다음, 열어서 증언하도록 정해 두셨다고 한다. 결국 신천지의 '성경 봉함설'은 이만희 씨를 특별한 위치에 올려놓기 위해서 그럴듯하게 만들어진 교리인 것이다.

성경(복음)은 이만희 씨 이전부터, 모든 민족에게 전파되고 있었다.

하나님께서 과연 어느 한 개인에게 성경을 해석할 수 있는 전권을 맡기셨을까? 에베소서 3:8~10은 하나님께서 오래 전부터 가지고 계셨던 신비로운 계획을 모든 사람에게 알리기 위해서 바울을 사용하고 계셨다고 증언한다. 성경은 봉함된 상태로 몇 천 년을 지내오지 않았고, 이미 바울에 의해 이방 세계로 뻗어 나가고 있었다. 복음을 담고 있는 성경은 이미 2천 년 전에 충분히 그 뜻이 밝혀졌고, 사도들에 의해서 모든 민족에게 전해지고 있었다. 에베소서 3:8~10은 성경이 오늘날 누군가에 의해 재해석된다는 가능성을 열어두고 있지 않다.

---

29) 이만희, 『천국 비밀 요한계시록의 실상』, 217.

3. 비유로 봉해진 책

1) 비유와 단어 짝 맞추기

① 신천지 주장

성경 대부분이 비유와 상징으로 기록되었다. 물론, 이 천국의 비밀도 비유를 베풀어 기록하셨음은 두말할 나위가 없다. 그리고 비유하신 말씀에는 반드시 실체가 있다. 예를 들어 재림은 아담, 노아, 모세, 초림 예수님 때의 인명과 지명을 빙자하여 비유를 베풀어 기록하셨으므로 신약과 구약에는 그 짝이 있고 따라서 예언이 육신이 된 실체가 분명히 존재한다는 사실을 알 수 있다.[30]

'비유와 단어 짝 맞추기'에 대한 신천지의 주장을 정리하면 다음과 같다.

＊성경 대부분은 비유와 상징으로 기록되었다.
＊예수님의 천국 비밀도 비유로 기록되었다.
＊성경 안에는 비유와 실상이라는 짝이 있다.
＊노아와 모세와 성경의 인명과 지명은 예수 재림이라는 실상을 보여 주기 위한 비유이다.

② 성경적 해석

성경은 비유와 실상이라는 짝으로 존재한다(?)

---

30) 이만희, 『성도와 천국』 (안양: 도서출판 신천지, 1995), 26.

이만희 씨는 예수님의 천국 설교뿐 아니라 성경 대부분이 비유와 상징으로 기록된 것으로 간주한다. 성경이 나타내는 대부분의 표현은 상징이며, 그 이면에 숨어있는 '참뜻'이 존재한다는 것이다. 이만희 씨는 그것을 가리켜 '실상'이라고 한다. 그 실상은 자기만이 드러낼 수 있으며, 그 실상은 다른 성경과의 연계 속에서만 발견할 수 있다는 것이다. 말하자면 성경 안에는 비유와 실상이라는 짝이 존재한다는 것이다. 이를 설명하기 위해 예를 하나 든다. 구약에 등장하는 아담과 노아와 모세의 이야기 이면에는 예수님 재림에 관한 비밀이 숨겨져 있다는 것이다. 여기서 구약은 비유이고, 신약은 실상이 된다. 이처럼 신약과 구약의 관계를 비유와 실상이라는 짝 관계로 정립한다.

성경은 비유와 실상을 구분하지 않는다.

과연 구약과 신약이 비유와 실상이라는 짝 관계로 형성되었다는 주장은 어느 정도 설득력이 있을까? 구약과 신약의 관계는 약속과 성취, 혹은 율법과 복음이라는 개념으로 짝을 지을 수 있을 뿐이지, 비유와 실상이라는 짝 관계로는 존재하지 않는다. 이만희 씨의 주장대로라면 비유로 기록된 어느 한쪽의 성경 권위는 실상을 나타내는 다른 성경 권위에 비해 너무나 보잘것없이 평가되어져 버린다. 두 성경의 관계는 '종속 관계'이며 동등하지는 않다는 의미가 된다. 세상을 창조하신 분과 예수님 안에서 새 세계를 창조하신 분은 동일한 하나님이다. 이스라엘을 애굽에서 해방시킨 분과 예수님 안에서 인간들을 죄에서 해방시킨 분은 동일한 하나님이다. 이 하나님은 자기 자신을 구약과 신약을 통해서 동일하게 계시하신다. 어느 한 성경에는 비유와 상징으로 자기 자신을 감추어버리고, 또 다른 성경에서는 실상으로 자기 자신을 드러내는 분이 아니다. 성경은 비유와 실상을 구분하지 않는다.

신천지의 단어 짝 맞추기 해석 방법

사실 신천지가 주장하는 '실상'이라는 것이 성경에 존재할 리 없다. 예를 들면 영계의 순교자의 영과 육계의 신천지 신도의 육체가 결합한 다는 것, 신천지 신도는 육체적 죽음 없이 영생한다는 것, 이만희 씨가 보혜사이며, 재림 예수라는 것, 한국이 성경의 중심이라는 것, 아담 이 전에 인류가 존재했다는 것, 창세기 1장의 창조는 신천지 창조라는 것, 요한계시록이 유재열, 오평호, 이만희의 이야기라는 것, 새 하늘과 새 땅이 신천지라는 것, 하늘의 예루살렘 도성이 신천지에 임한다는 것, 천년왕국이 1984년에 시작되었다는 것, 신약 성경은 이만희 씨를 증거 한다는 것, 이만희 씨가 전하는 요한계시록의 실상을 알지 못하면 구 원받지 못한다는 것 등등은 정상적인 성서 해석 과정을 통해서는 도무 지 나올 수 없는 결론들이다. 그러나 이는 이만희 씨의 성경 해석 방법 안에서는 충분히 가능한 결론들이다.

그가 즐겨 사용하는 해석 방법 중에 소위, 비유풀이에 통용되는 '단 어 짝 맞추기'라는 것이 있다. 이것은 성경 해석이라기보다 단어와 단 어를 연결하는, 단어 퍼즐 게임 같은 것이라 볼 수 있다. 각각의 구절 속에 소리값이 같은 단어, 혹은 이미지가 비슷한 단어들을 연결한 후 '비약'하는 방식이다. 예를 들면 이만희 씨는 하나님께서 다섯째 날 창 조한 '물고기'를 가리켜 사람이라고 주장한다. 이를 위해 하박국 1:14의 "주께서 어찌하여 사람을 바다의 고기 같게 하시며"라는 구절을 이용 한다. 이 구절에서 '사람=물고기'라는 등식을 만들고 창세기에 대입하 는 방식이다. 이방민족에게 시달리고 있는 유대민족의 처지를 '어부들 에게 잡히는 물고기 신세'로 비유한 것이었을 뿐인데도 단어 짜맞추기 를 하니 사람은 물고기가 돼 버린다. 한 가지 예를 더 들자면 하나님께 서 넷째 날 창조한 해와 달과 별을 선택받은 선민으로 해석한다. 왜냐하면 요셉의 꿈에 등장했던 해와 달과 열한 별들은 야곱의 가족을 상징하기 때문이다. 믿음의 조상 아브라함의 후손이라는 이미지를 이용해 '해와 달과 별=선민'이라는 등식을 만든 후 넷째 날의 해와 달과 별에 대입하는 방식이다.

이렇게 똑같은 철자를 가진 단어나 이미지가 비슷한 단어를 연결한 후 비약하면 이 세상에서 펼치지 못할 주장이 없다. 그러므로 이만희 씨는 자기가 말하고 싶어 하는 주제어와 연관된 글자나 비슷한 이미지의 단어가 나오는 구절을 찾는데 온 정열을 쏟는다. 이만희 씨가 성경 해석에 있어서 얼마나 단어에 집착하는지 잘 보여주는 실례가 있다. 그는 단어의 짝을 맞추기 위해서 공식까지 만들어 두고 사용한다.

> 계시록의 예언은 신구약 성경의 인명과 지명, 동물과 식물, 하늘과
> 땅 등을 비유하여 기록되었으므로 그 실체가 무엇인지 알아본다.
> 비유의 예)
> · 목자와 전도자~해, 달, 소, 말(馬), 문, 나팔, 인(印), 대접
> · 성도~별, 신부, 그릇, 나무, 양, 풀, 곡식, 열매
> · 교회~하늘, 배, 산, 섬
> · 말씀~물, 포도주, 떡, 만나, 불, 우박, 금, 은, 진주, 보석, 돌, 씨,
> 빛, 생명, 등(燈), 인(印)
> · 영~신랑/ 육~신부/ 옳은 행실~세마포/ 마음~두루마기/ 사단의
> 조직~니골라당, 바벨론
> · 사단의 목자~짐승/ 거짓 목자~우상, 꼬리/ 거짓 목자의 주석~금
> 잔/ 하나님 나라~영적 새 이스라엘 열두 지파, 시온산/ 새말씀~
> 새노래.[31]

31) 이만희, 『천국 비밀 요한계시록의 실상』, 39.

이 같은 공식은 이만희 씨가 성경을 해석하는 데 있어서 얼마나 단어에 집착하는지 잘 보여준다.

단어의 의미는 문맥이 결정한다.

성경 해석의 기본 원칙은 우선 저자와 독자들의 상황을 고려하는 것이다. 성경 저자들은 오늘날 우리의 상황을 염두에 두지 않았기에, 성경을 기록했던 당시의 그들의 시각을 이해하는 것이 선행되어야 한다. 그 다음 본문이 속해 있는 책 전체와 장(章)의 문맥 속에서 본문의 의미를 파악하는 것이다. 그리고 그 의미를 오늘날의 언어로 정확하게 표현하는 것이다. 그런데 이만희 씨는 이런 정상적인 해석 과정을 거치지 않는다. 그는 곧 바로 단어로 달려간다. 단어 연결이 여의치 않을 경우에는 임의대로 성경 본문을 조작하거나 왜곡한다. 이것도 저것도 없는 경우에는, 근거 제시도 없이 일방적으로 '이것은~ 이다'라고 선언한다. 신천지의 교리들은 이런 과정을 거쳐서 탄생된 것이다.

성경을 해석하는 데 있어서 단어 해석은 중요하다. 언어 전달은 그 성격상 단어를 사용하지 않을 수 없기 때문이다. 그러나 단어 중심으로만 성경을 해석하는 것은 오류에 빠질 위험성이 높다. '원어'가 아닌 개역한글 성경이 제공하는 단어만을 참고할 경우 그 가능성은 더 높아진다. 단어는 어디까지나 임의적인 표시이다. 단어는 단 하나의 의미만 있는 것이 아니고 여러 의미를 동시에 가지고 있다. 또 단어의 의미가 저자에 의해 사용되었던 시기에 갖고 있었던 의미도 살펴야 한다. 그리고 문맥 속에서의 단어의 의미도 찾아야 한다. 단어의 의미는 문맥이 최종적으로 결정해 주기 때문이다. 이러한 기본적인 성경 해석에 대한 이해 없이 철자가 같거나, 비슷한 이미지의 단어들을 끌어 모아 짝을 만드는 방식의 해석은 거의 오류로 이어진다고 봐야 한다.

2) 비유로 감추어진 천국 비밀

① 신천지 주장

> 예수님께서 오셔서 모든 것을 비유로 말씀하신 것도 아니다. 그러나 예수님께서 천국 비밀은 비유로 말씀하셨다.[32]

> 천국 비밀을 알아도 된다고 허락된 사람들은 비유 속에 감추어진 천국 비밀을 깨닫게 되지만 그렇지 않은 사람들은 아무리 듣고 읽어도 그 뜻을 알지 못한다. 마태복음 13장에는 이 두 부류를 각각 '너희'와 '저희'로 구분하였다.[33]

'비유로 감추어진 천국 비밀'에 대한 신천지의 주장을 정리하면 다음과 같다.

＊예수님은 비유로 가르치신 것만은 아니다.
＊예수님은 천국 비밀만 비유로 가르치셨다.
＊천국 비밀을 깨닫도록 허락된 사람은 깨닫고, 그렇지 않은 사람들은 못 깨닫는다.
＊마태복음 13장에는 이 두 부류를 너희와 저희로 구분했다.

---

32) 이만희, 『천지창조』, 285.
33) 위의 책, 285.

② 성경적 해석

천국 비밀은 비유로 감추어져 있는가?

　이만희 씨는 예수님께서 천국 비밀을 설명할 때만 비유로 말씀하신 이유는 예수님이 천국을 감추기 위한 의도였다고 주장한다. 예수님은 천국 비밀을 아무에게나 말하지 않고 대상을 구분하여 전하셨다. 그 이유를 묻는 제자들에게 예수님께서 천국 비밀을 알도록 허락된 사람과 그렇지 않은 사람이 있기 때문이라고 대답하셨다(마 13:11). 이만희 씨는 이 구절을 근거로 천국 비밀은 비유로 봉함된 것이라고 주장한다.

천국 비밀은 처음부터 공개되어 있었다.

　예수님은 이사야 6:9을 인용하여 천국 비밀을 알아서 안 되는 대상에 대해서 설명하셨다(마 13:14~15). 이사야서의 내용은 하나님께서 유다 백성들의 마음을 둔하게 하고, 그들의 귀와 눈을 막아 선지자들이 주는 메시지를 차단해버리겠다고 하신 내용이다. 거듭되는 회개의 호소에도 불구하고, 끝까지 저항했던 유다 백성들에게 구원의 길을 닫아 버린 것이었다. 그들의 죄가 은혜의 통로를 막아버린 것이었다. 예수님은 이 이사야서의 내용을 인용하셨다. 천국 비밀을 알아서 안 되는 자들인 "그들"(마 13:10~11)은 예수님을 대적하는 서기관, 바리새인, 유대종교 지도자들을 가리킨다. 그들은 항상 악의 찬 발걸음으로 예수님께 다가온 사람들이었다. 이들은 자신들의 완악함으로 인해 은혜의 통로를 스스로 차단한 이사야 시대의 백성들과 다를 바 없는 사람들이었다. 예수님은 이들에게는 천국 비밀을 깨닫지 못하도록 비유로만 말씀하셨다(마 13:13). 그 결과 그들은 보아도 보지 못하며 들어도 듣지 못하게 되었다. 사탄의 마음을 가지고 청중석에 앉아 있는 그들에게 천국 비유는 도무지 알아들을 수 없는 난해한 설교였다. 하지만 제자들에게는 천국 비유를 풀어서 자세히 가르쳐 주셨다(마 13:18).

천국 비유는 어떤 대상에게는 닫혀졌고, 어떤 대상에게는 열려 있었다. 천국 비밀이 비유로 봉함되어서 깨닫지 못한 것이 아니라 그것을 대하는 어떤 이들의 완악함 때문에 닫혀 버린 것이다. 그렇다면 천국 비밀은 감추어진 것이 아니다. 누군가에게는 은닉되어 있고 또 누군가에게는 공개되어 있다면 그것은 감추어진 것이 아니다. 공생애 초기 때부터 예수님의 설교의 주제는 '천국'이었다.

> 14 요한이 잡힌 후 예수께서 갈릴리에 오셔서 하나님의 복음을 전파하여 15 이르시되 때가 찼고 하나님의 나라가 가까이 왔으니 회개하고 복음을 믿으라 하시더라(막 1:14~15).

> 이 때부터 예수께서 비로소 전파하여 이르시되 회개하라 천국이 가까이 왔느니라 하시더라(마 4:17).

> 45 대제사장들과 바리새인들이 예수의 비유를 듣고 자기들을 가리켜 말씀하심인 줄 알고 46 잡고자 하나 무리를 무서워하니 이는 그들이 예수를 선지자로 앎이었더라. 1 예수께서 다시 비유로 대답하여 이르시되 2 천국은 마치 자기 아들을 위하여 혼인 잔치를 베푼 어떤 임금과 같으니(마 21:45~22:2).

이상의 구절들은 예수님께서 천국 비밀을 적극적으로 공개하고 가르쳤음을 보여준다. 예수님은 공생애 기간 내내 천국을 주제로 설교하셨다. 그러나 유대 종교지도자들이 청중석에 등장하면 그 가르침은 비유

형식으로 바뀌어버렸다. 그들은 천국 비밀을 알도록 허락된 자들이 아니기 때문이었다. 천국 비밀을 한 사람에게라도 공개했다면 그것은 감춘 것이 아니다.

3) 비유로 감추어진 천국 비밀과 보혜사

① 신천지 주장

> 마태복음 13장 36절을 보면, 제자들은 예수님께서 베푸신 비유를 설명하여 달라고 요청했다. 그러자 예수님께서는 제자들이 천국 비밀을 깨달을 수 있도록 비유를 해석하여 주셨다. 우리는 예수님께서 비유로 말씀하신 천국 비밀을 깨닫기 위해 제자들처럼 그 해설을 들어야 한다.[34]
> 비유로 말씀하신 천국 비밀에 대한 답은 성경 안에 감추어져 있고, 예수님께서 때가 되면 비사(比辭: 비유로 쓰는 말)로 말하지 않고 밝히 풀어 줄 것을 약속하셨다(요 16:25). 우리 신천지는 약속대로, 비사를 밝히 풀어 그 실상을 알리고 있다. 성도는 이러한 해설을 들음으로 하나님 나라의 비밀을 깨닫는 진정한 예수님의 제자가 된다. 모든 성도가 천국 비밀을 깨달아 하나님 나라에 들어가기를 축원한다.[35]

> 보냄을 받은 보혜사 성령은 이 땅에서 역사할 한 사람(목자)을 택하게 된다 …이 목자가 신약 성경에 약속한 목자이며 이 땅의 보혜사이다.[36]

---

34) 위의 책, 285–286.
35) 위의 책, 287.
36) 위의 책, 417.

'천국 비밀과 보혜사'에 관한 신천지의 주장을 정리하면 다음과 같다.

＊제자들이 예수님께 비유를 설명해달라고 요청하자 예수님은 자세히
  해석해 주었다.
＊우리도 천국 비밀을 알기 위해 제자들처럼 요청해야 한다.
＊예수님은 때가 되면 비유가 아닌 말로 밝히 가르쳐 준다고 요한복음
  16:25에서 약속했다.
＊신천지는 비유가 아닌 말로 천국 비밀의 실상으로 가르쳐 준다.
＊보혜사 성령은 오늘날 약속한 목자를 택하여 천국 비밀을 가르쳐 주
  고 있다.

② 성경적 해석

예수님은 요한복음 16:25에서 이만희 씨를 약속하셨는가?
  이만희 씨는 세 가지를 강조한다. 제자들이 예수님께 비유를 설명해
달라고 부탁했던 것처럼 오늘날에도 그와 같은 요청을 해야 한다는 것
과 예수님께서 제자들의 요청에 응했듯이 오늘날에도 그와 같은 요청
에 응할 해설자가 있다는 것이다. 그 해설자는 예수님께서 때가 되면
보내주시기로 약속한 그 목자인데 그는 비유가 아닌 알아듣기 쉬운 말
로 밝히 풀어서 그 실상을 증거한다고 한다. 이만희 씨는 이 주장의 정
당성을 입증하기 위해 요한복음 16:25을 제시한다.

> 이것을 비유로 너희에게 일렀거니와 때가 이르면 다시는 비유로 너
> 희에게 이르지 않고 아버지에 대한 것을 밝히 이르리라(요 16:25).

이만희 씨는 예수님께서 말씀하신 때가 이르면 아버지에 대한 것을 밝히 가르쳐 줄 자를 자기 자신을 가리키는 것으로 해석한다. 심지어 그는 자기 자신을 그 말씀을 대언할 보혜사 성령이라고 주장한다. 다음을 보자.

> 재림 때 예수님께서 보내겠다고 약속하신 '다른 보혜사' 곧 진리의 성령도 공중을 날아다니며 사람들에게 직접 외치지는 않는다. 영이신 하나님께서 육체를 들어 역사하시듯, 진리의 보혜사도 약속한 목자 안에 거하며 말씀을 대언하게 한다(요 14:16~17, 계 19:9~10, 계 22:8~9, 16).[37]

> 예수님의 이름으로 오시는 진리의 성령 보혜사가 예수님의 대언자이므로 보혜사 성령을 받은 사람도 대언자가 되고, 그는 대언하는 보혜사(목자)가 된다.[38]

이만희 씨가 즐겨 사용하는 문구 중 하나는 "영이신 하나님은 육체를 들어 역사한다."는 것이다. 이러한 전제를 설정하는 목적은 자기가 보혜사 성령과 재림 주로 등장하기 위함이다. 성경 어디에 영이신 하나님이 육체를 들어 역사한다는 내용이 있는지 궁금하다. 요한복음 14:16~17은 앞으로 오시는 진리의 성령은 제자들과 함께 하며, 제자들 속에 거한다는 내용일 뿐 영이신 하나님이 이만희 씨 속에 거하며 역사한다는 내용이 없다. 요한계시록 19:9~10과 22:8~9에 등장하는 요한은 요한계시록의 저자 요한을 가리킬 뿐 이만희 씨와는 무관하다.

---

37) 위의 책, 419.
38) 위의 책, 420.

예수님께서 요한복음 16:25에서 약속하신 분은 이만희 씨가 아닌 성령 하나님이다.

요한복음 16:25은 사도행전 2장의 성령 강림을 염두에 두고 하신 말씀이다. 예수님은 이 말씀을 하시기 직전에 자기가 곧 하나님께 간 후에 보혜사 성령께서 강림하실 것을 예언하셨다(요 16:7~15). 그가 오면 더 이상 비유로 말하지 않고 모든 것을 명확하게 알리신다는 것이다. 진리의 성령은 두 가지 역할을 한다. 하나는 제자들을 진리 가운데로 인도하는 일이며, 또 하나는 장래 일을 알리는 일이다. 그런데 진리의 성령은 새로운 어떤 교리나 사상을 전하는 것이 아니라 예수님께서 이미 하셨던 말씀을 전한다(요 16:13). 예수님은 이 말씀 후에 요한복음 16:25 말씀을 하셨다. "지금까지는 내가 비유로 말했으나 때가 되면 너희에게 비유로 말하지 않고 아버지에 대한 것을 분명하게 말해주겠다."고 하셨다. 예수님께서 하나님께 가신 뒤 진리의 성령이 임하게 되면, 그동안 불명확했던 모든 것들이 명확해진다는 것이다. "비유로 일렀거니와"에서 비유로 번역된 '파로이미아'(παροιμια)는 '그 뜻을 이해하려면 많은 생각을 필요로 하는 표현'을 의미한다. 제자들은 그동안 예수님의 설교를 완벽하게 이해하고 깨달은 것은 아니었다. 그러나 진리의 성령이 오시면 그러한 문제들이 해결된다는 것이다.

이 예언은 오순절 성령강림 사건 때 이루어졌다(행 2:14). 예수님의 말씀을 들었던 제자들이 오순절 성령강림 사건 현장 속에 있었다(행 1:15~2:14). 이 날에 진리의 성령이 제자들에게 임하는 역사상 최초의 성령 세례가 일어났다. 이것은 제자들의 삶에 있어서 분기점이 된다. 이 때부터 제자들은 밝히 드러내주시는 성령의 조명을 통해서 그동안 불명확했던 모든 것들을 깨닫는다. 이 사실은 오순절 성령 강림 사건 현장에서 행한 베드로의 설교에서 분명해진다. 그는 십자가와 부활과

승천 그리고 보좌 우편에 앉으신 그리스도를 논리정연하게 선포했다. 오순절 성령 체험 이후의 제자들은 영적으로, 지적으로 완전히 다른 사람이 되었다. 그들은 모두 밝히 아는 자들이 되었다. '밝히'로 번역된 파르레시아(παρρησία)는 '주저함 없이 담대하게' 라는 뜻으로도 번역된다. '밝히'는 사도행전 2장 이후 변화된 제자들의 모습에서 확인할 수 있다. 파르레시아와 동일한 단어가 성령 강림 후 제자들의 복음 선포에 적용된다(행 4:13, 31).

> 그들이 베드로와 요한이 "담대하게"(παρρησία) 말함을 보고 그들을 본래 학문 없는 범인으로 알았다가 이상히 여기며 또 전에 예수와 함께 있던 줄도 알고(행 4:13).

> 빌기를 다하매 모인 곳이 진동하더니 무리가 다 성령이 충만하여 "담대히"(παρρησίας) 하나님의 말씀을 전하니라(4:31).

이만희 씨가 보혜사 성령이 아닌 확실한 이유 한 가지가 있다. 그것은 이만희 씨가 예수님께서 하지 않으셨던 말을 하고 있기 때문이다. 진리의 성령은 "스스로 말하지 않고 오직 들은 것을 말씀"하신다(요 16:13). 진리의 성령은 새로운 어떤 교리나 사상을 전하지 않고 예수님께서 하셨던 말씀만 전한다. 예수님은 결코 성경이 봉함되어 있는, 암호 같은 책이라고 말씀하신 바 없다. 영과 육이 합일하는 것을 구원이라 하지 않으셨다. 예수님은 자기 자신을 하나님이 시대마다 세운 목자 중 한 사람이라고 말씀하시지 않았다. 예수님은 진리의 성령이 오늘날의 이만희 씨를 가리킨다고 말씀하시지 않았다.

천국 비밀은 진리의 성령께서 깨닫게 한다.

예수님은 제자들에게 천국의 비밀을 자세히 가르쳐주신 뒤 "이 모든 것을 깨달았느냐"라고 질문하셨다. 그때 제자들은 "그러하오이다"로 답했다(마 13:51). 제자들은 예수님의 해설을 들은 후 모두 천국 비밀을 이해하고 깨달았다. 이 '천국' 주제는 그렇게 어려운 내용이 아니었다는 것이다. 어떤 특별한 존재의 도움을 받아야 할 만큼 난제가 아니었다. 제자들이 그렇게 이해할 수 있었다면 오늘날 우리라고 못하란 법이 있을까? 만약 그 현장의 제자들이 그 설명을 끝까지 알아듣지 못했다면, 그래서 예수님이 가르치는 것을 포기하셨다면, 그 천국 비밀은 오늘날까지 난제로 남아 있을 가능성이 있다. 하지만 그 당시 알아듣고 깨달았던 사람이 있다면 사정은 달라진다. 겸손한 마음으로, 천국 비유를 읽는 성도라면, 누구든지 그것을 이해하고 깨달을 수 있다. 진리의 성령은 이를 위해 보냄 받으셨기 때문이다. 보혜사 성령은 성도를 진리 가운데로 인도하시는 진리의 영이시다. 예수님을 믿고 성령이 내주해 있는 성도라면 누구나 성경을 읽고 깨닫고 이해할 수 있다. 가르치고, 생각나게 하고, 깨닫게 하는 진리의 성령이 성경 해석자이기 때문이다.

제자들도 이해 가능했던 그 천국 비밀을, 비유와 상징이라는 옷을 입혀 도무지 이해할 수 없는, 해석 불가능한 것으로 만든 장본인은 오히려 이만희 씨이다. 그리고 비상식적인 해석을 남발하면서도 그것이 천국비밀에 대한 깨달음이었다고 주장한다. 이만희 씨의 주장을 확인해 보자.

진리의 성령과 하나 된 약속의 목자는 어떻게 알 수 있는가? 그가 성

경을 통달하여 가르치는 것을 보면 알 수 있다.[39]

> 진리의 성령이 없는 곳에서는 진리의 말씀이 없다. 진리의 성령 보혜
> 사가 있는 곳은 약속의 말씀인 예언과 그 성취된 실상까지도 통달한
> 다.[40]

**수많은 이단들은 저마다 자기가 비유와 비사를 통달하며 해석한다고 주장해
왔다.**

2천 년 교회사 속에 수많은 이단들의 출몰과 소멸이 있어왔고, 100
년이 조금 넘는 한국교회사 가운데서도 이와 같은 일들이 있어왔다.
이들에게 있는 한 가지 공통점은 저마다 '깨달음', '통달함'을 주장했다
는 것이다. 신약 성경은 폐하여지고 자기만 성경을 통달하여 대언한다
고 주장했던 천부교의 박태선[41], 말세에 비밀을 자기가 개봉한다고 했
던 여호와 새일 교단 이유성[42], 교회가 풀지 못한 비사와 상징으로 되
어 있는 성경을 자신이 풀었다고 주장했던 천국 복음 전도회의 구인회
[43], 인봉된 법궤를 자기가 연다고 주장했던 시온산 제국의 박동기[44],
비사와 상징으로 되어 있는 성경을 자기가 통달하여 열어준다 했던 대
한기독교천도관의 천옥찬[45], 비유와 비사로 되어 있는 성경을 자신만
이 통달하여 푼다고 주장했던 애천 교회의 정명석[46], 지금까지 드러나
지 않은 예수의 비유를 자기만이 통달하여 신령한 것을 보여준다 했던

---

39) 위의 책, 421.
40) 위의 책, 421.
41) 탁명환, 『한국의 신흥종교 기독교편 1권』 (서울: 국종출판사, 1972), 186.
42) 위의 책, 238.
43) 탁명환, 『한국의 신흥종교 기독교편 3권』(서울: 국종출판사, 1974), 106-107.
44) 위의 책, 177.
45) 위의 책, 242.
46) 탁명환, 『기독교 이단연구』, 259-260.

장막 성전의 유재열[47] 등 수많은 이단들은 자기만이 성경을 통달하여 봉인된 성경을 풀 수 있는 진리의 소유자라는 무기를 사용해 왔다. 이 만희 씨는 여기서 예외가 될 수 있을까? 깨달음을 무기로 삼는다면 앞으로 제2, 제3의 이만희는 계속 나오게 된다.

---

47) 위의 책, 350.

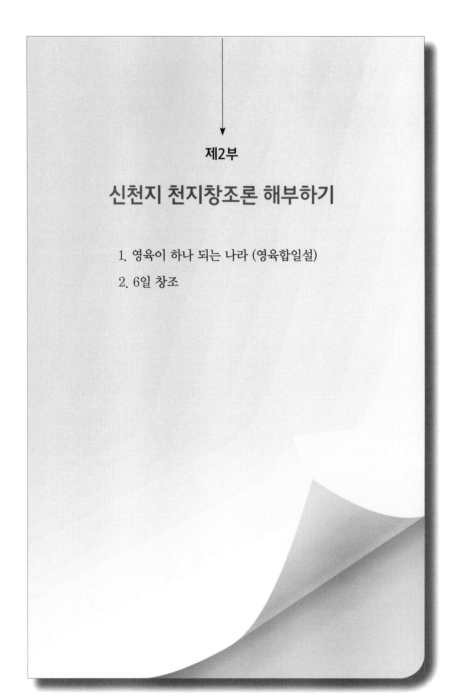

제2부

신천지 천지창조론 해부하기

1. 영육이 하나 되는 나라 (영육합일설)
2. 6일 창조

제2부 신천지 천지창조론 해부하기

1. 영육이 하나 되는 나라 (영육합일설)

1) 영계와 육계의 창조

① 신천지 주장

하나님께서 영계 하늘나라를 창조하시며 보좌와 계열을 구성하셨다. 요한계시록 4장에 보면, 하나님께서 보좌에 앉아 계시고 그 주위에 24장로가 24보좌 위에 앉아 있다.[48]

하나님께서 지으신 영들과 함께 육계의 모든 것을 창조하셨다(창 1:26). 그리고 자신의 형상대로 사람을 만드시고 사람으로 하여금 만물을 다스리게 하셨다(창 1:27~28).[49]

하나님께서 만드신 영의 세계에 큰 이변이 일어났다. 범죄한 천사의 출현이 바로 그것이다. 한 천사장이 하나님과 비기려는 교만으로 자기 지위와 처소를 버리고 당을 지었다(사 14:12~15). 죄를 지은 그 천사장과 함께한 영들(계 9:14~16)을 악령이라고 한다. 그리고 하나

---

48) 이만희, 『천지창조』, 49.
49) 위의 책, 50.

님께 속한 거룩한 영들은 악령과 구별하기 위해 성령이라고 말하게 되었다. 이와 같이 범죄한 천사들이 출현한 이후 영계는 성령의 세계와 악령의 세계로 나누어지게 되었다. 영계가 둘로 갈라지자 이 땅 육계도 둘로 나누어졌다.[50]

'영계와 육계 창조'에 대한 신천지의 주장을 정리하면 다음과 같다.

＊하나님께서 영계의 하늘나라를 창조했는데 요한계시록 4장이 그것이다.
＊하나님께서 영계를 창조한 후 육계도 창조했다.
＊하나님께서 창조한 육계의 만물을 자신의 형상대로 만든 사람에게 다스리게 했다.
＊이사야 14:12~15은 영계의 한 천사장이 자기 지위와 처소를 버리고 당을 지으므로 영계가 거룩한 영들과 악령들로 나누어진 이야기이다.
＊요한계시록 9:14~16은 천사장과 함께한 영들을 악령이라 하고 거룩한 영들은 악령과 구별하기 위해 성령이라 부르게 되었음을 나타낸다.
＊영계가 갈라지자 악령들이 육계로 내려와 육계도 갈라졌다.

② 성경적 해석

하나님이 만든 영계가 요한계시록 4장이라는 근거는 없다.

이만희 씨는 하나님께서 먼저 영의 세계를 창조하셨는데, 그것이 요한계시록 4장에 묘사된 장면이며, 그것이 천국의 설계도라고 해석한

---

50) 위의 책, 51.

다.[51] 그러나 요한계시록 4장에 묘사된 장면이 하나님이 최초로 만드신 영계이며, 천국의 설계도라는 근거는 성경 어디에도 없다. 단지 요한은 보좌에 앉으신 분이 온 우주와 세상을 통치하시고, 그분만이 존귀와 영광을 받으시기에 합당한 분이라는 것을 보여주는 데 의도가 있다.[52]

하나님이 만든 육계가 천하 만물인가 신천지인가?

이만희 씨는 하나님께서 천국을 만드신 후 그와 같은 모습으로 육계, 즉 '만물'을 만들었고 그것을 하나님의 형상대로 지음 받은 사람이 다스리도록 했다고 한다. 여기서 이만희 씨의 맹점 하나가 드러난다. 이만희 씨는 하나님이 6일 동안 창조하신 세상 만물을 상징으로 해석하기 때문이다. 창세기 1장의 창조기사는 자연계의 창조가 아닌 신천지 설립을 나타내는 비유라고 주장했다. 이 부분에 대해 언급한 이만희 씨의 주장을 들어보자.

> 창세기 1장은 영적 창조를 자연계에 빗대어 비유로 기록한 내용이다. 그러므로 창세기 1장을 문자 그대로 보고 자연계의 창조만 떠올린다면 모순점이 한두 개가 아니다. …창세기 1장에는 두 개의 천지가 나온다. 없어지는 천지와 새로 창조되는 천지이다. 이것은 창세기 1장이 재창조에 관한 설계도라는 것을 말해준다.[53]

여기서 '새로 창조되는 천지'는 신천지를 말하며 '재창조에 관한 설계도'는 신천지 설립 과정을 말한다. 어떤 곳에서는 창세기 1장을 문자대로 천지 만물이라 하고, 다른 곳에서는 창세기 1장을 비유라고 주장한

51) 이만희, 『천국 비밀 요한계시록의 실상』, 110~116.
52) 박수암, 『요한계시록』 (서울: 대한기독교출판사, 1989), 90.
53) 이만희, 『천지창조』, 54.

다. 앞으로 살펴보겠지만 이런 모습은 자주 눈에 띤다. 이만희 씨의 성경 해석은 필요에 따라 달라지는 것을 볼 수 있다. 어떤 것은 영적으로 해석하고, 어떤 것은 실제 의미를 살려서 해석하는데, 이는 창세기 1장 해석에서도 여실히 드러난다.

이사야 14:12~15은 영계의 반란 사건이 아니라 바벨론 왕에 대한 심판 예고이다.
　이만희 씨는 이렇게 만들어진 영계가 성령과 악령으로 갈라진 원인을 이사야 14:12~15에서 찾는다. 그는 이 본문을 한 천사장이 하나님과 비기려는 교만으로 자기 지위와 처소를 버리고 당을 지어 반란을 일으킨 내용이라고 해석한다. 그러나 이 본문은 천사가 타락한 기원을 말하고 있지 않다.[54]

> 12 너 아침의 아들 계명성이여 어찌 그리 하늘에서 떨어졌으며 너 열국을 엎은 자여 어찌 그리 땅에 찍혔는고 13 네가 네 마음에 이르기를 내가 하늘에 올라 하나님의 뭇 별 위에 내 자리를 높이리라 내가 북극 집회의 산 위에 앉으리라 14 가장 높은 구름에 올라가 지극히 높은 이와 같아지리라 하는도다 15 그러나 이제 네가 스올 곧 구덩이 맨 밑에 떨어짐을 당하리로다(사 14:12~15).

　이사야 13장부터 23장까지는 열방에 대한 심판 기사를 담고 있다. 바벨론에서 두로에 이르기까지 열 개 국가에 대한 멸망을 예언하는 기사로 구성되어 있다. 그 중에서 이사야 13:1~14:23은 첫 번째 국가인 바벨론에 대한 기사이다.

---

54) 유대교 전승에서 이사야 14:12의 계명성을 수하에 여러 세력들을 거느리고 하나님께 반기를 든 타락한 천사장 루시퍼로 해석한다.

"아침의 아들 계명성"(14:12)은 바벨론 왕을 가리킨다. 그는 자기를 신격화하고 하나님의 자리까지 넘보았던 교만한 왕이었으므로 지옥의 가장 깊은 구덩이까지 끌어내리겠다는 하나님의 준엄한 심판을 선고받는다(14:15). "영계에서 있었던 천사장의 반란 사건"이란 주제는 이 본문의 진의와는 전혀 관계없다.

요한계시록 9:14~16은 천사장과 악령에 대한 말이 없을 뿐 아니라 그렇게 해석할 요소도 없다.

　이만희 씨는 요한계시록 9:14~16을 근거로 들어 천사장과 함께한 영들을 악령이라 하고 거룩한 영들은 악령과 구별하기 위해 성령이라 부르게 되었다고 해석한다. 그러나 이 본문은 천사장과 함께한 영들을 악령이라 말하고 있지 않다. 천사장, 악령이라는 단어 자체가 없을 뿐 아니라 그렇게 해석할 수 있는 요소도 없다. 이 본문은 종말 이전에 있을 인류의 멸망에 대한 모습을 보여주고 있다.

성령은 악령의 반대 개념이 아니라 하나님의 영, 거룩한 영, 성결의 영, 아버지의 영, 예수의 영 등을 의미한다.

　성경은 성령을 악령의 반대 개념이라고 말하지 않는다. 성령은 '프뉴마'(Πνεύμα)로서 신약 성경에서 '성령'으로 가장 많이 쓰이고 있으며 하나님의 영, 거룩한 영, 성결의 영, 아버지의 영, 예수의 영 등을 가리키는 표현으로 사용된다. 프뉴마가 성경에서 악령의 반대 개념으로 사용된 적은 단 한 번도 없다. 굳이 악령의 반대 개념을 찾는다면 천사라고 해야 한다. 영계가 갈라지자 육계도 갈라졌다는 이만희 씨의 주장은 성경에서 그 근거를 찾아보기 힘들다.

2) 영육이 하나 되는 나라 창조

① 신천지 주장

영이신 하나님께서 육계를 만드신 목적은 무엇인가? 그것은 사람
과 하나 되어 살면서 지으신 모든 만물로부터 영광을 받으시기 원
함이다. 예수님께서는 '내 말은 내 안에 계신 아버지의 말씀이라(요
14:24).' 하시고, '그 날에는 아버지가 내 안에 계심과 같이, 내가 너
희 안에 거한다(요 14:11, 20).'고 하셨다. 그리고 '누구든지 내 음성
을 듣고 문을 열면, 내가 그에게로 들어가 그와 더불어 먹고, 그는 나
로 더불어 먹는다(계 3:20).'고 말씀하셨다. 이 말씀들은 하나님의 영
이 성도 안에 들어와 산다는 것을 증거해 준다.[55]

아담 세계의 사람들은 하나님의 영들과 더불어 살았다. 그러나 천지
를 창조하실 때부터 사람과 함께 살기를 원하셨던 하나님의 꿈은 아
담의 배도로 무너지고 말았다. 그리하여 하나님의 영은 사람을 떠나
가야 했다. 그 후 하나님께서는 사람과 하나 되어 살기 위해 시대마
다 끊임없이 재창조의 역사를 해오셨다.[56]

예수님께서는 천국에 대해 비유하시기를, 사람이 자기 밭에 갖다 심
은 겨자씨 한 알이 자라서 나무가 되고, 그 나무에 새가 와서 깃들이
는 것과 같다고 하셨다(마 13:31~32). 이 비유는 천국의 씨인 하나님
의 말씀(눅 8:11)으로 이룬 교회에 영계의 천국이 내려와 함께 한다는

---

55) 이만희, 『천지창조』, 50.
56) 위의 책, 52.

뜻이다.[57)

성도는 영계 하나님의 장막이 내려와 영원히 함께하는 신천지를 찾
아야 한다.[58)

'영육이 하나 되는 나라 창조'에 대한 신천지의 주장을 정리하면 다음
과 같다.

＊하나님이 육계를 창조한 목적은 사람과 하나 되어 살면서 영광받기
  위함이다.
＊요한복음 14:11, 요한복음 14:20, 요한계시록 3:20은 하나님의 영들
  이 성도 안에 들어와 산다는 것을 증명한다.
＊아담 시대 때 하나님의 영들은 사람들과 더불어 살았지만 아담의 배
  도로 그것이 깨졌다.
＊하나님은 하나님의 영들이 사람과 함께 살기 위해서 끊임없이 재창
  조의 역사를 해왔다.
＊겨자씨 비유는 영계의 영들이 육계의 신천지에 임한다는 내용이다.

② 성경적 해석

이만희 씨는 하나님이 육계를 창조하신 목적은 사람과 하나 되어
살면서 영광받기 위함이라고 한다. 그는 요한복음 14:11, 요한복음
14:20, 요한계시록 3:20은 하나님의 영들이 성도 안에 들어와 산다는

---

57) 위의 책, 53.
58) 위의 책, 53.

것을 증명한다고 한다. 과연 이 구절들이 이만희 씨와 동일한 주장을 하는지 살펴보자.

성경은 하나님의 영들이 인간의 육체 속에 들어와 산다는 것을 말하지 않는다.

요한복음 14:11 해석

> 내가 아버지 안에 거하고 아버지께서 내 안에 계심을 믿으라 그렇지 못하겠거든 행하는 그 일로 말미암아 나를 믿으라(요 14:11).

예수님의 제자들은 예수님을 믿고 신뢰는 했지만 그분의 신적 본질에 대한 완전한 신뢰는 없었다. 제자들은 3년간 예수님을 따라다니면서, 예수님과 하나님의 일체성에 대한 말씀을 들어왔음에도 불구하고 그것을 믿지 못했다. 예수님은 그런 제자들에게 "내가 아버지 안에 거하고 아버지께서 내 안에 계심을 믿으라"고 하셨다. 예수님과 하나님은 분리될 수 없는, 완전한 하나라는 의미이다. 본질에 있어서 '하나'라는 것이다. 이는 예수님께서 자신의 신성을 드러내시는 부분이다. 이 사실을 믿지 못할 것 같으면 자신이 그동안 해왔던 일들을 상기해 보라는 말에서도 드러난다. 이 구절은 하나님의 영들이 사람에게 들어와 산다는 것을 말하지 않는다. 문맥뿐 아니라 내용에 있어서도 전혀 상관없는 구절을 끌어 온 것이다.

요한복음 14:20 해석

> 그 날에는 내가 아버지 안에, 너희가 내 안에, 내가 너희 안에 있는

것을 너희가 알리라(요 14:20).

예수님께서 장차 진리의 성령이 오시면 제자들을 고아처럼 내버려두지 않으실 것을 약속하셨다(요14:16~18). 예수님은 자기가 곧 하나님께로 가게 되면 제자들이 육안으로는 자기를 볼 수 없게 되지만 곧 임하실 성령을 통해서 제자들과 함께 하는 자기를 보게 될 것이라는 약속을 하셨다(요 14:19). 그리고 요한복음 14:20 말씀을 하신다. "내가 내 아버지 안에 있고, 너희가 내 안에 있으며, 또 내가 너희 안에 있음을 알게 될 것이다"라고 하셨다. 성령께서 임재하심을 보게 되면 비로소 제자들이 예수님과 하나님은 일체였다는 사실을 알게 될 것이라는 것이다. "내가 아버지 안에 있다"라는 표현은 예수님의 몸이 하나님의 영을 받았다는 것과 무관하다. 하나님과 예수님은 본질상 한분이라는 의미이다. "너희가 내 안에, 내가 너희 안에"란 표현은 그리스도와 성도 간의 영적, 인격적 연합에 대한 표현이다. 요한복음 14:20은 하나님의 영이 예수님의 육체 안에 임했다는 주장과는 무관한 구절이다.

요한계시록 3:20 해석

볼지어다 내가 문 밖에 서서 두드리노니 누구든지 내 음성을 듣고 문을 열면 내가 그에게로 들어가 그와 더불어 먹고 그는 나와 더불어 먹으리라(계 3:20).

요한계시록 3:20은 신천지가 영육합일설을 언급할 때마다 빠지지 않고 등장하는 단골 구절이다. 이 구절은 요한이 소아시아 일곱 교회 가운데 하나인 라오디게아 교회에 보낸 편지의 종결 부분이다. 예수님께서 문 밖에 서서 문을 두드리는 모습을 회화적으로 표현하고 있다. '문'으로 번역된 '뒤란'(θύραν)은 라오디게아 교인의 '마음의 문'을 가리킨다. '서서'로 번역된 '헤스테카'(ἔστηκα)는 완료형 동사로 예수님께서 이미 서 계심을 표현한다. '두드리노니'에 해당되는 '크루오'(κρούω)는 현재형으로 '계속 두드리다'의 의미이다. 예수님은 라오디게아 교인 마음 밖에 이미 오래 전부터 서 계셔서, 계속 문을 두드리고 계신다. 회개하기를 거부하는 그들에게 오래전부터 회개를 촉구하고 계신다. 요한계시록 3:20은 라오디게아 교회에게 믿음의 결단을 촉구하는 내용이며, 그들이 그것을 수용할 경우에 예수님은 그들에게 임재하여 놀라운 교제를 이루실 것을 약속하는 내용이다. 물론 "문을 열면 내가 그에게로 들어가 그와 더불어 먹고"라는 묘사는 '하나님이 인간 속에 들어와 사는' 이미지와 잘 맞아 떨어지게 보인다. 그러나 그것은 이미지일 뿐, 이 구절의 배경과 문맥과 저자의 의도와는 무관하다. 이런 이미지에 착안하여, 이 구절을 영육합일설의 증거로 제시하는 신천지가 얼마나 빈약한 성경적 토대 위에 서 있는지 잘 보여준다.

이상의 세 구절은 하나님께 속한 영들이 인간 속에 거주하게 된다는 영육합일과는 관계가 없다.

영육합일은 신천지에서만 이루어진다(?)

이만희 씨는 아담 때 인류는 하나님의 영들과 더불어 살았지만, 아담의 배도로 인해 그 결합이 깨어지게 되었다고 주장한다. 이 사실에 하나님은 매우 실망하였지만 그것을 포기하지 않고 끊임없이 재창조의 역사를 해왔다고 주장한다. 이 재창조의 역사란 하나님의 영들과 인간의 육체를 다시 재결합시키기 위한 하나님의 창조 사역을 말한다. 이것이 하나님이 최종적으로 이루고자 하시는 나라이기 때문이다. 이만희 씨는 이 나라에 대해 다양하게 표현한다.

> 하나님께서는 창조하신 두 세계를 궁극적으로 하나가 되게 하신다.
> 다시 말해, 하나님께 속한 영들이 하나님을 믿는 육계의 사람들에게
> 들어가 살게 하신다. 하나님의 영들과 육체들이 하나가 되어 사는 것
> 이 하나님께서 이루고자 하시는 최종 목표이다.[59]

> 성도가 정결해지면 그 안에 성령이 오시어 함께 동거하게 된다. 이러
> 한 동거관계를 하나님은 신랑과 신부의 관계로 말씀하여 최종에 가
> 서는 결코 나누일 수 없다는 원칙을 가르쳐 주신 것이다. 따라서 지
> 상에 성도가 천상의 성령 십사만 사천과 같은 수치가 될 때가 곧 신
> 부로서의 모든 요건이 갖추어진 새 예루살렘이다.[60]

이 '영육합일설'은 신천지의 구원의 완성이며 최종 목표이다. 신천지
의 모든 교리를 총망라해서 가장 핵심 되는 교리이다. 영계의 영들이
신천지 신도의 육체와 결합하여 신령한 몸으로 변화된 후, 영생불사
의 존재가 된다는 것이다. 이 합일에 동참하는 숫자는 십사만 사천이
다. 영계의 십사만 사천의 영들은 대기 상태에 있다. 이들은 신천지 신
도의 숫자가 십사만 사천 명이 되는 순간 지상으로 내려와서 자기 짝
의 몸을 찾아 그 속으로 들어가 결합한다. 이 영육합일은 신천지 신도
들에게만 일어나는 사건이다. '거룩한 성이 하늘로부터 이 땅의 천국에
곧 새 하늘과 새 땅 즉 신천지에 내려온다.'는 표현에서처럼, 이 구원
은 신천지 안에서만 이루어지는 배타적 구원이다. 이만희 씨는 마태복

---

59) 이만희, 『천지창조』, 48.
60) 이만희, 『천국의 비밀 계시록의 진상』, 312.

음 13:31~32의 겨자씨 비유를 예로 들어 신천지에서 영육합일이 완성된다고 주장한다.

겨자씨 비유는 신천지에서 이루어진다는 영육합일과 무관하며, 천국의 성격을 말하는 비유이다.

마태복음 13:31~32 해석

> 31 또 비유를 들어 이르시되 천국은 마치 사람이 자기 밭에 갖다 심은 겨자씨 한 알 같으니 32 이는 모든 씨보다 작은 것이로되 자란 후에는 풀보다 커서 나무가 되매 공중의 새들이 와서 그 가지에 깃들이느니라(마 13:31~32).

이 구절에서 '새'는 영계의 영들과 동일시되고, '겨자 나무'는 신천지와 동일시되고, 공중의 새들이 나무에 깃들이는 것은 영들이 신천에 내려오는 것과 동일시된다. 새와 나무를 이렇게 설정하는 최초의 지점은 창세기 1장이다. 이만희 씨는 하나님이 셋째 날 창조하신 '나무'는 신천지 신도[61]를 가리키고 다섯째 날 창조하신 '조류'들은 하나님께 속한 영들[62]이라고 해석한 후 겨자씨 비유에 대입해서 '신천지'를 역사의 마지막 종말이 이루어지는 구원의 처소로 만든다. 이 부분은 다음에 나오는 '천지창조 해부하기'에서 자세히 다룬다.

겨자씨 비유는 마태복음 13장에 등장하는 여러 천국 비유 중 하나이므로 이 비유의 주제도 당연히 천국이다. 겨자는 그 씨앗의 크기에 비

---

61) 이만희, 『천지창조』, 60.
62) 위의 책, 64.

교할 수 없을 만큼 크게 성장하는 식물의 상징으로 되어 있다. 예수님께서는 이런 특징을 가진 겨자를 소재로 천국은 처음에는 겨자씨처럼 미약하게 시작하지만 나중에는 놀라울 정도로 확장된다는 것을 말씀하셨다. 겨자씨 비유는 신천지에서 영육합일이 이루어진다는 이만희씨의 해석과는 무관하다.

3) 영육이 하나 되는 나라와 부활론

① 신천지 주장

> 마지막 나팔소리가 나면, 하나님 품에 잠들어 있던 성도의 영이 신령한 몸으로 다시 살게 된다고 한다. 그러나 이미 죽고 없어진 육체가 살아나는 것은 아니다. 왜냐하면 혈과 육만으로는 하나님 나라를 유업으로 받을 수 없고, 썩을 것이 썩지 아니할 것을 유업으로 받을 수 없기 때문이다. 한편 육신을 가진 채 살아있는 성도들은 변화를 받아 썩지 아니하고 죽지 아니함을 입게 된다. 하나님께 속한 영과 육은 합쳐 하나가 된다. 즉 죽은 성도의 신령한 영은 변화 받은 산자의 몸을 얻어 부활하고, 산자는 신령한 영을 받고 변화되어 영원토록 그리스도와 함께 살게 된다. 이로써 '사망이 생명에게 삼킴 받고, 하나님과 예수님을 믿는 자는 죽어도 살고, 살아서 믿는 자는 영원히 죽음을 맛보지 않는다.'는 복음(사 25:6~8, 계 21:1~4, 요 11:25~27)이 이루어진다.[63]

'영육이 하나 되는 나라와 부활론'에 대한 신천지의 주장을 정리하면

---

63) 위의 책, 218~219.

다음과 같다.

＊예수님의 재림을 알리는 마지막 나팔 소리가 나면 죽은 성도들이 사는 것이 아니다.
＊살아있는 성도가 영을 받아들여 영육이 합체 되며, 이것이 부활이다.
＊영육이 합체된 존재가 예수님과 더불어 영생한다.
＊고린도전서 15:51~54, 이사야 25:6~8, 요한복음 11:25~27, 요한계시록 21:1~4이 첫째 부활을 증명한다.

② 성경적 해석

이만희 씨는 영육합일설을 '부활'과 연계시킨다. 십사만 사천의 영계의 영들과 십사만 사천의 육계의 사람들이 합쳐져 한 쌍을 이루는 것을 부활이라고 해석한다. 신천지가 말하는 부활은 죽은 사람이 살아나는 것이 아니라, 살아있는 사람이 일으키는 몸의 변화이다. 이만희 씨는 이 주장의 근거로 이사야 25:6~8, 요한복음 11:25~27, 고린도전서 15:51~54, 요한계시록 21:1~4 을 제시한다.

성경은 영육합일을 첫째 부활이라고 말하지 않는다.

이사야 25:6~8 해석

> 6 만군의 여호와께서 이 산에서 만민을 위하여 기름진 것과 오래 저장하였던 포도주로 연회를 베푸시리니 곧 골수가 가득한 기름진 것

과 오래 저장하였던 맑은 포도주로 하실 것이며 7 또 이 산에서 모든
민족의 얼굴을 가린 가리개와 열방 위에 덮인 덮개를 제하시며 8 사
망을 영원히 멸하실 것이라 주 여호와께서 모든 얼굴에서 눈물을 씻
기시며 자기 백성의 수치를 온 천하에서 제하시리라 여호와께서 이
같이 말씀하셨느니라(사 25:6~8).

이만희 씨가 영육합일설의 근거로 이사야 25:6~8을 선택한 이유는
"얼굴을 가린 가리개와 열방 위에 덮인 덮개를 제하시며"라는 문구와
"사망을 영원히 멸하실 것이라"는 문구 때문이다. 영이 육 안에 들어가
서 신령한 몸으로 변화되면 인간이라는 유한한 육체(덮개)는 던져 버
리게 되고, 사망이 지배하지 못하는 영생하는 존재가 된다는 것이다.

이사야 25:6~8은 하나님께서 세계 만민 중에 구원받은 자들에게 베
풀어 주실 풍성한 잔치에 대해 예언이다. 이사야는 옛 세상에 대한 모
든 심판을 끝내고, 새 하늘과 새 땅이 건설되고 난 후, 하나님께서 구
원받은 모든 백성들과 함께 성대한 천국잔치를 열게 될 것을 예언한
다. "기름진 것과 오래 저장하였던 포도주"(25:6)는 극상품의 식물과
포도주를 가리킨다. 이는 하나님께서 하늘나라 연회장에서 가장 좋은
것을 허락하실 것을 상징한다. "모든 민족의 얼굴을 가린 가리개와 열
방 위에 덮인 덮개를 제하시며"(25:7)에서 "가리개와 덮개"는 하나님
나라로 들어가는데 방해가 되는 모든 인간적인 요소들을 가리킨다. 하
나님은 그 날에 이것들을 제하여버리신다. "사망을 영원히 멸하실 것
이라"(25:8)는 표현은 하늘나라 잔치에 참석하는 성도들은 이미 생명
의 원수인 사망이 걷힌 상태에 있는 자들이라는 것을 나타내는 묘사이
다. 이미 구원받은 자들에게는 영원한 죽음이 없다는 것은 상식적인
이야기이다. 이 구절은 신천지의 영육합일과 부활에 대한 그 어떠한

단서도 제공하지 않는다.

요한복음 11:25~26 해석

> 25 예수께서 이르시되 나는 부활이요 생명이니 나를 믿는 자는 죽어
> 도 살겠고 26 무릇 살아서 나를 믿는 자는 영원히 죽지 아니하리니
> 이것을 네가 믿느냐(요 11:25~26).

"나를 믿는 자는 죽어도 살겠고"라는 표현은 '비록 육체적으로는 죽
을 지라도'의 의미이다. 예수를 믿는 자가 죽지 않는 것이 아니라는 것
이다. 그럼에도 불구하고 "산다"의 의미는 예수 그리스도를 믿는 사람
은 육신의 죽음은 면할 수 없지만, 영원한 생명을 소유한 자라는 것이
다. 이 구절은 영과 육이 하나 되는 사건을 말하고 있지 않다.

고린도전서 15:51~54 해석

> 51 보라 내가 너희에게 비밀을 말하노니 우리가 다 잠 잘 것이 아니요 마
> 지막 나팔에 순식간에 홀연히 다 변화되리니 52 나팔 소리가 나매 죽은 자
> 들이 썩지 아니할 것으로 다시 살아나고 우리도 변화되리라 53 이 썩을 것
> 이 반드시 썩지 아니할 것을 입겠고 이 죽을 것이 죽지 아니함을 입으리
> 로다 54 이 썩을 것이 썩지 아니함을 입고 이 죽을 것이 죽지 아니함을 입
> 을 때에는 사망을 삼키고 이기리라고 기록된 말씀이 이루어지리라(고전
> 15:51~54).

마지막 나팔 소리는 종말의 신호를 알리는 소리이다. 나팔 소리와 함

께 재림하시는 예수님께서 가장 먼저 하시는 일은 죽은 자들을 일으키는 일이다(15:52). 바울은 육신의 죽음을 씨앗을 심는 과정에 비유한다(15:36~44). 뿌려진 씨앗은 땅 속에서 썩게 되지만 잠시 후 새로운 형태의 생명으로 살아나듯, 인간의 육체도 죽어서 썩지만 이전보다 더 완전한 형태로 부활한다. 썩을 것(15:42)은 죽을 인간의 육체를 가리키며, 썩지 않을 것(15:53)은 재림 때 부활할 육체를 가리킨다. 여기서 "입는다"(15:53)는 것은 재림 시에 부활한 성도는 헌옷을 벗고 새 옷으로 갈아입듯이, 썩을 몸을 벗고 썩지 않을 몸으로 갈아입는다는 것이다. 성경이 말하는 부활은 이처럼 죽은 자의 부활이다. 이 구절 또한 영육합일과 무관하다.

요한계시록 21:1~2 해석

> 1 또 내가 새 하늘과 새 땅을 보니 처음 하늘과 처음 땅이 없어졌고 바다도 다시 있지 않더라 2 또 내가 보매 거룩한 성 새 예루살렘이 하나님께로부터 하늘에서 내려오니 그 준비한 것이 신부가 남편을 위하여 단장한 것 같더라(계 21:1~2).

거룩한 성 새 예루살렘은 로마 제국의 회유를 거부하고 신앙을 지킨 승리한 교회 공동체이며, 새 하늘과 새 땅은 하나님께서 창조하신 새로운 세계를 가리킨다. 거룩한 성 새 예루살렘과 새 하늘과 새 땅은 영육합일과는 아무 관련이 없다.

4) 영육이 하나 되는 나라와 노정 교리

① 신천지 주장

아담 세계의 사람들은 하나님의 영들과 더불어 살았다. 그러나 천지
를 창조하실 때부터 사람과 함께 살기를 원하셨던 하나님의 꿈은 아
담의 배도로 무너지고 말았다. 그리하여 하나님의 영은 사람을 떠나
가야 했다. 그 후 하나님께서는 사람과 하나 되어 살기 위해 시대마다
끊임없이 재창조의 역사를 해오셨다. 택한 선민이 순종하지 않을 때
는 함께 할 수 없으므로 버리시고, 새로운 선민을 창조하여 일하셨다.
그러던 중 영계 하나님의 장막이 초림 예수님에게 임하셨다(마 4:17).
그러나 이스라엘 백성이 예수님을 영접하지 아니하여(요 1:9~11) 영
계의 천국은 이번에도 사람을 떠나갔다. 그 후로 영계 하나님의 장막
은 지금까지 사람과 하나 되지 못하고 있다.[64]

'영육이 하나 되는 나라와 노정 교리'에 대한 신천지의 주장을 정리하
면 다음과 같다.

＊아담 때는 하나님의 영들과 사람이 함께 살았지만 아담의 배도로 영
　들이 사람을 떠났다.
＊이후 하나님은 영들과 사람이 하나 되어 살게 하기 위해 끊임없이
　재창조의 역사를 해왔다.
＊하나님은 택한 선민이 순종치 않을 때는 그 선민을 버리고 새로운
　선민을 창조한다.

---

64) 위의 책, 52.

＊어느 날 영계의 장막이 예수님께 임해서 예수를 목자로 세웠다,
＊예수 때에도 이스라엘 백성이 하나님께 순종치 않아 영계의 영들은
  사람들을 떠나 버렸다.

② 성경적 해석

이만희 씨는 아담 시대의 사람들은 하나님의 성령들이 사람들에게 임하여 영육이 하나 되어 살았는데, 아담이 죄를 짓고 배도함으로 그 영들이 인간에게서 떠나버렸다고 주장한다. 이것은 하나님이 원하시는 것이 아니기에 다시 영육이 하나 되는 세상을 만들기 위해서 시대마다 목자를 세웠지만, 그들 모두 아담처럼 배도의 길을 걸어갔고 결국 예수에게까지 그 역할이 돌아가게 되었다고 한다. 말하자면 예수의 역할도 영육이 하나 되는 세상을 만드는 데 있다는 것이다. 그러나 이번에는 이스라엘 백성들이 예수를 영접치 않아 배도하게 된다. 이 예수 시대의 배도 사건으로 인해 영계의 십사만 사천의 순교자들의 영은 육계의 짝을 만나지 못해 여전히 대기 상태로 있게 되고, 하나님은 다음 목자를 찾을 수밖에 없는 처지가 되었다. 그리고 다음 목자로 이만희 씨가 선택되었다고 주장한다.[65]

이것이 신천지의 노정 교리의 핵심이다. 노정 교리란 영육이 하나 되는 세상 곧 영육합일이 이루어지는 나라를 창조하기 위해 시대마다 목자를 선택한다는 교리이다. 시대마다 세움 받은 목자는 아담, 노아, 아브라함, 모세, 여호수아, 예수, 이만희 씨이다. 아담에서부터 예수까지는 모두 실패했고, 이만희 씨가 마지막 목자라는 것이다. 신천지의 노정 교리는 영육합일설과도 긴밀히 연계되어 있다.

---

65) 위의 책, 95~101.

예수님은 노정 교리에 등장할 인간 목자가 아니다. 예수님은 하나님이다.

과연 이만희 씨의 주장대로 예수님이 목자로 선택받았을까? 그는 마태복음 4:17이 이 사실을 증거한다며 제시한다. "예수께서 비로소 전파하여 이르시되 회개하라 천국이 가까이 왔느니라"는 구절이 한 인간에 불과했던 예수에게 하나님의 영이 임하여 목자로 선택받았음을 나타내는가? 여기서 천국은 하나님의 영이 아니다. 또한 영계의 천국을 가리키지도 않는다. 더군다나 "가까이 왔느니라"는 문구가 영계의 천국이 예수에게 임했음을 나타내지도 않는다. 천국(βασιλεία τῶν οὐρανῶν)은 하나님의 주권, 하나님의 통치를 의미한다. 천국이 가까이 왔다는 말은 예수님께서 이 땅에 오심으로, 이 땅이 드디어 하나님의 통치를 받기 시작했다는 의미이다. 마태는 예수님께서 공생애를 시작하면서 외치셨던 그 설교의 주제를 밝힘므로 그가 땅에 오신 목적이 무엇인지 전한다. 그 주제는 하나님 나라 곧 천국이었다. 마태복음 4:17과 '목자로 선택받은 예수'와는 무관하다.

이만희 씨는 한 인간에 불과했던 예수에게 하나님의 영이 임하여 목자로 선택받았다는 것을 직접 표현하지 않고 우회적으로 '영계 하나님의 장막이 초림 예수님에게 임했다.'로 묘사한다. 왜 이런 표현을 사용하는 것일까? 직설적으로 인간 예수에게 하나님의 영이 임했다고 주장하기 쉽지 않기 때문이다. 예수를 인간이라고 주장한다면 신천지는 처음부터 의심을 받게 된다. 그렇다고 예수를 목자로 만들지 않고는 신천지의 노정 교리가 세워질 수 없는 노릇이다. 그렇다고 예수를 태초부터 계셨던 하나님이라고 할 수도 없다. 그러면 그를 인간 목자 대열에 세울 수 없기 때문이다. 때문에 이런 애매모호한 표현을 사용해서, 목적은 목적대로 달성하고, 의심의 눈초리도 피해보려 했던 것이다. 이만희 씨는 예수님을 가리켜 하나님이라고 말하지 않는다. 예수의 동정녀 탄생도 말하고[66] 예수가 하나님의 아들임도 말하고[67] 예수가 구약의 약속을 이룬 분이라[68]고는 하지만, 예수님을 하나님이라 말하지 않는다. 그리고 그의 십자가의 죽음과 그것을 믿음으로 얻는 죄 사함과 구원에 대해서도 언급하지 않는다.

실패자 예수와 구원자 이만희 씨(?)

이만희 씨가 노정 교리를 만들면서 풀어야 할 또 하나의 과제 중 하나는 이 목자 예수를 실패한 자로 만들어야 하는 것이다. 그렇게 해야지만 그 실패를 발판으로 그 다음 목자인 자기가 구원자로 등장할 수 있기 때문이다. 그러나 예수님에게 있어서 이렇다 할 배도 사건을 만들어 내는 것은 불가능하다. 왜냐하면 그러한 내용이 성경에 없을 뿐 아니라, 행여나 만들어 낸다 해도, 의심을 받을 수 있기 때문이다. 그래서 배도 사건을 당시 예수를 영접치 않았던 백성들의 몫으로 돌리고, "영적 이스라엘의 배도"[69]라는 용어로 대체한다. 그리고 이 영적 이스라엘도 배도하여 멸망당했다고 주장한다.[70] 그리고 다음 목자로 이만희 씨가 등장한다.

이만희 씨는 자기가 의심받을 수 있는 대목에서는 독자들이 알아차리기 힘든 용어나 문구로 대처해 나간다. 이 "영적 이스라엘의 멸망"으로 십사만 사천의 순교자의 영들은 다시 영계에서 대기 상태에 있게 되고, 하나님은 그 다음의 목자를 찾아야 하는 형편이 된다. 신천지의 노정 교리에서 마지막 목자는 이만희 씨이다. 이만희 씨는 「천지창조」 '노정 교리' 마지막 목자 편에서는 본인의 실명은 밝히지 않지만 자기

---

66) 위의 책, 93.
67) 위의 책, 93~94.
68) 위의 책, 94~95.
69) 위의 책, 44~145.
70) 이만희 씨는 영적 이스라엘의 멸망을 유재열 장막성전과 동일시한다. 이만희, 「천지창조」, 150~152.

자신을 '이긴 자'와 '보혜사'로 나타내며 실패한 목자 예수 다음 목자로
등장한다.

2. 6일 창조

1) 첫째 날 창조 (창 1:1〜5)

① 신천지 주장

창세기가 단지 과거사만을 기록한 것이라고 생각하는 것은 큰 착오
이다. 창세기 1장은 영적 창조를 자연계에 빗대어 비유로 기록한 내
용이다. 그러므로 창세기 1장을 문자 그대로 보고 자연계의 창조만
떠올린다면 모순점이 한두 개가 아니다.[71)]

첫째 날의 땅과 흑암과 수면(창 1:2)은 하나님께서 창조하셨다는 말
도 없는데 존재하고 있다. 이것은 이미 천지가 있는 상태에서 하나님
께서 다시 천지를 창조하고 계심을 알려준다. 이 말씀에서 '땅'은 흙
으로 된 사람(창 2:7 참고)을 가리킨다. 땅이 혼돈하다는 것은 두 가
지 이상의 교리가 섞여 사람들이 혼란스러워하는 것을 의미한다. 사
람의 심령이 선과 악이라는 두 가지 사상으로 혼돈되었다는 것은 하
나님의 영으로 창조되지 못했음을 말해준다. 땅이 공허하다는 것은
성전된 사람의 마음(고전 3:16)에 함께 계시던 하나님께서 떠나신 결
과 사람의 마음이 비어 있다는 뜻이다. 흑암이 깊음 위에 있다는 것
은 하늘이 흑암하다는 말이다(렘 4:28). 여기에서 하늘은 선민의 장
막을 가리킨다(창 37:9〜11 참고).[72)]

---

71) 위의 책, 54.
72) 위의 책, 55.

하나님의 신이 운행하셨다고 하는 수면은 세상을 가리킨다(단 7:3, 17). 하나님께서 수면(물)을 운행하시는 이유는 빛을 찾기 위해서이다. 그 빛은 과연 무엇일까? 하나님께서 세상 가운데서 찾으신 빛은 하나님의 마음에 합하는, 진리의 말씀을 가진 목자를 가리킨다.[73]

'첫째 날 창조'에 대한 신천지의 주장을 정리하면 다음과 같다.

＊창세기 1장의 천지창조는 비유이며 자연계의 창조가 아닌 영적 창조 기사이다.
＊창세기 1:2에 땅과 흑암과 물은 하나님께서 창조한 자연계이다. 그러므로 1:3부터 시작되는 창조는 자연계의 창조가 아닌 영적 창조 기사이다.
＊창세기 1:1의 천지에서 '천'은 선민의 장막을 가리키고, '지'는 사람을 가리킨다.
＊땅이 혼돈하고 공허한 것은 여러 교리로 인해 사람의 마음이 혼란하고 텅 빈 것을 말한다.
＊수면은 세상을 가리키며 첫째 날 창조된 '빛'은 하나님의 마음에 합한 목자이다.

② 성경적 해석

이만희 씨는 창세기 1장의 천지창조 기사는 자연계의 창조가 아닌 영적 창조 기사라고 주장한다. "영적 창조"란 다름 아닌 신천지 설립을 의미한다. 말하자면 창세기 1장은 신천지가 설립되어지는 과정을 보여

---

73) 위의 책, 56.

주는 기사라는 것이다. 이렇게 주장하는 이유는 매우 단순하다. 이만희 씨는 하나님께서 본격적으로 창조 사역을 시작하는 창세기 1:3 이전에 이미 땅과 물과 흑암이 존재하고 있었다는 사실에 주목한다(1:2). 그리고 이것을 하나님의 창조물로 간주한다. 이 단순한 사실 하나로 그는 창세기 1:3 이전에 이미 자연계 창조가 완료된 것이라고 단정한다. 더 나아가 3절부터 시작되는 하나님의 창조 사역을 자연계의 창조가 아닌 영적 창조라고 주장한다. 왜냐하면 하나님께서 똑같은 자연계의 창조를 두 번 반복했을 리 없다는 것이다. 비약에 비약을 거듭한 결과 이와 같은 결론을 내린 것이다.

창세기 1:1의 하늘(天)은 신천지를 가리키는가?

이만희 씨는 이러한 결론을 가지고 창세기 1:1의 하늘(天)을 가리켜 선민의 장막이라고 주장한다. 선민의 장막은 신천지를 가리킨다. 그는 성경 66권의 첫 성경, 첫 장, 첫 절을 "하나님이 태초에 신천지를 창조하시니라"로 시작하고 있는 것이다. 이만희 씨는 이 주장의 근거로 창세기 37:9~11을 제시한다. 이 구절은 요셉의 꿈 이야기이다. 꿈에 등장하는 해와 달과 별들은 야곱의 가족을 상징한다. 이 부분에서 이만희 씨는 어떠한 합당한 근거를 제시하지 않고 이 '해와 달과 별들'을 '선민 장막'이라고 단정 짓는다. 아마도 야곱의 가족이 족장 가문이란 점을 활용한 것으로 추측된다. 그리고 해, 달, 별을 창세기 1:1의 하늘(天)과 연결 짓는다. 그리고 이 하늘을 가리켜 '선민의 장막'이라 최종 결론짓는다.

창세기 1:1의 천지(天地)는 우주를 가리킨다.

창세기 1:1의 천지는 우주를 가리키는 표현이다. 우주라는 개념이 없는 히브리인들에게 창세기 기자는 '하늘'(םימש)과 '땅'(ץרא)이라는 극과 극의 소재를 사용하여 태초에 하나님이 '우주'를 창조하셨다고 선포한다. 그러므로 창세기 1:1이 하나님의 첫 번째 창조 행위를 보여주는 것은 사실이다. 그러나 그 우주는 아직 미완성 상태이다. 이 우주는 혼돈하고 공허하고 무질서하다(1:2). 하지만 하나님께서 이 무질서한 우주에 질서를 정해 나가신다. 이 텅 빈 우주에 자연 만물을 채워 넣으시는 후속 기사는 3절부터 시작된다.[74] 여기에서 이만희 씨의 주장은 설자리를 잃는다.

창세기 1:2의 땅(地)은 신천지 신도를 가리키는가?

이만희 씨는 땅(1:2)을 가리켜 사람(2:7)이라고 주장한다. 창세기 2:7에 등장하는, 사람을 만든 재료인 흙을 창세기 1:2의 땅에 대입해서 땅을 인간으로 간주한 것이다. 더 나아가 이 땅이 신천지 신도를 가리킨다고 주장한다. 그러므로 천지(天地)에서 천(天)은 신천지 장막성전이며, 지(地)는 신천지 신도이다. "하나님께서 태초에 천지를 창조하시니라"는 다름 아닌 1984년도 설립된 신천지 장막성전에 대한 묘사라는 주장이다. 창세기 1장이 영적 창조 기사라고 주장한 이유는 본문을 이렇게 임의적으로 해석하기 위한 사전 포석이었던 것이다.

창세기 1:2의 땅(地)은 우주를 가리킨다.

창세기 1:2에 나오는 땅(ץרא)은 일반적인 땅을 가리키며, 창세기 2:7의 흙(המדא)은 문자 그대로의 흙을 가리킨다. 아레츠(ץרא)와 아다마(המדא)는 완전히 다른 단어이다. "여호와 하나님이 땅의 흙으로 사람을

---

74) 고든 웬함, 「창세기 1~15」, "WORD BIBLICAL COMMENTARY volume 1", 박영호 역 (서울: 도서출판 솔로몬, 2001), 102~103.

지으시고"(2:7)에서 땅의 흙은 '땅으로부터 취해진 흙' 이란 뜻이다. 하나님께서 땅에서 취한 흙으로 사람을 창조했을 뿐이지 흙 자체가 사람과 동일시 될 수 없다. 게다가 이 '흙'을 '땅'과도 동일시할 수 없다. 이유는 각각 완전히 다른 뜻을 가진 단어이기 때문이다. 따라서 땅이 사람이라는 이만희 씨의 주장은 성립될 수 없다.

창세기 1:2의 혼돈하고 공허한 땅에 대한 묘사는 원시 우주의 상태를 말하는 것이다. 따라서 땅이 혼돈하고 공허한 것을 혼란하고 텅 비어 있는 사람의 마음 상태라는 주장도 성립될 수 없다.

창세기 1:1의 수면이 세상을 가리키는가?

이만희 씨는 하나님의 신이 운행한 수면을 가리켜 세상이라고 해석한다. 이 세상은 여러 종교, 여러 교리로 인해 마음 둘 곳 없는 사람들이 가득한 세상이라는 것이다. 이만희 씨는 다니엘서 7:3과 7:17을 근거로 제시하며 수면을 세상과 동일시한다. 다니엘 7:3의 바다와 창세기 1:2의 수면은 서로 연관 지을 수 없는 별개의 단어이다. 둘 다 액체라는 공통점 외에 그 어떠한 연결 고리도 없다. 다니엘 7:17은 앞으로 세상으로부터 일어날 바벨론, 메데 · 파사, 헬라, 로마 제국의 왕에 대해서 예고하는 구절이다. 세상으로 번역된 아르아(אַרְעָא)는 세상보다는 땅이라는 의미에 더 가까운 단어이다.

창세기 1:1의 수면은 심해(深海)를 가리킨다.

수면은 원시 우주의 상황에 대한 묘사로 보는 것이 타당하다. 이 수면은 실질적으로 '깊음'과 동의어이다. 깊은 물, 즉 심해(深海)를 가리킨다.[75] 마치 깊은 물이 출렁이는 듯 보이는 우주 표면에 대한 묘사이다.

---

75) 위의 책, 102~103.

하나님이 첫째 날 창조하신 빛은 이만희 씨인가?

이만희 씨는 하나님께서 첫째 날 창조한 빛이 자기 자신을 가리킨다고 주장한다.

> 하나님께서는 한 목자를 택하여 어두움을 밝히는 빛으로 들어 쓰신다. 물론, 어두움은 무지한 심령을 말한다(살전 5:4~8 참고). 첫째 날 빛이 있기 전에는 어두움만 있었으므로 구분 할 것이 없었다. 그러나 빛이 있음으로 진리와 비진리가 구분된다.[76]

> 무지하여 어두운 심령만 가득할 때 진리의 소유자 하나를 빛으로 택하는 것, 이것은 하나님께서 재창조를 시작하면서 가장 먼저 하시는 일이다.[77]

하나님이 첫째 날 창조하신 빛은 낮과 밤을 구별하는 빛이다.

창세기 1:3의 '빛', '오르'(אור)는 어둠을 밝히는 문자 그대로의 '빛'이다. 창조주의 첫 작품이다. 하나님께서 그 빛의 이름을 손수 지어 부르셨다. 그 빛의 이름은 '욤'(יום) 즉 '낮'이었다(1:5). 이름을 부여하는 것은 그 역할을 규정하는 것이다. 낮은 밤과 낮을 구별하기 위해 존재한다. 이만희 씨는 하나님께서 창조주로서의 권위를 가지고, 자신의 첫 작품의 이름을 '낮'이라고 공적으로 선포하였음에도 그 빛을 자기 자신이라고 주장한다. 그는 하나님께 직접 명명하신 것까지 도외시해버린다. 성경을 모르는 사람들이 이런 해석을 듣고 하나님의 말씀을 한낱 우스갯거리로 여기지 않을지 걱정이 된다.

---

76) 이만희, 『천지창조』, 56.
77) 위의 책, 57.

2) 둘째 날 창조 (창 1:6~8)

① 신천지 주장

'궁창'은 첫째 날의 하늘이 흑암한 뒤에 한 빛을 수면에서 찾아 세운 후의 '새 하늘'로써, 첫째 날의 수면 가운데서 창조한 새 장막이다. 이 장막은 첫째 날의 빛으로 택한 목자가 인도한다.[78]

물 가운데 궁창을 만듦으로 나누어진 '궁창 위의 물'은 계시된 하나님 의 말씀을 뜻하고(계 10:1~2), '궁창 아래의 물'은 사람의 계명을 가리킨다(사 29:9~13). 즉, 각각 진리와 비진리를 의미한다. 신명기 32장 1~2절과 아모스 8장 11절에서는 하나님의 말씀을 비와 이슬 그리고 물로 비유하고 있다. 하나님의 말씀이 물이면 하늘 위에서 내리는 물은 하나님께서 주신 '계시의 말씀'이며, 궁창 아래의 물은 사람이 성경을 연구하여 만들어낸 '세상 말'이다.[79]

궁창 위의 물과 아래의 물이 구분 되는 때 곧 심판의 때 진리를 원하는 사람은 빛으로 나아올 것이다(요 3:19~21).[80]

'둘째 날 창조'에 대한 신천지의 주장을 정리하면 다음과 같다.

＊궁창은 새로운 장막을 가리키고 첫째 날의 창조된 빛이 인도한다.
＊궁창 위의 물은 진리의 말씀이며 궁창 아래의 물은 비진리의 사람의

---

78) 위의 책, 58.
79) 위의 책, 58.
80) 위의 책, 59.

계명이다.

＊성경에서 비와 이슬과 물은 하나님의 말씀을 나타낸다.

② 성경적 해석

궁창은 신천지 장막성전을 가리키는가?

　이만희 씨는 둘째 날 창조된 궁창을 가리켜, 창세기 1:1의 첫 하늘이 사라지고 난 뒤 새롭게 조성된 새로운 하늘이라 해석한다. 더 나아가 이 궁창을 빚인 이만희 씨가 인도하는 선민 장막이라 주장한다. 첫 하늘은 신천지의 전신이었던 유재열 장막성전을 가리킨다. 첫 하늘이 사라지고 난 후, 새로운 하늘이 생긴 것을 유재열 장막성전이 사라진 후 신천지 장막성전이 세워진 것으로 해석하는 것이다.

하나님은 궁창을 하늘이라 명명했다.

　이 궁창의 기능은 창세기 1:7에서 규정된다. 물과 물을 나누는 것 즉 궁창이 창공의 물과 지상의 물을 분리한다. 하나님은 지면과 구름 사이를 점유하는 이 공간을 '하늘'이라 명명했다(1:8). 이름을 지어 주었다는 것은 그 창조가 마무리 되었다는 뜻이다. 하나님은 이 하늘 공간을 완성하심으로 인간과 동식물이 살게 될 지구를 보호하는 대기권을 조성하셨다. 만물 생존의 기본적인 요소가 완성된 것이다.[81] 이 궁창은 선민의 장막이 아니다.

궁창 위와 물과 궁창 아래의 물은 신천지의 진리의 말씀도, 기성교회의 비진리의 말씀도 아닌 물이다.

---

81) 고든 웬함, 110.

이만희 씨는 궁창 위의 물을 진리의 하나님의 말씀으로, 궁창 아래의 물을 비진리의 사람의 계명으로 해석한다. 궁창 위의 물은 신천지 말씀, 궁창 아래의 물은 기성 교회의 말씀이라는 것이다. 그는 신명기 32:2과 아모스 8:11을 근거로 제시하며 물은 말씀을 의미한다고 주장한다.

신명기 32:2 해석

> 내 교훈은 비처럼 내리고 내 말은 이슬처럼 맺히나니 연한 풀 위의
> 가는 비 같고 채소 위의 단비 같도다(신 32:2).

"내 교훈은 비처럼 내리고"에서 하나님의 교훈을 '비'에 비유하고 있다. "내 말은 이슬처럼 맺히나니"에서도 하나님의 말씀을 '이슬'에 비유하고 있다. 그렇지만 하나님의 말씀이 비와 이슬은 아니다. 이는 "눈물이 비처럼 내리고 이슬처럼 맺혔다"에서 눈물이 비나 이슬이 아닌 것과 같다. 이런 식의 논리라면 요단강물도 하나님의 말씀이고, 성막의 물두멍의 물도 하나님의 말씀이고, 다윗의 부하들이 떠다준 물도 하나님의 말씀이 된다. 이만희 씨의 성경 해석은 귀에 걸면 귀걸이 코에 걸면 코걸이 식이다.

아모스 8:11 해석

> 주 여호와의 말씀이니라 보라 날이 이를지라 내가 기근을 땅에 보내
> 리니 양식이 없어 주림이 아니며 물이 없어 갈함이 아니요 여호와의
> 말씀을 듣지 못한 기갈이라(암 8:11).

하나님께서 이스라엘 백성들이 당하는 기근은 떡과 물을 먹지 못해서 생긴 기근이 아니고 하나님의 말씀을 먹지 못해서 생긴 기근이라고 설명한다. 여기서 양식과 물은 하나님의 말씀을 상징한다. 하지만 상징은 상징일 뿐 상징이 실제가 될 수 없다. 십자가는 기독교를 상징하는 것이지만 '교회에 기독교가 걸려있다.'고 하지 않는다. 비둘기는 평화를 상징하지만 '하늘에 평화가 날아다닌다.'고 하지 않는다. 물이 하나님의 말씀을 상징하지만, 물이 하나님의 말씀과 동의어는 아니다. 궁창 위의 물과 궁창 아래의 물은 문자 그대로의 물이다.

3) 셋째 날 창조 (창 1:9~10)

① 신천지 주장

하나님께서는 뭍을 '땅'이라 칭하시고, 모인 물을 '바다'라 칭하셨다. 그런데 첫째 날에 이미 혼돈하고 공허한 땅과 흑암한 하늘이 있었으므로, 셋째 날 창조한 땅은 새 땅이라는 것을 알 수 있다. 하나님께서 흙으로 사람을 지으셨으므로(창 2:7), 셋째 날 드러난 뭍은 선민을 가리키며 나아가 그들의 장막을 가리킨다. 이 선민은 첫째 날 택한 빛인 목자를 따라 모여든 성도들이다. 셋째 날 드러난 뭍(육지)과 둘째 날에 만든 하늘은 같은 장막이로되, 차이점이 있다면 둘째 날 창조한 장막이 셋째 날 세상에 드러난다는 것이다. 다시 말해, 선민의 장막이 세상에 알려질 만큼 규모가 커지고 각종 성도가 전도되어 모여든다는 것이다.[82]

---

82) 이만희, 『천지창조』, 59~60.

셋째 날, 땅에서 난 풀과 각종 씨 맺는 채소와 열매 맺는 나무는 각종 성도들을 가리킨다. 이사야 40장 6~8절에서는 모든 육체는 풀과 같다고 하였으며, 신명기 32장 2절에서는 하나님의 교훈을 받는 사람들을 풀 또는 채소로 비유하였다. 그리고 예수님께서는 하나님의 말씀을 '씨'라 하시고(눅 8:11), 자신을 참 포도나무라 하셨다(요15:1). 또한 야고보는 진리의 말씀으로 난 성도들을 처음 익은 열매라 하였고(약 1:18)…[83]

'셋째 날 창조'에 대한 신천지의 주장을 정리하면 다음과 같다.

＊하나님께서 육지는 땅이라 칭하고, 모인 물을 바다라 칭했다.
＊첫째 날 땅은 공허하고 혼돈된 옛 땅이고, 셋째 날 땅은 새로운 땅이다.
＊옛 땅도 선민 장막이고 새 땅도 선민 장막이지만 후자는 세상에 모습을 드러낸 장막이다.
＊셋째 날 창조된 모든 식물은 선민 장막에 있는 사람을 가리킨다.
＊이사야 40:6~8, 신명기 32:2, 누가복음 8:11, 요한복음 15:1, 야고보서 1:18은 식물이 사람임을 증거한다.

② 성경적 해석

땅(육지)은 신천지 장막성전을 가리키는가?

이만희 씨는 창세기 1:2의 땅은 옛 땅이며, 셋째 날의 땅은 새 땅이며 선민의 장막이라고 해석한다. 여기서 옛 땅은 유재열 장막성전을 가리키고 새 땅은 신천지 장막성전을 가리킨다. 유재열 장막성전이 옛

---

83) 위의 책, 60.

땅인 이유는 붕괴되어 사라졌기 때문이다. 그러나 신천지는 그 장막성전의 맥을 다시 잇게 되었고, 과거 보다 더 크게 번성하여 마침내 세상에 그 모습을 드러냈기 때문에 새 땅이 되었다고 한다.

땅(육지)은 바다와 분리된 육지이다.

셋째 날의 땅은 바다와 분리되어진 육지를 가리킨다. "천하의 물이 한곳으로 모이고 뭍이 드러나라 하시니 그대로 되니라"(1:9)라는 묘사는 물이 멋대로 흘러 간 것이 아니라 한곳에 모여 일정한 범위를 형성하게 되었다는 뜻이다. '뭍'으로 번역된 '얍바솨'(יבשה)는 '마른 땅'이란 의미이다. 하나님의 명령에 따라 지금까지 물에 덮여 모습이 보이지 않았던 땅이, 물을 한곳으로 옮기자 마른 땅이 되어 눈으로 볼 수 있게 되었다. 하나님의 명령에 따라 땅과 바다가 분리되어 물은 물대로 모이고, 마른 땅이 그 모습을 드러냈다. 하나님께서 이 땅과 바다를 창조함으로 시간과 공간이라는 인간 생존의 기본적인 요소가 완성되었다. 하나님은 각각의 이름을 바다와 땅이라고 불렀다(1:10). 하나님이 직접 명명했던 바다와 육지를 다른 이름으로 대체하는 것은 성경을 하나님 말씀으로 믿는 사람으로서는 할 수 있는 행동이 아니다.

셋째 날 창조된 식물은 사람을 가리키는가?

이만희 씨는 하나님께서 셋째 날 창조하신 각종 식물과 채소는 각처에서 신천지로 몰려오는 성도를 가리킨다고 해석한다.[84]

그는 이사야 40:6~8, 신명기 32:2, 요한복음 15:1, 야고보서 1:18, 요한계시록 14:1~5을 그 근거로 제시한다.

---

84) 위의 책, 61.

이사야 40:7~8 해석

> 7 모든 육체는 풀이요 그의 모든 아름다움은 들의 꽃과 같으니 풀은 마르고 꽃이 시듦은 여호와의 기운이 그 위에 붊이라 이 백성은 실로 풀이로다. 8 풀은 마르고 꽃은 시드나 우리 하나님의 말씀은 영원히 서리라 하라(사 40:7~8).

"모든 육체는 풀이요", "이 백성은 실로 풀이로다" 는 말씀은 하나님의 현존 앞에 있는 인간의 덧없음을 은유적으로 표현한 것이다. 저자는 인간의 유한함을 표현하기 위해 '풀'이라는 소재를 보조적으로 사용했다. 이 문장은 인간을 풀이라고 말하지 않는다. 이만희 씨는 실제로 해석해야 될 부분은 비유로 해석하고, 비유적 표현은 실제로 해석한다.

신명기 32:2 해석

> 내 교훈은 비처럼 내리고 내 말은 이슬처럼 맺히나니 연한 풀 위의 가는 비 같고 채소 위의 단비 같도다(신 32:2).

이 구절은 하나님의 교훈이 물이 귀한 팔레스틴의 메마른 땅에 내리는 단비와 같은 기능을 한다는 것을 나타내는 데 목적이 있다. "채소 위의 단비 같도다."는 표현은 단비가 채소의 풍성한 수확을 보장한다는 의미이다. 여기서 비는 하나님의 교훈을 상징한다. 하지만 비가 하나님의 교훈과 동일한 것은 아니다. 이 구절은 식물이 사람임을 말하고 있지 않다.

요한복음 15:1 해석

> 나는 참 포도나무요 내 아버지는 농부라(요 15:1).

예수님은 자기 자신을 참 포도나무에 비유하셨다. 가짜 포도나무에 붙어 있는 성도는 열매 맺을 수 없지만 참 포도나무에 붙어 있으면 풍성한 수확이 있음을 교훈하기 위해서였다. "나는 생명의 떡이다"(요 6:35) 라는 비유를 두고 "예수는 떡이다"라고 할 수 없듯이 "나는 참 포도나무요"를 가리켜 "예수는 나무다"라고 할 수 없다. 이 구절에서 사람이 식물과 동일시될 수 있는 단서는 없다.

야고보서 1:18 해석

> 그가 그 피조물 중에 우리로 한 첫 열매가 되게 하시려고 자기의 뜻
> 을 따라 진리의 말씀으로 우리를 낳으셨느니라(약 1:18).

'첫 열매'는 구약의 전문적인 제사용어이다. 구약에서 사람이든 동물이든 곡식이든 첫 태생이나 첫 소출은 모두 첫 열매로 통칭했다. 구약에서 이스라엘 자체도 첫 열매이다(출 4:22). 신약에서는 예수님의 부활을 가리켜 첫 열매(고전 15:20)라 했고, 그리스도인 자체도 첫 열매이다(롬 16:5). 야고보서 1:18의 첫 열매도 야고보서를 읽고 있는 독자를 포함한 모든 그리스도인을 가리킨다. 첫 열매는 채소나 과일 같은 식물이 아니다. 식물은 물질명사이며 첫 열매는 추상명사이다.

요한계시록 14:4 해석

이 사람들은 여자와 더불어 더럽히지 아니하고 순결한 자라 어린 양이 어디로 인도하든지 따라가는 자며 사람 가운데에서 속량함을 받아 처음 익은 열매로 하나님과 어린 양에게 속한 자들이니(계 14:3~4).

이 구절에서도 "처음 익은 열매"는 식물을 가리키는 것이 아니라 성도를 가리키는 추상명사이다. "이 사람들은 …처음 익은 열매로"라는 문장은 은유를 사용한 비유적 표현이며 식물을 인간으로 규정하지 않고 있다.

이상에서 살펴본 대로 식물을 인간이라고 말하는 구절은 없다.

셋째 날 창조된 식물은 식물이다.

하나님께서 셋째 날 창조하신 풀(דשא), 채소(עשב), 나무(עץ)는 상징이 아닌 실지 식물이다.[85]

이 식물들은 다른 성경에서도 자주 등장하는 이름이다. "그들은 풀과 같이 속히 베임을 당할 것이며"(시 37:2)에서의 '풀'과 "그가 나를 푸른 풀밭에 누이시며"(시 23:2)에서의 '풀'은 모두 떼쉐(דשא)이다. 채소로 번역된 에세브(עשב)는 앗수르 제국에 의해 점령된 이스라엘의 처지를 나타낼 때 사용되었다(사 37:27).

셋째 날 창조된 식물과 동일한 히브리어 단어가 다른 성경에서도 발견된다. 셋째 날 식물은 실지 식물이다. "각기 종류대로"란 표현은 식물 창조와 동물 창조에서만 등장한다(1:24, 25, 26). 하나님은 상이한 종류의 식물들을 창조하셨으며, 그것들에게 번식하는 능력을 주셨다. 즉 "씨 맺는", "열매 맺는" 능력을 주셨다.

---

85) 고든 웬함, 111.

4) 넷째 날 창조 (창 1:14~19)

① 신천지 주장

해가 없으면 어떤 식물이나 동물도 살 수 없다. 하나님께서 넷째 날
에 창조하신 해, 달, 별이 문자 그대로의 것이라면 빛이 없는 셋째 날
에 식물은 어떻게 살 수 있었겠는가? 그리고 만약 첫째 날의 빛을 자
연계의 빛이라고 본다면 이것은 또 무엇이라 말해야 하는가? 그 빛
을 발하는 것이 해라면, 넷째 날에 또 해를 만들었으니 해가 두 개란
말인가? 이러한 점으로 볼 때. 창세기 1장은 영적인 내용이지, 문자
그대로의 것이 아님을 알 수 있다.[86]

셋째 날, 땅에 각종 식물이 돋아나서 자랐으므로 즉 많은 성도가 장
막으로 전도되어 왔으므로, 그들을 다스릴 조직이 필요하다. 그들 가
운데 사명자를 세우고 직분과 직책을 주니 이것이 해, 달, 별을 만드
는 일이다. 하나님께서 영계의 하나님 나라에 보좌를 구성하신 것 같
이, 넷째 날 육계 선민의 장막에 보좌와 조직을 구성하신 것이다(계
4장, 마 6:10 참고).[87]

'넷째 날 창조'에 대한 신천지의 주장을 정리하면 다음과 같다.

＊셋째 날에 창조된 식물은 태양 없이 살 수 없는데 하나님은 넷째 날
에 태양을 창조했다.

---

86) 이만희, 『천지창조』, 61-62.
87) 위의 책, 62.

＊첫째 날에 만든 빛이 자연계의 빛이라면 넷째 날에 빛을 발하는 태양은 무엇인가?

＊이러한 사실은 창세기 1장이 자연계의 창조가 아니라 영적 창조라는 것을 증명한다.

＊넷째 날의 해, 달, 별 창조는 신천지의 조직을 창조한 내용이다.

② 성경적 해석

첫째 날의 "빛"과 넷째 날의 "광명체"가 같은 것인가?

이만희 씨는 식물은 태양빛을 통해서 필요한 에너지를 얻는데 넷째 날 태양(해)이 만들어지기 전에 어떻게 셋째 날 식물이 생존할 수 있었는가를 문제 삼는다. 동시에 첫째 날 만든 빛이 자연계의 빛이라면, 하나님께서 넷째 날 빛을 발하는 태양을 또 만들 이유가 없다는 것이다. 이런 이유로 인해 창세기 1장은 영적 창조 기사로 해석해야 한다고 주장한다. 과연 이 주장이 타당한지 살펴보자.

첫째 날의 빛(אור)은 빛 자체이며 넷째 날의 광명체(מאור)는 빛을 내는 본체이다.

하나님이 첫째 날 만드신 빛에 해당되는 히브리어는 '오르'(אור)이며, 넷째 날에 만드신 광명체에 해당되는 히브리어는 '마오르'(מאור)이다. 광명은 빛을 의미하는 오르의 어근으로서 밝다, 빛나다로 번역되는 동사 오르에 마(מ)를 붙인 형태이다. 히브리어에서 '마'가 동사에 첨부되어 명사를 만들면 그 동사가 이루어지는 장소 혹은 도구가 된다. 말하자면 '마오르'는 '빛을 내는 본체'를 언급한 것이다. 넷째 날 태양의 창조는 첫째 날 빛의 창조와는 오히려 조화를 이룬다.[88] 하나님은 첫째

---

88) 고든 웬함, 89, 107.

날 빛을 창조하셨고, 넷째 날 빛을 비추는 광명체를 천체에 배치하셨다. 첫째 날 빛과 넷째 날 광명은 글자와 의미 자체가 다를 뿐 아니라 기능 또한 다르다. 그러므로 "하나님께서 태양을 두 번 만드셨는가?"라는 질문은 어리석고 무지하다.

이스라엘 백성이 애굽에 노예로 있을 때 하나님께서 애굽 전 지역에 3일간 흑암 재앙을 내리셨다(출 10:21~23). 3일 동안 태양의 작동이 중단된 것이다. 동시에 이스라엘 백성들이 거주하는 지역은 계속해서 밝음 상태를 유지하였다(출 10:23). 이때 이스라엘 백성들은 태양 빛 외에 또 다른 빛이 있음을 경험했다.

이만희 씨는 식물은 태양을 통해서 필요한 에너지원을 얻는데 태양 없이 어떻게 식물이 생존할 수 있느냐고 반문한다. 이 질문 또한 어리석다. 태양빛은 여러 빛 중에 한 부분일 뿐이다. 첫째 날의 오르는 가장 원천적인 빛이며 에너지원이다. 창세기 1장은 자연계의 창조 기사이며 신천지 설립과는 아무 관련이 없다.

해와 달과 별이 신천지의 조직체인가?

이만희 씨는 해, 달, 별 창조를 신천지의 조직 창조라고 해석한다. 많은 성도가 신천지로 전도되어 왔으므로, 사명자를 세우고 직분과 직책을 주니 이것이 해, 달, 별을 만드는 일이라는 것이다. 신천지는 이를 더 구체적으로 세분화하여, 빛인 이만희 씨는 하나님의 택한 선민을 다스리는 조직의 수장이고, 달은 신천지 조직 중 전도자 그룹이고, 별은 평신도 조직이라고 한다.[89] 신천지는 주기도문 중에 "나라가 임하시오며 뜻이 하늘에서 이루어진 것 같이 땅에서도 이루어지이다"를 하늘의 영계의 조직(계 4장)이 신천지에 임한 사건으로 해석을 한다.

---

89) 이만희, 『천지창조』, 63.

하나님께서 해와 달과 별을 만드신 목적은 낮과 밤의 구분과 계절과 날과 해를 이루기 위해서이다.

마태복음 6:10 해석

> 나라가 임하시오며 뜻이 하늘에서 이루어진 것 같이 땅에서도 이루
> 어지이다(마 6:10).

"나라"로 번역된 '바실레이아'(βασιλεία)는 지역이나 집단의 개념을 갖고 있지 않다. 이는 하나님의 통치라는 개념이다. "나라가 임하시오며 뜻이 하늘에서 이루어진 것 같이 땅에서도 이루어지이다"라는 기도는 이 세상 모든 땅이 하나님의 뜻과 통치가 실현되는 곳이 되기를 바라는 기도이다. 바리새인들이 그 나라가 임하는 '시점'에 대해서 물었을 때 예수님은 '현재'라고 답하셨다. "하나님의 나라는 너희 안에 있느니라"(눅 17:21)에서 "있느니라"는 현재 시제이다. 하나님 나라는 예수님의 초림과 함께 이미 이 땅에 도래했다. 신천지 조직이 구성된 1984년도와는 시간 차이가 상당히 많이 난다. 주기도문의 하나님 나라는 요한계시록 4장의 나라도 아니며, 신천지를 의미하지도 않는다.

하나님께서 넷째 날 해와 달과 별을 만드신 목적을 분명히 말씀하셨다. 낮과 밤을 나뉘게 하고 징조와 계절과 날과 해를 이루라는 것이다(1:14). 해, 달, 별의 움직임은 세월의 흐름에 대한 표식이다. 이로 인해 사시(四時)와 일자(日字) 연한(年限)의 구분이 생긴다. 월력(月曆)이란 그것이 태양력이든 태음력이든 달의 주기적인 운동의 결과를 정리한 것이다. 하나님께서 신천지 조직원들에게 사시와 일자와 연한을 만들라고 명하셨을 리 없다. 물론 이만희 씨는 징조와 계절과 날과 해를

이루게 하라는 명령을 신천지에 적용을 한다. 그 내용은 신천지가 조직을 갖춘 1984년 3월 14일이 신천기(新天期) 제1기의 시작이라는 것이다.[90]

5) 다섯째 날 창조 (창 1:20~23)

① 신천지 주장

> 본문 다섯째 날의 물은 하나님의 말씀이요(암 8:11), 물고기는 성도요(합 1:14, 마 4:18~22, 마 13:47~50), 새는 하나님께 속한 영들이다(마 3:16, 마 13:32 참고). 둘째 날에 창조한 궁창(하늘)은 하나님께서 계시는 장막이므로 다섯째 날에 이르러 성령이 새처럼 와서 역사한다. 생물들과 물고기들이 생육하고 번성하여 여러 바다물에 충만하고 번성한다는 것은, 하나님의 말씀으로 세상 방방곡곡(坊坊曲曲)에 있는 사람들을 전도한다는 뜻이다.[91]

'다섯째 날 창조'에 대한 신천지의 주장은 다음과 같다.

＊물(바다)은 하나님의 말씀이며 물고기는 성도이다.
＊새는 하나님께 속한 영들이며, 이 영들이 선민 장막에서 역사를 일으킨다.
＊생육하고 번성하고 충만하다는 뜻은 세상 방방곡곡에 있는 사람들을 전도한다는 뜻이다.

---

90) 물론 이만희 씨는 징조와 계절과 날과 해를 이루게 하라는 명령을 신천지에 적용을 한다. 그 내용은 신천지가 조직을 갖춘 1984년 3월 14일이 신천기(新天期) 제1기의 시작이라는 것이다. 위의 책, 63–64.
91) 위의 책, 64.

② 성경적 해석

이만희 씨는 물(바다)을 가리켜 하나님의 말씀이라고 해석한다. 창세기 1:2에서의 물은 세상으로 해석한 바 있는데 창세기 1:20에서는 다시 하나님의 말씀으로 전환한다. 그는 이 주장의 정당성을 입증하기 위해 아모스 8:11을 근거로 제시한다. 이 구절은 이미 둘째 날 창조에서 살펴보았지만 다시 검토해보자.

바다(물)는 하나님의 말씀이 아니라 바다이다.

아모스 8:11 해석

> 주 여호와의 말씀이니라 보라 날이 이를지라 내가 기근을 땅에 보내리니 양식이 없어 주림이 아니며 물이 없어 갈함이 아니요 여호와의 말씀을 듣지 못한 기갈이라(암 8:11).

이 구절은 하나님께서 범죄한 이스라엘에 심판으로 기근을 보내실 것인데 그 기근의 성격을 설명하는 내용이다. 그 기근은 떡이나 물을 먹지 못하는 기근이 아니라 하나님의 말씀을 먹지 못해서 생기는 기근이다. 이 구절에서 떡과 물은 '여호와의 말씀'에 대한 상징이다. 원관념은 여호와의 말씀이며 보조관념은 떡과 물이다. 원관념과 보조관념의 공통점은 '먹음'과 '마심'에 있다. 어떤 비유에서든지 원관념과 보조관념을 동의어로 간주하지 않는다. 예를 들면 '쟁반같이 둥근 달'이라 할 때 '쟁반'이 곧 '달'이라는 뜻은 아니다. 둥근 달을 강조하기 위해 비슷하게 둥근 '쟁반'을 차용한 것뿐이다. 아모스는 여호와의 말씀의 성

격을 나타내기 위해 '먹는 양식'과 '마시는 물'을 차용했을 뿐이다. 바다
(물)는 사실 그대로 바다이다. 이만희 씨의 모순 중 하나는 대다수 성
경을 비유로, 감추어진 글로 전제하며 영해를 한다. 그런데 정작 비유
로 된 문장은 실제적인 해석을 한다는 것이다.

물고기는 신천지 신도들인가?

이만희 씨는 다섯째 날의 물고기들이 신천지 신도들을 가리킨다고
해석한다. 그 근거로 하박국 1:14과 마태복음 4:18~22과 마태복음
13:47~50을 제시한다.

하박국 1:14 해석

> 주께서 어찌하여 사람을 바다의 고기 같게 하시며 다스리는 자 없는
> 벌레 같게 하시나이까(합 1:14).

하박국 선지자는 왜 하나님께서 이스라엘 백성들을 어부에게 잡히는
물고기들처럼 바벨론에 잡혀 가게 하시는지 묻는다. 사람을 물고기 같
게 하고, 벌레 같게 한다는 표현은 직유 형태의 비유이다. 물고기 같은
신세, 벌레 같은 신세가 된 유다 백성들을 말하는 것이다. 이 표현은
물고기와 이스라엘 백성이 동의어라고 말하지 않는다.

마태복음 4:18~19 해석

> 18 갈릴리 해변에 다니시다가 두 형제 곧 베드로라 하는 시몬과 그의
> 형제 안드레가 바다에 그물 던지는 것을 보시니 그들은 어부라 19 말

씀하시되 나를 따라오라 내가 너희를 사람을 낚는 어부가 되게 하리
라 하시니(마 4:18~19).

예수님께서 베드로와 안드레를, 고기를 그물로 잡는 어부처럼 사람
들을 복음으로 포획하는 어부가 되게 하겠다고 하셨다. 이 구절 안에
는 '전도자는 어부', '전도는 낚시', '사람은 물고기'라는 은유가 포함되
어 있다. 전도와 낚시 사이에도 분명히 공통점이 있다. 하지만 전도와
낚시가 동일한 말은 아니다. 물고기와 사람 사이에도 유사성이 있다.
그것은 포획의 대상이라는 점이다. 그러나 사람이 물고기와 동의어는
아니다. 물고기를 사람이라고 설정한다면 누가복음 5장에서 그물에 잡
힌 수많은 물고기들도 사람이라고 해야 된다.

마태복음 13:47~50 해석

47 또 천국은 마치 바다에 치고 각종 물고기를 모는 그물과 같으니
48 그물에 가득하매 물 가로 끌어내고 앉아서 좋은 것은 그릇에 담고
못된 것은 내버리느니라. 49 세상 끝에도 이러하리라 천사들이 와서
의인 중에서 악인을 갈라내어 50 풀무 불에 던져 넣으리니 거기서 울
며 이를 갈리라(마 13:47~50).

이 비유에서 좋은 물고기는 의인을 상징하고 못된 물고기는 악인을
상징한다. 물고기는 종말적 심판의 맥락에서 심판받을 모든 인간을 상
징한다. 물고기가 인간을 상징할 뿐이지 인간 자체는 아니다. 이상의
세 개의 구절 중에 어느 하나라도 사람이 물고기라고 말하는 구절이
없다.

물고기는 물에서 사는 모든 생물이다.

하나님께서 다섯째 날 "큰 바다 짐승들과 물에서 번성하여 움직이는 모든 생물"(창 1:21)을 창조하셨다. 물과 바다의 '짐승'으로 번역된 '탄닌'(תנין)은 강과 바다에서 서식하는 크고 강한 짐승을 가리킨다. 하나님께서 애굽의 바로 왕을 가리켜 나일 강에서 서식하는 큰 악어, "탄닌"이라 불렀다(겔 32:2). 물과 바다의 짐승, 탄닌은 뱀(출 7:9)이나 악어(겔 29:3) 또는 다른 강한 동물(렘 51:34)로도 사용되었다.[92] 다섯째 날 창조된 바다와 강에서 번성하는 생물은 신천지 신도가 될 수 없다.

새가 하나님께 속한 영들인가?

이만희 씨는 다섯째 날 창조된 조류들을 신천지에서 역사하는 '하나님께 속한 영들'로 해석한다. 이만희 씨는 자기주장의 정당성을 입증하기 위해 마태복음 3:16을 제시한다.

마태복음 3:16 해석

> 예수께서 세례를 받으시고 곧 물에서 올라 오실새 하늘이 열리고 하나님의 성령이 비둘기 같이 내려 자기 위에 임하심을 보시더니(마 3:16).

예수님께서 세례를 받고 물에서 올라오시는 순간 하늘이 열리고 하나님의 성령이 비둘기처럼 예수님 위에 임하셨다. 병행구절인 누가복음 3:22에서는 "성령이 비둘기 같은 형체로 그의 위에 강림하시더니"로 표현되어 있다. 비둘기와 비둘기 형체는 다르다. 비둘기 조각상을

---

92) 고든 웬함, 116.

비둘기라 하지 않고, 비둘기 그림자를 비둘기라 하지 않듯이, 비둘기 형체를 비둘기라 하지 않는다. 만약 성령을 새(비둘기)라고 할 것 같으면 오순절 다락방에 임한 성령의 모습이 불의 혀처럼 보였으므로 성령을 "불의 혀"라고도 할 수 있다(행 2:3).

새는 창공을 날아다니는 새이다.

하나님께서 다섯째 날 창조한 '새'로 번역된 히브리어는 '오프'(עוֹף)이다. 이 오프는 실지로 창공을 날아다니는 새이다. 창세기 6:7에서 하나님께서 노아에게 방주 제작을 명하시기 전, 지면에서 쓸어버릴 목록을 나열하셨다. "내가 창조한 사람을 내가 지면에서 쓸어버리되 사람으로부터 가축과 기는 것과 공중의 새까지 그리하리니"에서 이 공중의 '새'는 오프로 기록되어 있다. 사무엘상 17:44에 골리앗이 "오라 내가 네 살을 공중의 새들과 들짐승들에게 주리라"고 조롱했던 문장 속의 '새'도 오프이다. 다섯째 날의 새는 하나님께 속한 영들이 아니라 하늘을 나는 새이다. 만약 새가 하나님께 속한 영들이라면 요한복음 2:16의 비둘기 장사꾼은 성령 장사꾼이며, 시편 55편의 저자는 하나님께 속한 영들의 날개를 갖고 싶어 했다고 해석해야 한다.

생육하고 번성하고 충만하라는 명령은 "신천지 전도"와 무관한 하나님의 창조 사역 가운데 하나이다.

이만희 씨는 하나님께서 다섯째 날 창조 사역을 마친 후 "생육하고 번성하여 여러 바닷물에 충만하라"(1:22)고 축복하신 것을 세상 방방곡곡에 있는 사람들을 전도하라는 의미로 해석한다. "생육하고 번성하고 충만하라"는 하나님의 축복은 창세기의 통일된 주제 중 하나다. 하나님은 동물들을 축복하시며(1:22), 인류와(1:28), 안식일과(2:3) 아담과(5:2), 노아와(9:1) 족장들을 축복하셨다(12:3; 17:16, 20). 축복 속에는 그것을 성취할 수 있는 약속도 내포되어 있다. 땅은 항상 동물과 사람으로 충만해 있었고, 홍수 뒤의 시대에도 여전히 충만해 있었고, 족장들 시대에도 그들은 많은 자손들을 보고 있었다.[93] 이 명령은 하나님의 계속되는 창조 사역 가운데 하나이다. "생육하고 번성하고 충만하라"는 하나님의 명령은 구약의 큰 주제 중 하나이다. 이를 세상 방방곡곡에 있는 사람들을 신천지로 전도하라는 의미로 해석하는 것은 매우 황당하다.

6) 여섯째 날 창조 (창 1:24~31)

① 신천지 주장

> 여섯째 날 땅이 육축(六畜)과 기는 것과 땅의 짐승을 종류대로 낼 때 사자, 송아지, 독수리도 출현한다. 요한계시록 4장 6~7절에 보면 사자, 송아지, 독수리가 나오는데 이들은 사람과 더불어 네 생물을 상징한다. 영계의 네 생물은 하나님 보좌 주변에 있는 하늘나라 군대(天軍)를 가리킨다. 하나님께서는 하나님의 뜻을 하늘에서 이룬 것 같이 이 땅에서도 이루신다. 여섯째 날에는 영계의 하나님 나라의 네 생물과 같은 조직이 이 땅에 창조된다.[94]

> 하나님께서 사람을 만드실 때 "우리가 우리의 형상을 따라 우리의 모양대로 만들자"고 하셨다(창 1:26). 사람을 창조하기 전 하나님의 소

---

93) 위의 책, 116–117.
94) 이만희, 『천지창조』, 65.

속 안에 있던 '우리'란, 하나님과 또 하나님께서 사람보다 먼저 지으신 천사들을 가르친다.[95]

'여섯째 날 창조'에 대한 신천지의 주장을 정리하면 다음과 같다.

* 하나님께서 여섯째 날 창조한 동물은 요한계시록 4장의 사자, 송아지, 독수리이다.
* 요한계시록 4장의 사자, 송아지, 독수리는 영계의 조직체이다.
* 하나님께서 영계의 조직과 같은 조직을 땅에서도 만들었다.
* 다섯째 날 창조된 가축과 기는 것과 땅의 짐승은 신천지의 조직을 의미한다.
* 하나님께서 우리의 형상대로 사람을 만들자고 했을 때 "우리"는 영계의 천사들이다.

② 성경적 해석

동물은 신천지의 조직인가?

이만희 씨는 하나님께서 여섯째 날에 창조한 "가축과 기는 것과 땅의 짐승"은 문자 그대로의 동물이 아니라 신천지의 조직을 가리킨다고 해석한다. 이는 영계의 조직을 묘사한다고 주장하는 요한계시록 4장의 사자, 송아지, 사람, 독수리를 여섯째 날의 동물과 동일시하여 내린 해석이다. 즉 여섯째 날 동물 창조 기사는 신천지의 조직을 구성한 것에 대한 묘사라는 것이다.

---

95) 위의 책, 136.

동물은 문자 그대로 동물이다

요한계시록 4장에 등장하는 네 생물은 모두 사자와 송아지와 사람과 독수리처럼 생긴 생물들로 묘사되어 있다(4:7). 이들은 실지 동물이 아니라 사자와 송아지와 독수리처럼 보이는 생물들이다. 게다가 이 생물 안에는 사람과 조류인 독수리도 포함되어 있다. 하나님은 "종류대로" 땅의 동물들을 창조하셨다. 땅에 서식하는 수천수만 종의 동물들을 단 두 종류 사자와 송아지와 동일시하는 이만희 씨의 해석은 상당히 어색하다. 과연 사자와 송아지가 지상의 모든 동물들을 대표하는 것일까?

이만희 씨는 요한계시록 4장 해석에서는 이 '네 생물'을 가리켜 심판하는 권세를 가진 네 천사장이라고 주장했다.[96] 요한계시록 해석에서 네 생물은 천사장이 되어버리고, 창세기 해석에서는 실지 동물과 연결 짓는다.[97] 그의 성경 해석방법은 지극히 자의적이며 비상식적이며, 편의주의적이다.

"가축과 기는 것과 땅의 짐승"은 문자 그대로의 동물을 가리킨다. '가축'으로 번역된 '빼헤마'(בהמה)는 다른 성경에서도 가축을 가리키는 용어로 사용된다. 르우벤과 갓 지파의 대표가 모세를 찾아가 자신들이 전쟁에 나가기 전에 아내와 아이들과 '가축'을 길르앗 성읍에 놔두겠다고 했을 때 언급한 가축은 '빼헤마'이다(민 32:26). "기는 것"은 '레메스'(רמש)로 번역된다. 하나님께서 홍수로 쓸어버릴 대상 가운데 "기는 것" '레메스'도 포함되어 있다(창 6:7). "땅의 짐승"으로 번역된 '하예토 아레츠'(חיתו-ארץ)는 시편 50:10에서 발견된다. 이처럼 여섯째 날 창조된 '가축과 기는 것과 땅의 짐승'은 다른 성경에서도 동물의 의미로 사용된다.

---

96) 이만희, 『천국 비밀 요한계시록의 실상』, 115.
97) 이만희, 『천지창조』, 65.

하나님께서 '우리'의 모양대로 사람을 만들자고 제안한 '우리'는 천사와 무관하다.

이만희 씨는 하나님께서 "우리의 모양대로 사람을 만들자"고 제안한 "우리"를 천사들이라고 주장한다. 단지 "우리"라는 복수형을 천사에 대한 암시로 해석하는 것은 무리이다. 이 구절은 하나님의 대화 상대가 누구인지 밝히고 있지 않다. 또한 인간 창조 사역에 있어서 천사의 협력이 있었음을 암시하지도 않는다. 창세기 1:27의 "창조하다"는 단수형 동사이다. 이는 하나님이 인간 창조를 할 때 홀로 사역하셨다는 것을 암시한다.[98]

하나님은 "우리"라는 복수형을 자기 자신에게 사용했다. 이는 인간 창조는 삼위로 존재하시는 하나님의 사역을 암시한다고 해석할 수 있다. 왜냐하면 예수 그리스도께서도 창조 사역에 있어서 하나님과 함께 활동했기 때문이다(요 1:2~3). 수면 위 곧 원시 우주 표면을 신비스럽게 운행하고 있는 루아흐 엘로힘(רוח אלהים)도 성부 하나님과 함께 창조 행위를 준비하고 있는 성령 하나님에 대한 묘사로 볼 수 있기 때문이다.

98) 고든 웬함, 122.

제3부

신천지 노정교리 해부하기

1. 하나님께 택함 받은 아담

2. 아담 후 택함 받은 노아

3. 노아 후 택함 받은 아브라함

4. 아브라함 후 택함 받은 모세

5. 모세 후 택함 받은 여호수아

6. 여호수아 후 택함 받은 목자: 예수

7. 예수 후 택함 받은 목자: 이만희

제3부 신천지 노정교리 해부하기

　노정 교리는 창세기 1장에서 출발하여 요한계시록 22장에 이르기까지의 긴 노정 안에는 일정하게 반복되는 패턴이 있다는 교리이다. 이 반복되는 패턴이 성경의 역사인데, 이것이 곧 목자 선택, 나라 창조, 선민과의 언약, 선민의 배도, 선민의 멸망, 새 목자 선택, 배도자와 멸망자의 심판, 구원, 새 나라 창조, 새 언약과 안식 등이다.[99]

　이 열 가지를 줄여서 일명 '배멸구'라고 한다. 하나님께서 선택한 목자가 죄를 지어 타락하는 것을 '배도'라고 한다. 이 배도한 목자는 무사한 것이 아니라 반드시 '이방 멸망자'에 의해서 참혹하게 멸망당한다.[100] 그 후 하나님은 다시 새로운 목자를 세워서 언약을 맺고, 새 창조의 역사를 펼치시는데 이것이 '구원'이다. 성경은 큰 틀에서 배도, 멸망, 구원 이야기로 이루어져 있다는 것이다. 이만희 씨는 「천지창조」에서 배멸구에 대해 다음과 같이 기술한다.

　　성경 66권에는 구약 성경과 신약 성경이 있고 그 내용으로는 역사와
　　교훈과 예언과 성취가 있다. 이 중 예언은 배도, 멸망, 구원의 순서대
　　로 기록되었고, 배도. 멸망, 구원의 노정으로 이루어진다.[101]

---

99) 이만희 「천지창조」, 71.
100) 위의 책, 353.
101) 위의 책, 5.

본서는 열 가지 노정 순서 중에서 핵심이 되는 목자 선택, 나라 창조, 목자와의 언약, 목자의 배도, 목자의 멸망, 새 목자 선택 등을 중심으로 살펴보고자 한다.

1. 하나님께 택함 받은 아담

1) 하나님께서 택한 목자 아담

① 신천지 주장

아담을 하나님께서 가장 먼저 만드신 사람이라고 간주하고 성경에 기록된 계보로 연대를 계산하면, 인류 역사는 고작 6천 년 밖에 되지 않는다. 그러나 지질학자들과 생물학자들은 각종 화석과 유물을 근거로 추정하기를, 지구 위에 생물이 존재한 지가 수억만 년이 넘는다고 한다. 일부학자들의 말에 따르면, 최초로 생명체가 탄생한 것은 약 38억 년 전이며, 원시 인류의 기원은 대략 5백만 년 전이라고 하다. 창세기 2~3장을 문자 그대로 보고 인류의 시작을 아담으로 잡는다면 학자들의 연구와 고증(考證)은 엄청난 거짓이 되고 만다. 세계 곳곳에서 발견된 고대 문명의 유적만 보더라도, 세월을 추정할 수 없을 만큼 오래 전에 인류의 역사와 문명이 이루어진 것으로 밝혀지고 있다. 그러면 과학과 성경 사이에 크게 차이 나는 이 시간을 어떻게 해명해야 하는가? 그것은 아담이 최초의 사람이 아니라는 것을 밝힘으로 해결된다.[102]

---

102) 위의 책, 75~76.

첫째 창세기 4장 13~17을 보면 아담의 장남 가인이 자기를 죽일까 두려워한 사람들도 있으며, 가인과 결혼한 여자도 있다. 가인이 무서워했던 사람과 가인이 아내로 맞이한 여자는 아담 이전에 존재했던 사람들의 후손이다.[103]

둘째, 아담에게도 부모가 있었다. 하나님께서는 아담에게 그를 낳은 부모를 떠나 아내와 한 몸을 이루라고 하셨다(창 2:24). 만약 아담이 하나님께서 창조하신 최초의 인간이라면 어찌 그 부모가 있을 수 있겠는가? 이것이 아담이 최초의 사람이 아니라는 것을 증명하는 결정적인 단서이다.[104]

아담 이전에도 사람이 존재했으나, 하나님께서 아담을 최초의 '사람'으로 인정하신 이유는 아담에게 생기를 주시어 그가 생령이 되었기 때문이다.[105]

하나님께서는 어느 시대나 먼저 빛의 역할을 하는 한 목자를 세우신 다음에 그를 중심으로 창조의 역사를 이루어가셨다. 창세기 때는 아담을 지으신 후에 에덴동산을 만드시고 그에게 만물을 주어 다스리게 하셨다.[106]

'최초의 목자 아담'에 관한 신천지의 주장을 정리하면 다음과 같다.

---

103) 위의 책, 76~78.
104) 위의 책, 78.
105) 위의 책, 78.
106) 위의 책, 74.

＊성경은 지구의 나이가 6천 년이라 하지만 과학자들은 최소한 5백만 년으로 본다.

＊성경과 과학의 불일치는 아담이 최초의 사람이 아님을 밝힘으로 해결 된다.

＊가인이 무서워했던 사람들과 가인의 아내의 존재는 아담 시대의 인류의 존재를 말한다.

＊아담에게 부모가 있었다는 것은 아담이 최초의 사람이 아님을 증명한다.

＊아담을 최초의 사람이라 한 이유는 하나님이 생기를 주어 생령이 되었기 때문이다.

＊하나님께서 아담을 지으신 후 그를 빛의 역할을 할 목자로 세웠다.

② 성경적 해석

이만희 씨는 성경에 기록된 계보를 계산하면 인류 역사는 고작 6천 년 정도인데 화석이나 유물을 근거로 추정한 지구의 나이는 최장 38억 년까지 나오는 모순이 있다고 한다. 이 모순을 해결하는 길은 아담 이전에 인류가 존재했다는 것을 증명하는 것이라고 한다.

성경 족보는 연대 측정 자료가 될 수 없고, 성경은 지구 나이를 6천 년이라 말하지 않는다.

진화론자들에 의해 지구의 나이가 몇십만 년에서 부터 몇 십 억 년까지 이른다는 다양한 가설들이 있어왔다. 가설은 검증되지 않은 불완전한 지식이다. 성경의 실상을 드러낸다고 주장하는 이만희 씨가 성경을 믿지 않는 진화론자들의 가설을 인용하는 것은 납득하기 어렵다. 지구

나이 6천 년 설은 일부 세대주의자들에 의해서 제기된 가설일 뿐 보편적 기독교계에서는 인정하지 않는다. 그들은 성경 족보의 인물들의 나이와 왕들의 연대기를 조사해 아담 창조로부터 인류역사 종말까지를 6천년으로 계산한다. 하지만 성경의 족보는 연대기적인 족보가 아니라 의도와 목적을 가지고 기록된 족보이다. 성경은 인류 역사에 나타난 하나님의 구속사를 드러내기 위해 기록되었다. 따라서 필요에 따라 족보에 속해야 하는 모든 인물들을 다 포함시키지 않았다. 생략과 축소를 통하여 선택의 과정을 거친 족보이다. 예를 들면 마태복음은 아브라함부터 예수님까지 족보를 42대로 기록하고 있지만 누가복음은 55대로 기록하고 있다. 마태의 족보에 누락된 사람이 있다는 것이다. 역대상 1~9장의 족보는 성경에서 가장 긴 족보로써 다윗 가문의 계보, 이스라엘 열두 지파의 계보, 바벨론 포로 귀환 세대의 지파별 계보를 기록하고 있다. 그러나 단 지파와 스불론 지파는 누락되어 있다. 성경의 족보는 기록자가 의미 있는 인물이라고 생각되는 사람들만을 선별해서 기록하고 있음을 알 수 있다. 이렇듯 생략과 축소를 거친 성경 상의 족보를 통해서 지구의 나이나 구약과 신약의 기간을 측정하는 것은 불가능하다.

가인이 무서워했던 사람들은 그의 형제, 그의 혈족들이었다.

가인이 동생 아벨을 죽이고 자기를 죽일까 두려워했던 사람들의 존재를 통해서 아담 이전 시대에 인류가 존재했다고 단언할 수 있을까? 하나님께서 아담과 하와를 창조하시고 부부로 맺어주실 때 생식 능력이 없는 남자와 여자를 부부로 맺어주지는 않았을 것이다. 그것은 최초의 사람들에게 내린 하나님의 명령 "생육하고 번성하라"(창 1:28) 에서 증명된다. '번성하여'(מלא)는 '가득 채우라'는 명령으로 자녀 생산을 의미한다. 하나님은 이 명령과 함께 그것을 성취할 수 있는 능력도 최초의 사람에게 부여하셨다. 아담과 하와는 자녀를 낳아 땅에 가득 채워야 할 사명을 부여받았다. 그러한 부부가 약 900년 동안 130세에 낳은 '셋'을 포함해 세 아들만 두었다는 것은 납득되지 않는다. "생육하고 번성하라"는 명령은 그들의 후손에게까지 적용된다. 아담은 930세까지 살았고(창 5:5) 므두셀라는 969세까지 살았다(창 5:27). 인류의 조상들은 거의 천 년을 살아가는 놀라운 생명력을 가지고 있었다. 그렇다면 아담은 약 900년을 사는 동안 자기 자손을 보았고, 또 그 자손의 자손도 보았고, 또 그 자손의 자손들도 보면서 살았을 것이라는 것은 자명하다.

성경은 인류의 첫 사람에게 일어난 모든 일을 낱낱이 기록하지 않는다. 창세기 5장의 계보만 보더라도 약 천 년을 살았던 사람들의 자손의 이름은 단 한 명만 기록하고 있다. 이처럼 성경은 모든 것을 다 기록하지 않는다. 성경의 관심사는 '구속사'일 뿐 아담 개인의 사생활이 아니다. 아벨이 죽은 뒤 태어난 셋은 선택받은 자의 조상이 되고(창 5장), 가인은 은혜 받지 못한 자의 조상이 된다(창 4장). 이 살인 사건으로 인류는 두 계보로 나누어지게 된다. 이처럼 구속사적 맥락에서 가인과 셋은 중요한 인물이다. 그러므로 성경은 아담의 수많은 아들 딸 중에 인류 최초의 살인 사건에 연루된 가인과 아벨과 셋을 집중 조명하였다. 이와 같은 성경의 성격을 이해하지 못하고 아담에게 단 세 명의 자식만 있었다고 주장하는 것은 대단한 무지이다. 가인이 자기를 죽일까 두려워했던 사람들은 다름 아닌 자기 형제들, 자기 혈족들이었다.

아담은 인류 최초의 사람이었으므로 부모가 없었다.

이만희 씨는 아담에게 부모가 있었음을 들어 아담 이전부터 인류가 존재했다고 주장한다. "이러므로 남자가 부모를 떠나 그의 아내와 합하여 둘이 한 몸을 이룰지로다"(창 1:24)는 구절은 아담의 결혼을 말하는 것이 아니라 일반적인 결혼 원리를 말한다. 아담의 결혼을 말하는 것이라면 남자(שיא)라는 말 대신에 아담(םדא)으로 적어야 하고, 하와의 결혼을 말하는 것이라면 아내(ותשאב)라는 말 대신에 하와(הוח)로 표기해야 한다. 이 구절은 한 남자가 그 부모를 떠나 한 여자를 취하여 하나가 되는 일반적인 결혼의 원리에 대한 설명이다. 아담에게는 부모가 없었다. 그는 최초의 사람이기 때문이다.

아담이 인류 가운데 최초의 사람으로 불린 이유는 최초로 생령이 되었기 때문인가?

이만희 씨는 인류 가운데 아담이 최초의 인간으로 여겨진 이유는 생령이 되었기 때문이라고 주장한다. 이에 대해 「천지창조」에서 다음과 같이 주장한다.

> 하나님께서 흙으로 사람을 지으시고 생기를 그 코에 불어 넣으시니 생령이 되었다(창 2:7). 앞에서 아담이 최초의 사람이 아니라는 것을 밝혔으므로, 하나님께서 이미 창조하신 수많은 사람 중에 아담을 택하여 생기를 주시고 함께 하셨음을 알 수 있다. …이런 시각에서 볼 때에 아담은 영이 산 사람으로, 하나님께서 인정하신 최초의 '사람'이다. 아담 전에도 많은 육체가 있었으나 그들은 하나님을 아는 영도, 하나님 말씀도 없었으므로 짐승과 다를 게 없었다.[107]

아담 이전의 사람들을 '사람'이라고 부르지 않았던 이유는 하나님의

---

107) 위의 책, 79–80.

생기가 그들 속에 없었기 때문이며, 아담을 최초의 사람이라 부른 이유는 하나님의 생기가 들어가 생령이 되었기 때문이라는 주장이다. 생령이 되지 못한 자는 흙덩어리이며, 생령이 된 자만 인간이라는 논리이다.

"생령"은 살아 숨 쉬는 생명체라는 뜻으로 아담에게만 적용되지 않고 동물에게도 적용된다.

> 여호와 하나님이 땅의 흙으로 사람을 지으시고 생기를 그 코에 불어
> 넣으시니 사람이 생령이 되니라(창 2:7).

하나님이 흙으로 사람의 모양을 만드시고 난 후에 생기를 불어 넣었더니 사람이 생령이 되었다. 생령에 해당되는 '네페쉬 하야'(חיה נפש)는 살아 숨 쉬는 생명체라는 뜻이다. 사람과 동물을 포함해서 살아서 숨을 쉬는 생명체는 모두 생령이라 부를 수 있다. 생령은 짐승을 가리키는 표현으로도 사용되었다(창 1:20, 21, 24). "물들은 생물을 번성하게 하라"(창 1:20)에서 '생물'이 곧 생령이다. "물에서 번성하여 움직이는 모든 생물"(창 1:21)도 네페쉬 하야이다. "땅은 생물을 그 종류대로 내되"(창 1:24)에서 생물도 네페쉬 하야이다. 하나님께서 흙으로 사람의 모양을 만드신 후 그 코에 생기를 불어 넣자마자, 그 흙덩어리가 살아서 생령이 되었다. 설령 아담 이전에 사람이 존재했다고 해도 그들도 생령이다. 네페쉬 하야는 모든 살아 있는 피조물에 대해서 사용된다.[108] 아담이 생령이 되었기에 첫 사람이 된 것이 아니고, 최초의 사람이었기에 '첫 사람'이 되었다.

---

108) 고든 웬함, 115.

아담 이전에는 사람이 존재하지 않았으므로 아담은 최초의 목자가 될 수 없다.

이만희 씨는 아담이 하나님이 세운 최초의 사명자라고 주장한다. 이 목자가 부여받은 사명은 영과 육이 하나 되는 세상을 만드는 일이다. 신천지 교리의 원본이라 할 수 있는 「신탄」에서는 아담의 사명을 다음과 같이 말한다.

> 이 사람 아담은 당시의 모든 사람 가운데서 선택받은 은전(恩典)을 입은 인물이었다. 당시의 미개한 정신세계에서 가장 특출한 아담을 택하시고 그를 세워서 에덴동산의 치리자로 삼으셨다. …아담은 하나님의 말씀을 믿음으로 받아들였다. 이로써 이 땅에 최초로 하나님을 섬기는 사람이 탄생한 것이다. 아담은 유일신 하나님의 도를 전하는 창도자 입장에 서서 생명과를 따먹고 영생의 천지를 이룩해야 할 사명자가 된다.[109]

신천지는 아담이 맡은 사명을 가리켜 '영생의 천지를 만드는 일'이라고 주장한다. 이 사역은 영계의 성령들을 받아들일 육계의 사람들을 준비시키는 일이다. 그래서 영육 합일이 일어나면 영생의 세계가 열린다. 하지만 아담은 이 사명을 수행할 수 없다. 왜냐하면 그가 최초의 사람이기 때문이다. 아담 당시에 인류는 존재하지 않았다. 성경은 아담이 인류의 첫 시조라고 말한다.

> 인류의 모든 족속을 한 혈통으로 만드사 온 땅에 살게 하시고 그들의 연대를 정하시며 거주의 경계를 한정하셨으니(행17:26).

---

109) 김건남, 김병희, 「신탄」(과천: 도서출판 신천지, 1985), 84.

바울은 아테네 시민들 앞에서 모든 인류가 한 사람 아담에게서 갈라져 나온 한 혈통임을 강조한다. "한 혈통으로" 번역된 '엑스 헤노스'(ἐξ ἑνὸς)는 '한 사람으로부터'라는 의미이다. 모든 인류는 아담에게서 갈라져 나갔다.

> 아담이 그의 아내의 이름을 하와라 불렀으니 그는 모든 산 자의 어머니가 됨이더라(창 3:20).

하나님께서 아담에게 아내로 준 여자에게 하와(חוה)라는 이름을 부여했다. 하와는 "모든 산 자의 어머니"였다. "모든 산 자"는 인류를 의미한다. 하와는 인류의 어머니였다.

> 45 기록된 바 첫 사람 아담은 생령이 되었다 함과 같이 마지막 아담(예수님)은 살려 주는 영이 되었나니 46 그러나 먼저는 신령한 사람이 아니요 육의 사람이요 그 다음에 신령한 사람이니라 47 첫 사람은 땅에서 났으니 흙에 속한 자이거니와 둘째 사람(예수님)은 하늘에서 나셨느니라(고전15:45~47).

첫 사람 아담은 '육의 사람'이었다. 이 '육의 사람'의 가장 큰 특징은 '첫'(first)이라는 형용사에 있다. '첫'에 해당되는 '프로토스'(πρῶτος)는 순서에 있어서 첫 번째를 나타낸다. 아담은 순서상, 육을 가진 첫 번째 사람이었다. 아담 이전에는 십사만 사천 명은 고사하고 육을 가진 단 한 명의 사람도 없었다. 그러므로 아담은 인류를 위한 사명자가 될 수 없다.

2) 아담의 사역 현장: 에덴동산

① 신천지 주장

> 성경 6천 년 역사에서 하나님의 재창조의 현장은 아담 때는 동방 에덴동산, 노아 때는 아라랏산, 아브라함 때는 세겜 땅, 모세 때는 시내광야, 여호수아 때는 세겜 땅, 예수님 때는 갈릴리 호수 주변이었다.[110]

> 하나님께서 아담을 위해 에덴동산을 만드셨다는 것에 대하여는, 그곳의 지리적 위치가 어디인가 하는 사실보다 보다 에덴동산이 최초의 선민 장막이었다는 사실이 중요하다.[111]

'아담의 사역 현장이 에덴동산'이라는 신천지의 주장을 정리하면 다음과 같다.

＊하나님께서 목자를 세운 후, 그 목자가 사역할 장소(세상. 선민장막)를 허락한다.
＊목자가 사역할 장소를 가리켜 재창조의 현장이라고 부른다.
＊아담의 재창조의 현장은 에덴동산이다.

② 성경적 해석

에덴동산은 '재창조의 현장'이 아닌 그냥 '창조의 현장'이 되어야 한다.

---

110) 이만희, 『천지창조』, 102.
111) 위의 책, 103.

이만희 씨는 자기 집단 내에서만 통용되는 용어를 사용하기 때문에 그의 글은 판독에 가까운 노력을 해야 겨우 독해가 된다. 그 중에 하나가 '재창조'라는 용어이다. '재창조'란 이전에 있었던 창조를 폐기하고 다시 창조하는 것을 의미한다. 이전에 선택했던 목자를 버리고 새 목자를 선택하고, 그 목자에게 새 사역 현장을 허락하고, 새 언약을 체결하고, 새 사명을 부여하는 것까지를 포함한다. 이만희 씨는 이 재창조의 목적에 대해 다음과 같이 진술한다.

> 아담 세계의 사람들은 하나님의 영과 더불어 살았다. 그러나 천지를 창조하실 때부터 사람과 함께 살기를 원하셨던 하나님의 꿈은 아담의 배도로 무너지고 말았다. 그리하여 하나님의 영은 사람을 떠나가야 했다. 그 후 하나님께서는 사람과 하나 되어 살기 위해 끊임없이 재창조의 역사를 해오셨다.[112]

하나님이 재창조를 하는 목적은 아담 이후 깨어져 버린 하나님의 영들과 사람들과의 재결합에 있다. 즉 하나님의 영들과 사람의 육체가 하나 되는 세상 창조이다. 이런 의미에서 볼 때 아담은 '첫 창조'와 연관되어야 한다. 왜냐하면 아담은 하나님이 선택한 첫 번째 목자였고, 에덴동산은 하나님이 허락한 첫 사역 현장이기 때문이다. 그러므로 이만희 씨가 에덴동산을 가리켜 '재창조의 현장'이라고 소개하는 것은 대단히 섬세하지 못한 출발이다.

아담 이전에 사람이 없었으므로 에덴동산은 재창조의 현장, 선민의 장막이 될 수 없다.

---

112) 위의 책, 52.

이만희 씨는 하나님께 선택받은 목자들이 사역할 장소를 가리켜 '재창조의 현장', '세계', '나라', '선민의 장막' 등과 같이 모호한 표현을 사용한다. 충분히 쉽게 설명할 수 있는 단어가 있음에도 불구하고 이런 용어들을 사용한다. 그는 아담이 하나님께 허락받은 사역지를 에덴동산이라고 주장한다. 이것을 가리켜 '에덴동산이 최초의 선민의 장막이다'라고 표현한 것이다. 여기서 '선민'이란 영계의 성령들과 합일할 자격을 갖춘 사람들을 의미하고 '장막'이란 선민들이 모이는 장소, 공간, 땅을 말한다. 에덴동산이 바로 그런 곳이라는 것이 이만희 씨의 주장이다. 하지만 성경은 이 에덴동산에는 아담이 사역할 그 어떠한 대상도 없었다고 말한다. 다시 창세기 1:1의 창조 이야기로 돌아가 보자.

   태초에 하나님이 천지를 창조하시니라(창 1:1).

'태초'로 번역된 '베레쉬트'(רֵאשִׁית)는 시간의 처음 그 자체를 가리킨다. 시간의 '원점', '출발점'을 가리킨다.[113] 베레쉬트는 하나님께서 천지를 만드심과 동시에 "시간"이 시작되었음을 나타낸다. 그러므로 창세기 1:1 이전에는 시간이 존재하지 않았다. 왜냐하면 사람이 존재하지 않았기 때문이다. 아담 이전부터 인류가 있었고, 종교가 있었고, 여러 교리가 있었고, 그것으로 혼란을 겪고 있는 사람들이 있었다는 주장[114]은 허구이다. 아담이 에덴동산에 거주할 때는 단 두 사람만 있었다. 따라서 에덴동산은 선민들을 모을 수 있는 장막이 될 수 없다.

---

113) 고든 웬함, 101.
114) 이만희, 『천지창조』, 55.

3) 아담과의 언약

① 신천지 주장

천지 창조주 하나님께서는 시대마다 목자를 택하시고 언약하셨다.
그리고 그 언약을 지키면 헤아릴 수 없는 복을 주시고 어기면 그에
상응하는 벌을 내리겠다고 하셨다(신 28장 참고). 그 언약은 한마디
로 조건부 약속이다. 시대마다 하나님과 선민과의 언약은 어떠하였
는지 알아보자.[115]

아담을 창조하신 하나님께서는 동방의 에덴을 창조하시고 각종 열매
맺는 나무도 나게 하시니, 동산 중앙에 생명나무와 선악 나무도 있었
다. 하나님께서는 아담에게 각종 열매는 먹어도 좋으나, 선악과를 먹
는 날에는 정녕 죽게 될 것이므로 그것만큼 먹지 말라고 금지하셨다.
이것이 하나님과 아담과의 언약이었다.[116]

'아담과의 언약'에 대한 신천지의 주장을 정리하면 다음과 같다.

＊하나님은 시대마다 세운 목자와 언약을 체결한다.
＊언약의 내용은 조건부 언약으로 지키면 복을 받고, 불순종하면 저주
  를 받는다.
＊하나님이 아담과 맺은 언약의 내용은 선악과를 먹으면 반드시 죽게
  된다는 것이다.

---

115) 위의 책, 122.
116) 위의 책, 122.

② 성경적 해석

이만희 씨는 하나님께서 시대마다 목자를 세운 후, 그에게 사역할 장소를 허락하고, 언약을 체결한다고 한다. 그 언약의 내용은 조건부 약속으로써, 언약을 지키면 헤아릴 수 없는 복을 주고 언약을 어기면 그에 상응하는 벌을 내리겠다는 약속이다. 이만희 씨는 이 언약의 내용을 기술한 뒤 신명기 28장을 참고하라고 한다. 신명기 28장은 조건부 언약으로써, 순종과 불순종에 따른 축복과 저주의 내용을 담고 있다. 이것은 모세의 고별 설교의 주제이며, 이 설교의 대상은 가나안 정복을 눈앞에 둔 이스라엘 백성이다. 말하자면 모세와 이스라엘 백성 간에 맺은 언약이다.

'선악과를 먹으면 죽는다.' 는 명령은 노정 교리의 언약론에 위배된다.

이만희 씨는 하나님께서 아담과 맺은 언약의 내용이 '선악과를 먹지 말라'는 것이었다고 한다. 이 언약의 안에는 '조건부 약속'의 개념이 있는지 궁금하다. 불순종할 경우에 죽을 것이라는 약속만 있을 뿐 순종에 해당되는 보상이 없다. 더군다나 선악과 금지 명령을 하나님과 목자와 맺은 언약이라 할 수 있을까? 언약이란 쌍방이 체결하는 것인데, 이 언약에는 일방적인 명령만 있다. 이 금단의 열매와 인류를 위해 부름 받은 자의 사명과 어떤 관계가 있는 것인가? 신천지에 따르면 아담은 인류 최초의 사명자이고 그는 에덴동산을 영계의 영들을 맞이할 선민 장막으로 만들어야 할 사명을 가졌다. 「신탄」은 아담의 사명에 대해서 다음과 같이 말한다.

그 가운데서도 가장 뛰어난 한 인물인 아담이 하나님의 부르심을 받는다. 선택하여 부르신 까닭은 새 세계를 개척시키기 위함이다. 새 세계란 무엇인가? 지금까지 육체는 육체대로 살아오고 영은 영대로 살았으나 이제 육체가 집으로 완성되면 영이 주인으로 들어와 영원히 안식하게 된다. 즉 영육 일체의 변화선(신선)이 되는 것이다. 그래서 육체 가운데 성령의 전이라 할 수 있는 심령 세계를 창조하시고자 그 코에 생기를 불어 넣으셨다. 즉 하나님이 언약의 말씀을 아담에게 주신 것이다.[117]

신천지는 아담이 영육이 일체가 되는 신선 세계를 개척하기 위해 부름 받았으며, 이를 위해 하나님과 언약을 맺었다고 한다. 그런데 이러한 성격의 언약과 '선악과를 먹지 말라'는 명령이 어떻게 연결될 수 있을까? 영육일체 세계의 창조와 선악과 금지 명령이 어떻게 조화될 수 있을까? 신선 세계 개척에 대한 사명과 선악과 금지 명령은 어울리지 않는다. 언약이란 쌍방 간에 지켜야 할 사항을 정하는 약속이다. 언약체결 시에 언약 당사자들은 반드시 언약의 내용을 숙지하게 되어 있다. 내용을 모르고는 언약을 성실히 이행할 수 없기 때문이다. 이에 대해 이만희 씨도 같은 생각을 가지고 있다. 다음을 보자.

하나님의 성령은 시대마다 사람에게 찾아가 그들이 해야 할 일을 알려주었다.[118]

이만희 씨의 이러한 주장에 따르면 선악과 금지 명령은 하나님과 아담이 체결한 언약이 될 수 없다. 왜냐하면 아담이 해야 할 사역에 대한

117) 김건남, 김병희, 135.
118) 이만희, 「천지창조」, 49.

고지가 없기 때문이다. 아담이 맡은 사명은 영계의 영들을 받아들일 육계의 집을 완성하는 일이다. 곧 영계와 육계가 결합하여 영원히 살게 되는 처소를 구비하는 일이다. 이 아담의 사명과 선악과 금지 명령은 조화될 수 없다. '선악과를 먹지 말라'는 명령이 하나님과 목자 아담이 체결한 언약이라면 이는 노정 교리의 언약론에 위배된다.

4) 아담의 배도

① 신천지 주장

> 최초로 하나님께서 택하신 사람인 아담의 배도는 뱀의 미혹 때문이었다. 그의 아내 하와는 선악과(善惡果)를 먹으면 죽게 된다는 하나님의 말씀을 알고 있었다.[119]

'아담의 배도'에 대한 신천지의 주장은 다음과 같다.

* 최초의 사람 아담의 배도는 뱀의 미혹 때문이었다.
* 최초의 사람의 아내는 선악과를 먹으면 죽는다는 사실을 알고 있었다.

② 성경적 해석

아담이 선악과를 먹은 것은 배도가 아니라 불순종이다.

과연 아담이 선악과를 먹은 것이 배도에 해당되는 것일까? 성경에서 말하는 배도(ἀποστασίαν)의 사전적 의미는 여호와에게서 떠나 우상 숭

---

119) 위의 책, 133.

배와 도덕적 부패를 낳는 종교적 변절에 지속적으로 빠져 있는 상태를 의미한다.[120] 배도란 단어가 사용된 용례는 성경에서 유일무이하게 사도행전에 한 번 나타난다. 그것은 바울이 율법에 대해 배도하였다는 의미로 유대인들에게 고발당한 사건이다(행 21:21). 바울의 죄목은 유대교에서 기독교로 개종한 것과 율법을 철저히 반대해 온 것이다. 유대교 전통에 의하면 바울은 모세의 전통을 지속적으로 반대해 온 배도자였다. 성경이 말하는 배도는 배교를 의미한다. 성경이 정의하는 배도의 의미를 고려할 때 아담이 선악과를 먹은 행위는 배도가 아니다. 아담이 하나님의 말씀을 거역한 것은 사실이지만, 그가 하나님을 떠난 삶을 살지 않았기 때문이다. 아담은 자기 아내가 아들을 낳았을 때 "내가 여호와로 말미암아 득남하였다"(창 4:1)는 신앙 고백을 했다. 아담은 두 아들에게 예배하는 삶을 보여주었다. "세월이 지난 후에 가인은 땅의 소산으로 제물을 삼아 여호와께 드렸고 아벨은 자기도 양의 첫 새끼와 그 기름으로 드렸더니 여호와께서 아벨과 그의 제물은 받으셨으나"(창 4:3~4)에서 보는 바와 같이 가인과 아벨은 예배하는 삶을 살았고 하나님은 아벨의 예배를 받으셨다. 두 아들의 이러한 삶은 그들 스스로 터득한 것이 아니라 가정에서 비롯된 것이라는 것은 자명하다. 아담은 큰 죄를 저질렀지만 그 상태에 오래 머물러있지는 않았다. 선악과를 먹은 것은 배도가 아니라 불순종이었다. 아담이 배도자라면 불순종을 밥 먹듯 하는 우리 중에 배도자가 아닌 사람은 한 사람도 없어야 한다. 이것은 이만희 씨와 신천지 신도들에게도 동일하게 적용이 된다.

---

120) 게르하르트 킷텔, 게르하르트 프리드리히, 『신약성서 신학사전』, "THEOLOGICAL DICTIONARY OF THE NEW TESTAMENT", 번역위원회 역 (서울: 요단출판사, 1986), 97.

5) 아담의 멸망

① 신천지 주장

> 아담이 하나님의 계명인 약속을 지키지 않음으로 멸망을 받게 되었다.[121]

> 이 후 하나님께서는 아담의 9대손 노아에게 찾아가셨고, 노아의 여덟 식구를 구원하신 후 범죄한 아담의 세계를 홍수로 쓸어버리셨다. 이것이 아담 세계의 멸망이다.[122]

'아담의 멸망'에 대한 신천지의 주장을 정리하면 다음과 같다.

＊아담은 하나님의 계명을 지키지 않아 멸망 받게 되었다.
＊아담의 배도 후에 하나님은 아담의 9대손 노아를 찾아갔다.
＊아담의 멸망은 홍수에 의해 세상이 멸망당한 사건이다.

② 성경적 해석

아담이 비록 불순종하였지만 하나님은 그와 그의 후손들과 동행하셨다.

아담은 비록 금지된 열매를 먹고 하나님께 범죄 하였지만 하나님은 그들을 버리시지 않았다. 에덴동산을 떠나 척박한 땅을 일구며 살아가야 할 그들에게 짐승 가죽으로 된 옷을 손수 지어 입히셨다(창 3:21).

---

121) 이만희, 『천지창조』, 146.
122) 위의 책, 147.

'가죽옷'의 의미는 '부끄러움을 감추어 주다'이다. 하나님께서 그들의 부끄러움과 죄를 덮어 준 것이다.

아담의 가문에서 최초의 살인자가 나왔을 때도 하나님은 그를 멸망시키지 않고 보호하셨다. 하나님은 "가인을 죽이는 자는 벌을 칠 배나 받으리라"(창 4:15)고 하셨다. 가인을 죽이는 자가 있으면 하나님께서 친히 복수자가 되어 원수를 계속 갚겠다는 뜻이다. 살인자 가인은 오히려 하나님의 보호와 동행의 보증을 받는다.

하나님은 자식을 잃고 실의에 빠진 아담과 하와에게 '셋'이라는 아들을 선물로 주셨다(창 4:25). 이 셋의 아들 에노스 때부터는 사람들이 하나님께 공식적으로 제사를 드리기 시작했다. 성경은 이에 대해 "셋도 아들을 낳고 그의 이름을 에노스라 하였으며 그 때에 사람들이 비로소 여호와의 이름을 불렀더라"(창 4:26)고 증언한다. 여기서 '부르다'(קרא)는 '찬양하다'의 의미이다. 물론 이전에도 아벨이 경건한 제사를 드렸지만, 에노스 때부터 공식적으로 하나님께 기도하고 찬양하는 예배 양식이 도입되었다는 것이다. 하나님은 이 제사를 통해서 인간과 다시 대화를 시작하신 것이다.

창세기 5장에는 아담 후손 중 경건한 자손들의 계보가 기록되어 있다. 대부분 900세 이상을 살며 장수를 누렸다. 그 가운데 이름난 의인에녹도 등장한다. 에녹은 삼백 년간 하나님과 동행하여 믿음의 자손들을 생산했다(창 5:22). 그 가운데는 당대의 의인 노아의 이름도 보인다(창 5:29). 비록 아담이 하나님의 명령에 불순종하였지만 하나님은 그와 그의 후손들을 떠나가지 않으시고 동행하셨다.

이만희 씨는 하나님께서 죄인을 반드시 버리고 떠나시는데 그 이유는 그를 버리지 않으면 하나님이 죄인과 하나 되기 때문이라고 주장

한다. [123]

하지만 이 하나님은 성경에서 말하는 하나님이 아니다. 성경은 "여호와께서 말씀하시되 오라 우리가 서로 변론하자 너희의 죄가 주홍 같을지라도 눈과 같이 희어질 것이요 진홍 같이 붉을지라도 양털 같이 희게 되리라"(사 1:18)고 말씀하신다. 구약의 하나님은 이스라엘의 죄에 대해 심판을 경고하시면서도 동시에 그들에게 회개를 촉구하신다. "내게로 돌아오라 그리하면 나도 너희에게로 돌아가리라"(말 3:7)고 말씀하신다. 배도하면 가차 없이 멸망시킨다는 말은 하나님을 모독하는 말이다.

노아의 홍수는 아담의 배도에 대한 심판이 아니다.

이만희 씨는 노아의 홍수 사건이 아담의 배도에 대한 징벌이라 주장한다. 과연 홍수가 아담의 배도와 멸망과 관계가 있는 것일까? 창세기 5장은 아담부터 시작해서 노아 홍수 이전 세대의 계보가 기록되어 있다. 특히 아벨이 죽고 태어난 셋 계열의 족보이다. 아담은 930세까지 살았다. 아담의 1대손 셋은 912세까지 살았다. 2대손 에노스는 905세까지 살았고, 3대손 게난은 910세까지 살았고, 4대손 마할랄렐은 895세까지 살았고, 5대손 야렛은 962세까지 살았고, 6대손 에녹은 365세까지 살았고, 7대손 무드셀라는 969세까지 살았고, 8대손 라멕은 9대손 노아를 182세 때 낳았다. 노아는 500세가 지난 후에 셈과 함과 야벳을 낳았다. 이 시간만 계산을 해봐도 노아는 아담으로부터 약 1600년 후대의 사람이다. 말하자면 노아의 홍수는 아담 사후 약 1600년 후에 일어난 일이다. 하나님께서 배도한 아담을 약 1600년 후에 심판하였다는 것이 상식적인가?

---

123) 위의 책, 147.

이만희 씨는 하나님께서는 배도한 사람을 반드시 떠나신다고 하였다. 그 이유는, 그렇게 하지 않으면 하나님이 죄인과 하나가 되는 것으로 간주하기 때문이라는 것이다. 신천지 주장대로라면 하나님은 무려 1,600년간 죄와 한 몸을 이루고 살았다는 의미가 된다.

노아 홍수는 아담 사후, 당시 세계인의 부패와 타락이 불러온 심판이었다.
하나님께서 아담 사후 1,600년 후에 비로소 홍수로 세상을 쓸어버릴 결심을 하신다(창 6:5~7). 노아 당시의 시대 상황에 대해 창세기는 다음과 같이 말한다.

> 5 여호와께서 사람의 죄악이 세상에 가득함과 그의 마음으로 생각하는 모든 계획이 항상 악할 뿐임을 보시고 6 땅 위에 사람 지으셨음을 한탄하사 마음에 근심하시고 7 이르시되 내가 창조한 사람을 내가 지면에서 쓸어버리되 사람으로부터 가축과 기는 것과 공중의 새까지 그리하리니 이는 내가 그것들을 지었음을 한탄함이니라 하시니라(창 6:5~7).

"죄악이 세상에 가득함"에서 '죄악'이란 범죄 행위를 넘어선 사회 전체를 함몰시키는 심각한 부패를 가리킨다. '가득함'은 그 죄악의 광범위성과 지속성을 의미한다. 당시 인간의 부패상은 광범위했고, 고질화되었고, 지속적이었다. 이러한 추세는 어느 한 지역에 국한된 것이 아니었고 세상 그 어디에서도 발견할 수 있었다. 여호와께서 이것을 "보시고"(6:5), "한탄하사"(6:6) 그리고 쓸어버리실 계획을 세우신다(6:7). 홍수 심판은 배도한 아담에게 내린 심판이 아니었다. 아담 사후 1,600년 이후 시대에 살았던 세계인의 부패와 타락이 불러온 심판이었다.

아담의 세계가 홍수로 멸망당했다는 주장은 노정 교리의 배멸구 공식에 위배된다.

신천지의 배멸구 교리는 배도자는 반드시 이방 멸망자에 의해 멸망당하는 것으로 되어 있다. 이만희 씨는 그의 저서마다 이 사실을 밝힌다.

> 이상에서 본 바와 같이 멸망은 선민이 배도하므로 말미암아 이방에게 받는 것이며, 창세기 아담 때로부터 계시록까지 모두가 선민(이스라엘)의 배도로 인하여 이방에게 멸망 받은 것을 기록한 것이므로 하나님의 역사는 '언약-배도-멸망-구원'의 순리로 성사됨을 알 수 있다.[124]

> 먼저 하나님과 언약한 선민이 있고, 이 선민이 하와같이 미혹을 받아 배도함으로 이방 멸망자에게 멸망 받는다. 그 이후에 멸망받은 성도를 구원하는 일이 있으니, 이것이 곧 배도, 멸망, 구원의 순리이다.[125]

> 그러므로 멸망은 하나님과의 언약을 지키지 아니하고 배도하므로 하나님이 떠나가시니 이방이 삼키게 되고 하나님은 악한 자를 들어 언약을 지키지 아니한 선민을 멸망시키시는 것이다.[126]

> 먼저는 범죄한 선민이 이방 대적에게 멸망을 받았으나 결국은 대적이 멸망을 받게 된다. 신 구약 모든 선지자들의 예언은 한결같이 동일한 말씀이다.

---

124) 이만희, 『성도와 천국』, 85.
125) 이만희, 『천지창조』, 353.
126) 이만희, 『영원한 복음 새노래 계시록 완전 해설』 (안양: 도서출판 신천지, 1986), 35.

이만희 씨는 이와 같이 창세기에서 요한계시록에 이르기까지 모든 배도자는 이방에 의해 멸망당하는 것이 '언약-배도-멸망-구원'의 순리라고 주장한다. 이런 측면에서 볼 때 아담 세계가 홍수에 의해 전멸된 것은 배멸구의 순리와 맞지 않다. 말하자면 노정 교리의 서론과 본론이 일치하지 않는다는 것이다.[127]

---

127) 이만희, 『하늘에서 온 책의 비밀 계시록의 진상 2』(안양: 도서출판 신천지, 1988), 528.

2. 아담 후 택함 받은 노아

1) 하나님께서 택하신 목자 노아

① 신천지 주장

하나님께서는 어느 시대나 빛의 역할을 하는 한 목자를 세우신 다음에 그를 중심으로 창조의 역사를 이루어 가셨다. 창세기 때는 아담을 지으신 후에 에덴동산을 만드시고 그에게 만물을 주어 다스리게 하셨다. 아담의 후손들이 부패했을 때는 그 가운데서 노아를 택하셨고…[128]

노아는 아담의 9대손 라멕의 아들이다(창 5장). 그는 하나님께서 아담의 자손들을 물로 쓸어 버리실 때 하나님의 은혜를 입고 특별히 구원받은 사람이다. 성경은 노아가 의인이요 당세에 완전한 자이며 하나님과 동행한 사람이라고 말하고 있다(창 6:9).[129]

'하나님께서 택하신 목자 노아'에 대한 신천지의 주장을 정리하면 다음과 같다.

＊노아는 아담 다음에 선택된 목자이다.
＊노아는 당대의 의인이며, 하나님과 동행한 자이며, 하나님의 명령대로 방주를 만들었다.

---

128) 이만희, 『천지창조』, 74.
129) 위의 책, 82.

② 성경적 해석

성경은 노아가 아담을 대신하는 다음 목자라고 말하지 않는다.

　이만희 씨는 노아가 아담 후 택함 받은 목자라고 주장한다. 그러나 「천지창조」 '노아 편'에서 제목만 "아담 후 택하신 노아" 라고 되어 있을 뿐 목자로서 노아가 부름 받은 내용은 보이지 않는다. 창세기 6장에도 노아가 언제, 어떻게, 목자로 선택되었는지에 대한 기록은 없고 단지 방주 제작 명령을 받았을 때의 시대 상황과 방주 제작에 대한 이야기만 있다. 이만희 씨에 따르면, 노아는 배도하여 멸망당한 아담 대신에 부름 받은, 인류 역사상 두 번째 목자이다. 하지만 이 부분에 대한 성경의 기록이 없다. 창세기 6:13~14은 하나님께서 자신의 계획을 처음으로 노아에게 알리시는 장면이다. 고페르 나무로 방주를 만들고 역청으로 방주 안의 칸들을 칠하라고만 하셨을 뿐, 목자 이야기는 등장하지 않는다. 창세기 7:1~4에서 하나님은 노아에게 두 번째 음성을 들려주신다. 곧 비가 시작되므로 식구들과 짐승들을 방주 안으로 들이라는 말씀이었다. 창세기 8:15~17은 하나님과 노아의 세 번째 대면에서도 인류의 중시조가 된 노아에게 자손 번성의 사명만 부여하셨을 뿐, 목자 이야기는 없다. 창세기 9:1~17에서도 하나님은 육식 허락과 무지개 언약을 세울 뿐 노아가 아담 대신에 선택받은 목자라는 단서를 찾을 수 없다. 이만희 씨가 노정 교리에서 노아를 아담 후 택함 받은 목자라고 설정한 것이 과연 정당한가?

2) 노아의 사역 현장: 아라랏산

① 신천지 주장

성경 6천 년 역사에서 하나님의 재창조 현장은 시대마다 다른 곳이었다. 아담 때는 동방 에덴, 노아 때는 아라랏산, 아브라함 때는 세겜 땅, 모세 때는 시내광야, 여호수아 때는 세겜 땅, 예수님 때는 갈릴리 호수 주변이었다.[130]

노아 나이 600세 되던 해 2월 17일에 홍수가 나기 시작하여 601년 (601세) 1월 1일에 물이 걷혔으며(창 7:10~11, 8:13), 노아의 방주는 아라랏 산에 머물렀다(창 8:4). …방주에서 나온 노아의 아들들은 셈과 함과 야벳이다. 노아의 이 세 아들로 좇아 백성이 온 땅에 퍼졌다 (창 9:18~19). 이것이 노아의 세계 창조이다.[131]

'노아의 사역 현장 아라랏산'에 대한 신천지의 주장을 정리하면 다음과 같다.

＊하나님은 시대마다 택한 목자에게 사역 현장(재창조의 현장)을 허락한다.
＊노아가 받은 재창조의 현장은 아라랏산이다.
＊노아 가족이 아라랏산에 정착하였고 그 후에 온 땅으로 퍼지게 되었는데 이것이 노아 세계의 창조이다.

② 성경적 해석

하나님이 노아에게 아라랏산을 영육이 하나 되는 나라 창조를 위해 허락하였

---

130) 위의 책, 102.
131) 위의 책, 114-115.

는가?

당시 지구상에는 노아 식구 여덟 명만 있었다. 노아는 과연 십사만 사천의 선민을 구성할 수 있을까? 아라랏산은 성경에서 단 한 번 나오는 지명이다(창 8:4). 노아의 가족은 방주에서 나오자마자 하나님께 번제 드리는 것을 시작으로 해서 아라랏산에서의 삶을 시작한다. 이후 포도농사를 시작하였지만 그 산에서 얼마나 살았는지, 그 산에서 활약상은 어떠했는지에 대해서는 성경은 침묵하고 있다. 과연 하나님이 아라랏산을 영육이 하나 되는 나라 창조를 위해 노아에게 허락한 사역지가 맞는지 의문이 든다.

3) 노아와의 언약

① 신천지 주장

> 하나님께서는 죄가 가득한 아담의 후손들을 홍수로 심판하시고 노아와 세 아들을 중심으로 새로운 세계를 창조하셨다. …또한 다시는 모든 생물을 홍수로 멸하지 않겠노라 언약하시며 그 증표(證票)로 무지개를 구름 사이에 두셨다(창 9:1~17). 또한 이 무지개는 범죄한 아담 세계를 기억하게 하는 것이었다. 훗날 노아의 둘째 아들 함이 이 언약의 무지개를 보고도 아담, 하와 같은 죄를 지어 저주를 받았으니 이는 언약을 보고도 지키지 못한 것이었다.[132]

'노아와의 언약'에 대한 신천지의 주장을 정리하면 다음과 같다.

---

132) 위의 책, 123-124.

＊하나님은 노아에게 다시는 물로 세상을 심판하지 않겠다고 언약했다.
＊무지개는 범죄한 아담의 세계를 기억하게 하는 증표이다.
＊훗날 노아의 아들 함은 무지개를 보고도 아담과 같은 죄를 지었다.

② 성경적 해석

무지개 언약은 노아 뿐 아니라 새와 가축과 땅의 짐승과도 세운 언약이다.

이만희 씨에 따르면 노아는 하나님께서 인류 가운데 세운 두 번째 목자였다. 하나님께서 이 두 번째 목자와 언약을 맺으신 내용은 창세기 9:8~17에 소개되어 있다. 그 언약의 내용은 다시 세상을 멸하는 그러한 홍수는 없을 것이라는 것이다. 그 언약은 무지개가 바탕되어 있다. 무지개를 볼 때마다 인간이 기억해야 할 것은 물로 세상이 전멸되는 일은 없을 것이라는 것이다(창 9:14~15). 이만희 씨는 하나님께서 시대마다 세운 목자에게 찾아가 그가 해야 할 일을 알려주신다고 했다.[133] 노아가 알고 수행해야 할 사명은 아라랏산에서 선민의 장막을 세워 단절된 영계와 육계를 이어주는 것이다. 무지개 언약과 영육이 하나 되는 나라 창조와 어떤 관계가 있을까? 무지개 언약 안에 모세가 부여받은 재창조 사명에 대한 고지가 포함되어 있지 않다.

더군다나 다시는 세상이 물에 잠기게 하지 않겠다는 언약은 단지 노아와 맺은 언약이 아니었다. "내가 내 언약을 너희와 너희 후손과 너희와 함께 한 모든 생물 곧 너희와 함께 한 새와 가축과 땅의 모든 생물에게 세우리니 방주에서 나온 모든 것 곧 땅의 모든 짐승에게니라"(창 9:9~10)에서 보듯이 하나님께서는 새와 가축과 땅의 모든 살아있는 생물들을 대상으로도 무지개 언약을 맺으셨다. 무지개는 단순히 평화를

133) 위의 책, 49.

상징하는 것이다. 평화의 무지개, 그 이상의 의미도, 그 이하의 의미도 없다.

4) 노아의 배도

① 신천지 주장

> 어느날 노아가 포도주에 취하여 장막 안에서 자고 있을 때, 그의 둘째 아들 함이 아비가 벗은 것을 보고 형제들에게 고하였다. 그러나 셈과 야벳은 뒷걸음쳐 들어가서 옷으로 노아의 하체를 덮었다. 함이 한 행동은 뱀이 아담과 하와에게 선악과를 먹게 하여 그들이 벌거벗은 사실을 알게 한 것과 같다.[134]

> 아담 세계의 배도에서 설명했듯이, 노아 세계에서 노아가 벌거벗은 사실을 드러낸 것은 사단이요, 나아가 사단의 하수인 노릇을 한 뱀과 함이다.[135]

'노아의 배도'에 관한 신천지의 주장을 정리하면 다음과 같다.

＊노아의 아들 함이 술 취해 벌거벗고 자는 아버지의 모습을 공개한 것은 배도이다.
＊함의 행동은 뱀이 아담과 하와에게 선악과를 먹이고 벌거벗은 사실을 알게 한 것과 같다.

---

134) 위의 책, 137
135) 위의 책, 137.

*노아의 벌거벗은 몸을 드러내게 한 존재는 사탄의 하수인 뱀과 함이다.

② 성경적 해석

함이 아버지의 추태를 공개한 것은 배도가 아니라 불효이다.

　이만희 씨는 노아의 아들 함을 노아 세계의 배도의 중심인물로 본다. 함은 술에 취해 벌거벗은 채로 자고 있는 아버지를 보고 단순히 지나치지 않고 아버지의 잘못을 즐기고 조롱하듯 밖으로 나가서 공개해 버렸다. 이것을 노아 세계의 배도라고 한다. 이만희 씨는 이 일의 배후로 '뱀'을 지목하며 함의 배도 행위를 강화한다. 게다가 노아가 벌거벗은 사실을 공개한 것과 사탄이 아담과 하와가 스스로 벗은 것을 알게 한 사실과 동일시하여 함의 실수에 영적 의미(?)를 부가한다. 과연 사탄이 아들을 조종해서 아버지의 벌거벗은 몸을 다른 자식들에게 알리도록 유도했을까? 우스갯소리를 하나 하자면 사탄이 한가하게 그런 일에까지 개입했을까 싶다. 이만희 씨는 창세기 3:7과 9:21에서 동일하게 등장하는 '벌거벗은 몸' 소재를 끌어와 함과 아담의 죄를 평행선에 놓는다. 그저 웃고 지나가면 좋을 듯하다. 이만희 씨는 「천지창조」에서 자기 자신의 배도관에 대해서 직접 설명한다.

> 배도(背道)란, 도(道) 즉 길이요 진리이신 하나님을 등지는 것이므로,
> 하나님을 모르는 존재와는 무관하다. [136]

　과연 함의 행동이 길이요 진리이신 하나님을 등진 일일까? 함은 아버지를 존중하지 않았다. 그것은 단지 불효였다. 이런 일을 배도라고

---

136) 위의 책, 132.

한다면 인류 역사 속에서 배도자가 아닌 사람은 단 한명도 없어야 한다. 이는 당연히 이만희 씨에게도 해당된다. 이런 일을 배도라 한다면 인류는 모두 멸절당해야 한다.

5) 노아의 멸망

① 신천지 주장

> 하나님께서 부패한 노아의 세계, 더 정확히 말하면 가나안의 세계를 멸망시키셨다. 이를 위해 먼저 하나님께서는 야곱(이스라엘) 가족을 애굽에 보내어 4백 년 동안 생육하고 번성하여 민족을 이루게 하시고, 모세를 택해 출애굽하여 가나안 땅을 정복하게 하셨다. 범죄한 아담의 후손이 홍수로 멸망한 것같이, 부패한 노아의 자손 가나안의 세계도 모세의 세계(모세와 여호수아)를 통해 멸망받았다. 이것은 노아의 후손 가나안 세계 사람들이 아담같이 하나님께 순종하지 아니하였기 때문이다.[137]

'노아의 멸망'에 대한 신천지의 주장을 정리하면 다음과 같다.

＊하나님은 배도한 노아를 멸망시켰는데 그것은 가나안 세계의 멸망을 통해서 이루어졌다.
＊하나님은 모세와 여호수아를 지도자로 세워 가나안 족속을 멸망시켰다.

---

137) 위의 책, 148.

② 성경적 해석

배도한 노아는 멸망되지 않았으며, 오히려 후대 사람의 믿음의 본보기로 그 이름이 성경에 남아있다.

이만희 씨는 하나님께서 노아의 아들 함의 배도로 노아 세계 자체를 멸망시켰다고 주장한다. 여기서 노아의 세계는 가나안 족속을 말하며, 노아 세계 멸망도 가나안 족속의 멸망을 가리킨다. 노아 세계와 가나안 족속을 동일시하는 이유는 간단하다. 함이 가나안의 족속의 조상이기 때문이다(창 9:18). 함의 네 번째 아들의 이름이 '가나안'이다(창 10:6). 이 가나안의 후손이 가나안 전 지역으로 흩어져 살면서 가나안 족속을 이루게 된다(창 10:15~20). 이만희 씨 말에 의하면 함의 불효로 인해 약 1세기 뒤에 함의 후손들이 전멸 당하게 되었다는 것이다. 이만희 씨는 가나안 족속의 진멸을 위해 하나님께서 모세와 여호수아가 불렀다고 주장한다.

어느 가정의 불효자 한 사람으로 인해, 하나님께서 그의 후손들을 멸망시킬 계획을 가지고 있었는데, 이를 위해 모세와 여호수아가 예비된 것이다. 물론 하나님은 이스라엘 백성들에게 가나안 족속을 진멸하라는 명령을 내리신다(신 7:2 ; 20:17). 그러나 그 이유는 함의 배도와는 상관이 없다. 더군다나 가나안 족속이 이스라엘에 의해 멸절당하지도 않았다. 사사기는 이에 대해 정확한 정보를 제공한다. 이스라엘은 가나안 족속을 멸절시키지 못했고, 오히려 함께 어울려 살았다(삿 1:28~33). 심지어 가나안 출신의 사위와 며느리를 맞아들이고 그들의 우상을 함께 섬기기도 했다(삿 3:5~6). 왕정시대에도 사정은 달라지지 않았다. 솔로몬은 가나안 출신의 여자들을 아내로 맞이하고, 가나안 현지의 우상까지 수입했다(왕상 11:1~8). 다윗이 예루살렘에 이르렀을 때 여부스 땅의 주민들이 여전히 그곳에 거주하고 있었다(대상 11:4). 뿐만 아니라 다윗 재위 기간 동안에 줄곧 이스라엘을 괴롭혔던 민족은 블레셋이었다.

가나안 족속은 진멸되지 않았다. 심지어 가나안 족속은 오늘날까지 존속하고 있다. 근 현대사에 등장했던 중동 분쟁은 팔레스타인에 거주하는 유대인들과 옛 가나안 족속의 후예인 아랍인들과의 갈등에서 비롯되었다. 가나안 족속은 오늘날까지 진멸되지 않았다. 함의 배도로 가나안 세계가 멸망당했다는 이만희 씨의 주장은 정당하지 못하다. 함의 불효는 있었지만 그것으로 인해 노아 세계가 멸망당하지 않았다. 이만희 씨 주장에 따르면 결국 하나님은 함의 배도를 응징하지 못한 것이 된다. 이것은 배멸구 교리에서 하나님이 실패한 케이스로 남게 되었다. 오히려 하나님은 배도한 노아를 믿음의 본보기로 의의 영웅으로, 후대 사람들을 위해 신약 성경에 그 이름을 남겨 두셨다(히 11:7 ; 벧전 3:20).

배도한 함 대신 가나안 족속을 멸절시켰다는 주장은 노정 교리의 배멸구 공식에 위배된다.

이만희 씨의 배멸구 교리는 선민이 배도하면, 그 배도한 선민이 직접 멸망의 대상이 된다. 이에 대한 이만희 씨의 주장을 들어보자.

> 이상에서 본바와 같이 멸망은 선민의 배도하므로 말미암아 이방에게 받는 것이며, 창세기 아담 때로부터 계시록까지 모두가 선민의 배도로 인하여 이방에게 멸망 받은 것을 기록한 것이므로 하나님의 역사는 '언약-배도-멸망-구원'의 순리로 성사됨을 알 수 있다.[138]

---

138) 이만희, 『성도와 천국』, 85.

먼저 하나님과 언약한 선민이 있고, 이 선민이 하와같이 미혹을 받아 배도함으로 이방 멸망자에게 멸망 받는다. [139]

멸망은 하나님과의 언약을 지키지 아니하고 배도하므로 하나님이 떠나가시니 이방이 삼키게 되고 하나님은 악한 자를 들어 언약을 지키지 아니한 선민을 멸망시키시는 것이다. [140]

이만희 씨는 노아의 아들 함의 배도로, 함의 후손들인 가나안 족속이 멸망당한 것을 노아 세계의 멸망으로 간주한다. 그러나 가나안 족속은 진멸된 일이 없다. 게다가 이 주장은 명백히 노정 교리를 위반하고 있다. 왜냐하면 가나안 족속은 선민이 아니기 때문이다. 선민이 아닌 족속들의 멸망은 배멸구의 멸망론에 적용되지 못하기 때문이다. 노정 교리의 단점은 항상 서론과 본론의 이야기가 달라진다는 점이다.

---

139) 이만희, 『천지창조』, 353.
140) 이만희, 『영원한 복음 새노래 계시록 완전 해설』, 35.

3. 노아 후 택함 받은 아브라함

1) 하나님께서 택하신 목자 아브라함

① 신천지 주장

하나님께서는 노아로 시작된 세계가 아담 세계같이 부패하였을 때 아브라함을 택하셨다. 아브라함은 부패한 노아 세계에서 하나님께서 찾으신 빛과 같은 존재였다.[141]

하나님께서는 아브라함에게서 이스마엘과 이삭을 나게 하셨다. 이삭은 야곱을 낳았으며, 야곱은 열두 아들을 낳았고, 야곱의 열두 아들은 열두 지파를 이루었으니(출 28:21) 야곱은 이스라엘의 조상이 되었다. 그리고 여종 하갈에서 난 이스마엘은 아랍인의 조상이 되었다. 야곱의 식솔 약 70명은 흉년을 만나 애굽으로 내려 간 후 4백 년 동안 그곳에서 생육하고 번성하여, 장정만 해도 60만 명이 넘는 이스라엘 민족을 이루었다. 그 4백 년은, 하나님께서 아브라함에게 하신 약속을 이루기 위해, 기골이 장대하고 악한 가나안 원주민을 정복할 수 있도록 아브라함의 자손을 양육하신 기간이다. 이상은 아브라함의 세계 창조이다.[142]

'하나님께서 택하신 목자 아브라함'에 대한 신천지의 주장을 정리하면 다음과 같다.

---

141) 이만희, 『천지창조』, 84.
142) 위의 책, 115–116.

＊하나님은 노아의 세계가 부패하였을 때 아브라함을 목자로 선택했다.

＊하나님은 가나안을 정복하기 위해 아브라함의 후손을 통해 이스라엘 민족을 이루셨다.

② 성경적 해석

노아의 세계가 부패했을 때 아브라함을 목자로 선택했다는 것은 노정 교리의 목자론에 위배된다.

　이만희 씨는 노아 세계가 부패하였을 때 아브라함을 불렀으며, 그를 부르신 목적은 가나안 원주민을 정복하기 위해서라고 한다. 이 주장은 두 가지 점에서 신천지의 노정 교리를 위반하고 있다. 배멸구 공식에 따르면 목자가 배도하면 하나님은 반드시 그와 그의 세계를 멸망시키고 난 후에 새 목자를 선택한다. 하나님께서 여호수아를 통해 가나안 세계를 멸망시키기 전에 아브라함을 선택했다는 이만희 씨의 주장은 노정 교리 공식 위반으로 볼 수 있다. 아브라함이 목자로 부름받았을 때는 아직 가나안 족속이 멸망되기 이전이었다. 배도자가 멸망받기도 전에 하나님께서 새 목자를 선택한 경우이다. 이만희 씨는 스스로 만든 노정 교리를 항상 위반한다.

아브라함을 목자로 부른 목적을 가나안 족속과 관련 짓는 것은 노정 교리의 재창조론에 위배된다.

　하나님께서 아브라함을 목자로 부른 목적을 가나안 족속과 관련시키는 것은 노정 교리에 부합되지 않는다. 「천지창조」를 다시 살펴보자.

　　하나님께 속한 영들이 하나님을 믿는 육계의 사람들에게 들어가 살게 하신다. 하나님의 영들과 육체들이 하나가 되어 사는 것이 하나님께서 이루고자 하시는 최종 목표이다.[143]

하나님께서는 사람과 하나 되어 살기 위해 시대마다 끊임없이 재창조의 역사를 해오셨다. 택한 선민이 순종하지 않을 때는 함께 할 수 없으므로 버리시고, 새로운 선민을 창조하여 일하셨다.[144]

이만희 씨는 하나님께서 아브라함을 목자로 세운 목적을 가나안 족속을 멸망시키기 위해서라고 한다. 이것은 '재창조 교리'가 말하는 목자 선택의 목적이 아니다. 목자 선택의 목적은 영육이 하나 되는 세상 창조에 있다. 왜 이만희 씨는 자기가 고안해 낸 노정 교리에 부합되지 않는 주장을 펼치는 것일까? 이러한 부조화가 생기는 이유는 간단하다. 창세기의 아브라함 기사에는 영육합일이란 것이 보이지 않기 때문이다. 성경에는 영육합일 자체가 없다. 뿐만 아니라 '노정'이라는 것도 존재하지 않는다. 그렇다보니 신천지의 노정 공식은 성경과의 연계가 불가능하다. 물론 장황하게 설명은 하지만 아귀가 맞지 않는다 예를 들면 노정 교리에서 아브라함의 재창조의 현장을 가리켜 '세겜 땅'이라고 했다.[145]

그런데 「천지창조」, 115~116의 "아브라함 세계 창조" 편에서는 세겜에서 아브라함의 활약상은 고사하고, 세겜이란 글자조차 나오지 않는다. 아브라함의 재창조 현장인 '세겜'과 아무 관련 없는 아브라함의 후손 이야기로만 가득 채워져 있다. 이유는 간단하다. 재창조의 현장으로써의 세겜에 대해 이렇다 할 내용이 성경에 없기 때문이다. 이만희

143) 위의 책, 48.
144) 위의 책, 52.
145) 위의 책, 102.

씨가 아브라함을 목자로 부른 목적을 가나안 족속과 연관 짓는 것은
이율배반적이다.

2) 아브라함과의 언약

① 신천지 주장

부패한 노아의 세계를 떠나 아브라함을 택하신 하나님께서는 그에게
다음과 같은 약속을 하셨다.

* 내가 네 자손으로 땅의 티끌 같게 하리니 사람이 땅의 티끌을 능히
  셀 수 있을진대 네 자손도 세리라(창 13:16).
* 하늘을 우러러 뭇별을 셀 수 있나 보라 또 그에게 이르시되 네 자
  손이 이와 같으리라(창 15:5).
* 너는 정녕히 알라 네 자손이 이방에서 객이 되어 그들을 섬기겠고
  그들은 사 백 년 동안 네 자손을 괴롭게 하리니 그 섬기는 나라를
  내가 징치할지며 그 후에 네 자손이 큰 재물을 이끌고 나오리라.
  너는 장수하다가 평안히 조상에게로 돌아가 장사될 것이요 네 자
  손은 사대 만에 이 땅으로 돌아오리니 이는 아모리 족속의 죄악이
  아직 관영(貫盈)치 아니함이니라(창 15:13~16).
* 내가 이 땅을 애굽 강에서부터 그 큰 강 유브라데까지 네 자손에게
  주노니 곧 겐 족속과 그니스 족속과 갓몬 족속과 헷 족속과 브리스
  족속과 르바 족속과 아모리 족속과 가나안 족속과 기르가스 족속

과 여부스 족속의 땅이니라(창 15:18~21).[146]

'아브라함과의 언약'에 대한 신천지의 주장을 정리하면 다음과 같다.

＊하나님은 아브라함의 자손을 땅의 티끌같이, 뭇별처럼 많게 해주겠
　다고 언약했다.
＊하나님은 아브라함의 후손들이 다른 나라에서 나그네가 되어 종살
　이하지만 그 후에 많은 재물을 가지고 나올 것이라고 언약했다.
＊하나님은 아브라함에게 장수하다가 평안히 죽을 것이라고 언약했다.
＊하나님은 아브라함에게 가나안 땅을 주겠다고 언약했다.

② 성경적 해석

하나님이 아브라함과 맺은 언약은 아브라함의 개인사에 관한 것이었다. 이것
은 노정 교리의 언약론에 위배된다.

　하나님께서 아브라함에게 찾아와 네 가지 약속을 하셨다. △땅의 티
끌·하늘의 뭇 별들처럼 많은 자식을 주겠다 △아브라함의 후손들이
외국에 사 백 년간 노예 생활을 하다가 해방될 것이다 △장차 가나안
땅을 차지하게 될 것이다 △장수하다 평안히 죽을 것이다라는 내용 등
이다. 이 약속에는 두 가지 특징이 있다. 하나님이 일방적으로 찾아와
복을 약속했으므로 아브라함 편에서는 특별히 해야 할 일 의무 사항이
없다는 점이다. 일종의 편무계약이다. 또 하나 이 언약은 아브라함 개
인사에 관한 것이었다. 이 언약의 내용은 신천지가 주장하는 목자 선
택의 취지와는 별개의 내용이다. 「신탄」은 하나님께서 아브라함을 부

---

146) 위의 책, 123-124.

른 목적을 다음과 같이 말한다.

아브라함은 실천 신앙의 모범으로서 복의 근원이 되었던 것이다. 이
제 복의 근원이 무엇인지 다윗의 시를 통해 살펴보자 …다윗은 형제
가 연합하여 동거함을 최고의 선과 아름다움으로 노래하고 있다. 아
담의 아들 형제는 가인, 아벨, 셋이 있었다. 노아의 아들 형제는 셈,
함, 야벳이 있었다. 이 형제가 연합하여 동거하는 것은 당연하고 평
범한 일이 아닌가? 그럼에도 굳이 그것을 최고의 선과 아름다움으로
찬미하게 된 이유가 무엇일까? 그 이유는 이렇다. 당연히 동거해야
할 형제가 헤어져 살고 있었기 때문인 것이다. 형제가 어찌하여 헤어
졌던가? 언제 어떻게 연합하여 동거하게 될 것인가? 이런 문제들은
배도론으로부터 부활에 이르기까지 이 책 전체에 걸쳐 해명된다. 여
기에서 상기한 성구에 감추어진 뜻을 요약하여 정리해보자. 첫째 헤
어져 살던 형제가 연합하여 동거하게 된다. 다음으로 그 일이 시온에
서 이루어진다는 것이다. 마지막으로 그때 그 곳에서 하나님이 친히
영생의 복을 베푸시는 것이다.[147]

「신탄」은 시편 133편을 인용해서 하나님께서 아브라함을 부르신 목
적을 헤어진 두 형제 곧 영계와 육계를 다시 동거시켜 영생의 복을 받
게 하는 데 있다고 한다. 아브라함이 부름받은 목적은 영육이 합일하
는 나라 창조에 있다. 그런데 이만희 씨의 「천지창조」 안에는 이 내용
이 빠져있다. 아브라함이 짊어져야 할 사명 이야기는 없고 아브라함
개인사에 대한 이야기만 있다. 이것은 노정 교리의 재창조의 목적에
위배된다. 노정교리 서론에서 언급했던 말과 본론의 내용이 다르다.

147) 김건남, 김병희, 145–146.

이 이유는 간단하다. 노정교리에 부합될 만한 내용이 성경에 없기 때문이다. 노정교리 순서에서 반드시 다루어야 할 "아브라함의 배도와 멸망" 부분도 「천지창조」 "아브라함 목차" 부분에서 빠져있다. 성경에서 아브라함이 배도하여 멸망당한 기록은 존재하지 않기 때문이다.

4. 아브라함 후 택함 받은 모세

1) 하나님께서 택하신 목자 모세

① 신천지 주장

> 이스라엘 자손이 애굽에 내려간 지 4백 년이 되었을 때 하나님께서
> 모세를 택하여 그들을 고역(苦役) 생활에서 구하여 내셨다. …아브라
> 함과의 약속을 이루시기 위해 모세를 통해 이스라엘 백성을 가나안
> 땅으로 인도하였다.[148]

'하나님께서 택하신 목자 모세'에 대한 신천지의 주장은 다음과 같다.

＊하나님께서 모세를 택하여 애굽에서 종살이하는 이스라엘 백성을
구해냈다.
＊하나님은 아브라함과의 약속을 이루기 위해 모세를 통해 이스라엘
백성들을 가나안 땅으로 보냈다.

② 성경적 해석

모세를 목자로 선택한 목적이 출애굽이라면 이는 노정 교리의 재창조론에 위
배된다.
　이만희 씨는 배도하여 멸망당한 기록이 없는 아브라함이 왜 목자의
자격을 상실했는지에 대한 설명도 없이 모세를 아브라함 다음의 목자

---

148) 이만희, 『천지창조』, 116.

라고 소개한다. 모세가 목자로 선택받은 목적을 이스라엘의 출애굽과 연관 짓는 것은 신천지의 재창조 교리와 또 상충된다. 하나님이 모세를 부른 목적은 영육이 하나 되는 나라 창조와 연관되어야 한다.[149] 이만희 씨의 주장대로라면 모세는 하나님의 궁극적인 소망인 하나님의 영들과 인간이 함께 거주하는 세계 창조를 위해 부름 받은 목자이다. 이 세계 창조와 이스라엘의 출애굽과는 관련이 없는 듯 보인다.

2) 모세의 사역 현장: 시내광야

① 신천지 주장

> 모세는 이스라엘 자손을 인도하여 홍해를 건넜으며, 하나님께서 친히 돌판에 기록한 율법을 시내산에서 받아 그 계명에 따라 백성을 다스렸다. 그리고 하나님께서 거하실 장막을 하나님께서 보여주신 모양대로 지었다(출 25:8~9). 하나님께서는 아브라함과의 약속을 이루시기 위해 모세를 통해 이스라엘 백성을 가나안 땅으로 인도하였다. 이것이 모세의 세계 창조이다.[150]

'모세의 사역 현장, 시내광야' 대한 신천지의 주장을 정리하면 다음과 같다.

＊모세는 시내산에서 십계명을 받아 이 계명에 따라 백성들을 다스렸다.
＊모세는 하나님께서 보여주신 식양대로 장막을 지었다.

---

149) 위의 책, 52.
150) 위의 책, 116.

＊하나님은 아브라함과의 약속을 이루기 위해 모세를 통해 이스라엘을 가나안으로 인도했다.

② 성경적 해석

모세가 시내광야에서 십계명을 받고 회막을 건축한 것은 노정 교리의 재창조론에 위배된다.

이만희 씨는 모세의 재창조의 현장을 '시내 광야'라고 주장했다.[151] 그의 주장대로라면 모세의 활약 여부에 따라 시내 광야는 궁극적인 하나님의 소망이 성취될 수 있는 위대한 땅이 될 수 있다. 하지만 이만희 씨는 이러한 사명자 모세의 활동 사항을 시내산에서 십계명을 받은 사실과 시내광야에서의 회막을 건축한 사실로 설명한다. 하지만 십계명 제정과 회막 건축은 영육이 하나 되는 나라 건설과는 무관한 듯 보인다.

3) 모세와의 언약

① 신천지 주장

하나님께서 애굽에서 나온 이스라엘 백성들이 시내산에 이르렀을 때 다음과 같이 모세에게 말씀하셨다. "세계가 다 내게 속하였나니 너희가 내 말을 잘 듣고 내 언약을 지키면 너희는 열국 중에서 내 소유가 되겠고 너희가 내게 대하여 제사장 나라가 되며 거룩한 백성이 되리라 너는 이 말을 이스라엘 자손에게 고할지니라(출 19:5~6)." 모세가 백성의 장로들을 불러 모아 하나님께서 자기에게 명하신 모든 말씀

---

151) 위의 책, 102.

을 이야기 하니, 백성이 일제히 "여호와의 명하신대로 우리가 다 행하리이다(출 19:8)."라고 응답했다. 하나님과 이스라엘 백성 사이에 언약은 이렇게 맺어졌다.[152]

'모세와의 언약'에 대한 신천지의 주장을 정리하면 다음과 같다.

＊하나님께서 이스라엘 백성이 시내산에 이르렀을 때 이스라엘 백성과 언약을 맺었다.
＊언약의 내용은 하나님 말씀에 순종하면 이스라엘 백성은 하나님의 소유가 되고 제사장 나라와 거룩한 백성이 된다는 것이다.
＊이스라엘 백성은 하나님의 말씀대로 행하리라고 응답했다.

② 성경적 해석

하나님께서 이스라엘 백성과 언약을 체결하고 목자가 중재자로 전락하는 것은 노정 교리의 언약론에 위배된다.

이만희 씨는 하나님께서 모세를 네 번째 목자로 세우시고 맺으신 언약은 하나님과 이스라엘 백성 사이에 체결한 언약이라고 주장한다. 아담과 노아와 아브라함 때는, 목자로 부름받은 당사자와 언약을 맺었는데, 모세 때는 하나님이 직접 백성들과 언약을 체결하는 것으로 전환된다. 상식적으로 언약 체결은 사명을 부여한 주체와 사명을 받는 객체 사이에 이루어지는 것이 정상이 아닌가 생각된다. 이에 대해 이만희 씨도 동일한 주장을 한다.

---

152) 위의 책, 128.

> 하나님께서는 시대마다 아담, 노아, 아브라함, 모세, 예수님과 같이
> 마음에 합하는 목자를 택하여 함께 하시며 새로운 세계를 창조하신
> 다. [153]

> 하나님의 성령은 시대마다 사람에게 찾아가 그들이 해야 할 일을 알
> 려주었다. [154]

그런데 이 택함 받은 목자 모세는 중재자로 전락한다. 목자가 언약
의 당사자가 되지 못한 경우는 노정 교리에서 예외적이다. 이러한 경우
는 노정 교리를 먼저 만들어 놓고, 그 다음 성경을 통해 그 정당성을 확
보하려는 방식에서 필연적으로 생길 수밖에 없는 오류라고 볼 수 있다.
모세가 중재자로 나선 이 언약 체결 방식은 노정 교리 순리에서 특이한
경우로 남게 된다.

**하나님과 이스라엘 백성과 맺은 언약 안에는 하나님의 재창조의 계획이 빠져
있다.**

하나님과 이스라엘 백성과 맺은 언약의 내용은 이스라엘 백성이 하
나님의 말씀에 순종하면 세 가지 복을 받는다는 내용이다. 첫 번째는
하나님의 소유가 되는 복이다. 두 번째는 제사장 나라가 되는 복이다.
이 복은 이스라엘이 하나님과 세상 나라들 사이에 중재하는 나라가 된
다는 의미이다. 세 번째는 거룩한 백성이 되는 복이다. 타락한 세상 나
라들 가운데 이스라엘을 성결된 민족이 되게 하겠다는 복이다. 이 언
약의 내용은 모두 이스라엘이라는 한 국가의 운명에 관한 것이었다.

---

153) 위의 책, 57.
154) 위의 책, 49.

이 언약 안에는 가장 시급한 내용이 빠져 있다. 지금 영육이 하나 되는 나라 건설이 지연되고 있다. 이러한 현실 가운데 가장 시급한 것은 이스라엘이라는 한 국가의 운명이 아니라 세계의 구원이 아닐까? 왜 하나님은 시내산에서 이스라엘 백성들에게 우주적인 재창조의 계획을 알리지 않으셨는지 이해할 수 없다.

4) 모세의 배도

① 신천지 주장

(1) 아론의 배도

모세가 산에서 내려오는 날이 자기들이 생각했던 것보다 많이 늦어지자, 백성들은 모세를 불신하며 다른 신을 만들어 달라고 아론에게 재촉했다. 아론은 백성들의 선동(煽動)을 제압하지 못하고 도리어 자신이 앞장서서 금송아지 형상의 우상을 만들고 그 앞에 단을 쌓았다 (출 32:1~6). …모세는 하나님 편에선 레위 지파 사람들을 들어 방자한 백성 3천여 명을 심판하여, 그 날 하루 동안 칼로 도륙(屠戮: 참혹하게 마구 죽임) 해버렸다. 이는 하나님과 모세를 배도, 배신한 결과이다.[155]

(2) 모세의 실수

민수기 20장 1~13을 보면, 신(Zin) 광야에 이른 이스라엘 백성들이 물이 없어 모세와 아론에게 몰려와 항의하자, 하나님께서는 모세의 지팡이로 반석에게 '명하여' 물을 내라고 하셨다. 그러나 모세는 회중

---

155) 위의 책, 139–140.

앞에서 '우리가 이 반석에서 물을 나오게 해주랴?' 하면서 지팡이로 반석을 쳤다. '우리가' 라고 말함으로써 모세는 물이 나오게 할 능력을 자신들이 가진 것처럼 과시했고, 백성들에게 물을 주고 안 주고의 여부가 마치 자신들의 의지에 달린 것처럼 말했다. …모세와 아론이 하나님을 믿지 아니하고 이스라엘 자손의 목전에서 하나님의 거룩함을 나타내지 않은 죄로, 하나님께서는 이스라엘 총회를 약속한 가나안 땅으로 들이지 않겠다고 하셨다.[156]

(3) 이스라엘 자손의 배도
모세를 따라 나온 애굽에서 따라 나온 이스라엘 백성들은 하나님께서 주신 말씀을 불순종하고 믿음으로 화합하지 아니하여, 대부분 광야에서 죽고 하나님께서 약속하신 가나안 땅에 들어가지 못했다.[157]

'모세의 배도'에 대한 신천지의 주장을 정리하면 다음과 같다.

∗ 모세의 형 아론이 금송아지 우상을 만듦으로 하나님을 배도하였다.
∗ 모세는 반석을 쳐서 자기가 물을 주는 것처럼 말한 것 때문에 하나님을 배도하였다.
∗ 이스라엘 백성은 하나님의 말씀에 불순종하므로 가나안에 들어가지 못했다.
∗ 모세는 자기의 말실수와 형의 죄와 이스라엘 백성들의 불순종 때문에 배도자가 되었다.

---

156) 위의 책, 142.
157) 위의 책, 143.

② 성경적 해석

친인척의 죄도 배도에 해당되고, 말실수도 배도라면, 배도에 걸리지 않을 사람은 단 한 사람도 없다.

이만희 씨의 배도론은 상당히 살벌하다. 목자 주변 사람들의 불순종도 배도가 되고, 친인척의 죄도 배도가 되고, 목자의 교만한 말실수도 배도에 해당된다. 자신을 포함한 주변 모든 사람의 죄를 목자의 배도로 간주한다. 배도가 과연 이런 것이라면 창조 이래로 지금까지 배도에 걸리지 않을 사람이 단 한사람이라도 있을까? 이만희 씨의 배도론은 인간에 대한 이해가 결여된 비상식적 주장이다. 성경은 모든 인간은 배도(?)할 수밖에 없는 존재라고 정의한다. "기록된 바 의인은 없나니 하나도 없으며 깨닫는 자도 없고 하나님을 찾는 자도 없고 다 치우쳐 함께 무익하게 되고 선을 행하는 자는 없나니 하나도 없도다"(롬 3:10~12). "모든 사람이 죄를 범하였으매 하나님의 영광에 이르지 못하더니"(롬 3:23). "대저 의인은 일곱 번 넘어질지라도 다시 일어나려니와"(잠 24:16)에서 보듯이 의인으로 일컬음 받는 자라도 기본적으로 일곱 번 정도의 배도(?)는 기본이라는 것이다. 인간의 혈맥 속에는 뿌리 깊은 죄의 본성이 흐르고 있다. 아담 이후의 모든 인간은 처음부터 배도하도록 되어 있다.

당시 택함 받은 목자였던 모세는 가족의 죄로 인해서 배도자가 되었다. 그렇다면 현 시대의 약속한 목자도 이 부분에 대해서 자유로울 수 있을까? 목자 모세는 그 교만함 때문에 배도자가 되었다. 그렇다면 현 시대의 약속한 목자도 절대로 높아지지 말아야 한다. 자기를 따르는 자들이 재림 예수, 보혜사 성령이라고 치켜세워도 그 자리에서 내려와야 한다. 목자 모세는 이스라엘의 백성의 죄 때문에 배도자로 간주되었다. 그렇다면 현 시대의 목자도 주의를 기울여야 한다. 수만 명의 신천지 신도들이 어디서 무엇을 하는지 꼼꼼히 살펴야 한다. 한 가지 개인적인 바람이 있다면 신천지가 흠 없고 순결한 삶을 살기 원한다면 '거짓말'을 전도 방법으로 채택하고 있는 '모략 교리'부터 던져 버려야 한다. 기생 라합이 처했던 특수한 상황을 여과 없이 오늘날 상황으로 가져와서 거짓말을 마치 의를 이루는 도구로 가르쳐서는 안 된다. 라합이 정탐꾼들을 보호하기 위해 거짓 정보를 흘린 대상과 오늘날 기성교회는 같지 않기 때문이다. 교회가 병이 들어있어도 교회는 근본적으로 그리스도의 몸이기 때문이다(엡 5:23). 추수꾼들에게 거짓말은 나쁜 것이라고 가르쳐야 한다. 모세가 작은 말실수 하나 때문에 배도자 취급을 받았다면, 집단으로 자행하는 거짓말도 만만히 볼 수는 없다.

5) 모세의 멸망

① 신천지 주장

> 모세 이후 예수님 이전까지 이스라엘 자손들의 세계를 크게 모세의 세계라 부르기로 한다.[158]

가나안 땅을 정탐하고 돌아온 열 명의 족장은 하나님을 불신하며 그 땅을 정복하는 것이 불가능하다고 말했다. 하나님께서는 그들의 말에 동요한 20세 이상의 사람들은 가나안 땅에 들어가지 못하고 광야에서 40년간 헤매다가 죽게 하였으니(민 32:10~13), 이것이 출애굽

---

158) 위의 책, 149.

1세대의 멸망이다.[159]

특히 솔로몬 왕은 많은 이방 여자를 취하며 그들과 더불어 이방 신을 섬기며 하나님의 계명을 어겼다. 이스라엘 자손들은 불순종의 대가를 톡톡히 치러야 했다. 이스라엘 열두 지파는 솔로몬 다음 대에 이르러 남북으로 갈라지게 되었다. 그 후에도 하나님께서는 이스라엘이 부패할 때마다 블레셋, 앗수르, 바벨론 등과 같은 이방을 몽둥이로 삼아 심판하시며 멸망하게 하셨다.[160]

예수 그리스도를 보내어 구원의 손길을 펼치셨으나, 목이 곧은 이스라엘은 그를 영접하지 않았다. 그 결과 육적 이스라엘은 세례 요한 때 완전히 끝나고 말았다(마 11:13). 하나님으로부터 버림받는 것은 선민으로서 끝이요 멸망인 것이다.[161]

'모세의 멸망'에 대한 신천지의 주장을 정리하면 다음과 같다.

＊모세 이후부터 예수님 이전까지 시대를 모세의 세계라고 한다.
＊출애굽 1세대가 광야에서 죽은 것은 모세 세계의 멸망에 해당된다.
＊솔로몬 때 나라가 남북으로 갈라진 것도 모세 세계의 멸망에 해당된다.
＊이스라엘이 블레셋. 앗수르, 바벨론 같은 이방에게 시달리다 멸망당한 것도 모세 세계의 멸망에 해당된다.
＊유대인들이 예수님을 영접하지 않았기 때문에 하나님은 육적 이스라엘을 끝냈다. 이것도 모세 세계의 멸망에 해당된다.

---

159) 위의 책, 149.
160) 위의 책, 149-150.
161) 위의 책, 149-150.

② 성경적 해석

모세부터 예수님까지의 시대를 모세의 세계라 부른다(?)

이만희 씨는 모세부터 예수 이전까지 시대를 가리켜 '모세의 세계'라는 희귀한 시대 구분을 한다. 그리고 기간 사이에 일어났던 비극적인 사건, 불미스러웠던 사건은 모두 '모세 세계의 멸망'과 연결 짓는다. 말하자면 그러한 사건은 모두 모세의 배도의 결과로 간주하는 것이다. 이러한 황당한 논리를 펼치는 이유도 간단하다. 모세가 멸망당한 사건이 성경에 없기 때문이다. 해당되는 이야기를 찾자니 마땅한 것은 없고, 말을 안 하자니 노정 교리에 흠이 생긴다.

보통 역사학자들이 시대를 구분할 때 일정한 기준이 있다. 연대에 따라 구분하든지, 아니면 역사의 큰 전환기나 변혁기를 따라 구분한다. 그런데 이만희 씨는 단지 '모세의 세계'는 모세 때부터 예수 이전까지의 시기라고만 주장할 뿐, 그렇게 정한 기준이나 그 명칭에 대한 설명이 없다. 시대 구분을 할 때 그 시대가 가지는 특징과 그 명칭이 어떻게 일치하는지에 대해 설명하는 것은 상식이다. 이런 논리라면 이삭부터 사사시대까지를 '이삭의 세계' 기드온부터 솔로몬까지를 '기드온의 세계', 이사야부터 예수까지를 '이사야의 세계'라고 해도 된다. 자기가 기간을 설정하고 자기가 이름만 붙이면 된다.

출애굽 1세대가 광야에서 모두 죽지는 않았으며 그 사건은 모세의 멸망과 무관하다.

이만희 씨는 모세 세계의 멸망의 범주 안에 출애굽 1세대 중 20세 이상이 광야에서 죽었던 사건을 포함시킨다. 모세가 배도한 결과 출애굽 세대 중 20세 이상이 모두 죽었다는 것이다. 그러나 이들이 광야에서 죽었던 직접적인 이유는 모세와 관계가 없다. 열두 명의 정탐꾼이 40일간 가나안 정탐을 마치고 돌아와서 보고한 부정적인 보고 내용을 듣고 취한 백성들의 반응과 관계가 있다. 하나님은 모세와 아론을 원망하는 백성들을 향해서 20세 이상의 남자 중 갈렙과 여호수아 외 모든 남자들은 광야에서 죽게 될 것이라는 선고를 내렸다(민 14:28~30). 그들이 광야에서 죽은 이유는 모세의 배도 때문이 아니라 그들의 죄악 때문이었다. 이만희 씨가 민수기 14장의 이야기를 노아 세계의 멸망에 차용한 것은 적절치 못하다. 왜냐하면 배도하면 모두 멸망당해야 하는데 어떤 경우에는 예외적으로 살아남는 사람도 있다고 말해야 되기 때문이다. 출애굽 1세대 중 갈렙과 여호수아는 살아남아 가나안에 들어갔기 때문이다.

이스라엘이 남북으로 분열된 것과 북이스라엘이 망한 것과 유대인이 예수를 거절한 것은 모세의 멸망과 무관하다.

이만희 씨는 솔로몬 때 이스라엘이 남과 북으로 갈라진 사건을 모세의 멸망 사건으로 해석한다. 물론 이는 이스라엘 역사 가운데 불미스러웠던 사건임에 틀림없다. 하지만 이스라엘의 남북 분열은 모세의 배도의 결과로 빚어진 일은 아니다. 북 이스라엘이 B.C 722년에 앗수루 제국에 멸망당한 것은 그들의 죄악 때문이었다. 유대인들이 예수를 영접치 않은 사실과 모세의 멸망과는 무슨 관계가 있을까? 이만희 씨는 유대인들이 예수님을 영접치 않았으므로 "육적 이스라엘"이 끝났다는 비약까지 한다. 이스라엘이라는 지명 앞에 있는 '육적'이라는 형용사가 무엇을 의미하며, '끝났다'는 동사의 의미가 무엇인지 난해하기만 하다. '육적 이스라엘이 끝났다'라는 말은 이스라엘이 대단히 좋지 않게 되었다는 뜻으로 이해하면 될 것 같다. 이만희 씨는 이스라엘이 안 좋게 된 어떤 사실도 '모세의 멸망'으로 간주한다. 그의 말실수와 그 주변 인들의 잘못이 언제 적 일이며, 얼마나 심각한 것이었기에 나라를 남과 북으로 쪼개고, 한 나라를 지구상에서 영원히 사라지게 만들고, 육적 이스라엘을 끝내기 까지 했던 것일까? 상식 수준에도 미치지 못하는 말장난이다.

이스라엘의 남북 분열과 유대인들이 예수를 거절한 것을 모세의 멸망으로 간주하는 것은 노정 교리의 배멸구 공식에 위배된다.

배멸구 교리에 의하면 배도한 선민은 반드시 이방 멸망자에 의해 심판을 받는다. 멸망자는 반드시 이방이며, 멸망의 대상은 반드시 선민이다.[162] 이 원칙에 입각하면, 이스라엘의 남북 분열과 예수를 거절한 유대인을 모세의 멸망과 동일시하는 것은 배멸구 공식을 위반하는 것이다. 남북이 분열하게 된 원인을 제공한 자는 이방 민족이 아닌 솔로몬 자신이었다. 더군다나 이 사건이 선민의 멸망을 의미한다고 볼 수 있을까? 배멸구 교리를 직접 만든 장본인이 남북 분열 사건을 멸망의 범주에 포함시킨 것은 자기모순을 스스로 드러내는 것이다. 이만희 씨는 유대인이 예수를 거절하므로 육적 이스라엘이 끝났다고 강조하지만 이 또한 지나친 비약이다. 유대인이 모두 예수를 거절한 것도 아니지만, 그러한 유대인들을 예수님은 끝까지 사랑하셨기 때문이다. 예수님은 육적 이스라엘을 끝내지 않으셨다. 고통의 최절정의 순간에도 하나님 아버지께 자기를 배도한 자들의 용서를 구하는 기도는 육적 이스라엘(?)에 대한 깊은 사랑을 느끼게 한다. 설령 육적 이스라엘이 끝났다 하더라도 그것이 이방 멸망자에 의해서 이루어진 것이 아니라면, 배멸구식 멸망도 아닌 것이다.

---

162) 이만희, 『성도와 천국』, 85.

5. 모세 후 택함 받은 여호수아

1) 하나님께서 택하신 목자 여호수아

① 신천지 주장

> 여호수아는 에브라임 지파 '눈'의 아들로 본명은 호세아이며(민 13:16, 14:30) 모세가 죽은 후 이스라엘 민족을 가나안 땅으로 인도하고 가나안 땅을 점령하여 열두 지파에 분배한 지도자이다. 그는 모세의 종자(從者)로 보좌관의 역할을 하다가(출 17:8~16 참고) 가나안 정탐꾼으로 선발되었으며(민 13:1~16) 하나님께 지명을 받아 모세의 후계자가 되었다(민 27:18~23).[163]

> 가나안 땅 정복이라는 대과업을 달성한 여호수아는 110세를 일기로 죽었으며, 에브라임 산지 딤낫 세라에 묻혔다(수 24:29~30).[164]

'하나님께서 택하신 목자 여호수아'에 대한 신천지의 주장을 정리하면 다음과 같다.

＊여호수아는 모세의 후계자로 이스라엘을 가나안 땅으로 인도하여 땅을 분배했다.
＊여호수아는 하나님의 지명을 받아 모세의 후계자가 되었다.
＊여호수아는 가나안 땅 정복이라는 대과업을 달성한 후 110세에 죽었다.

---

163) 이만희, 『천지창조』, 90.
164) 위의 책, 92.

② 성경적 해석

여호수아를 목자로 선택한 목적이 가나안 정복이라면 이는 노정 교리의 재창
조론에 위배된다.

이만희 씨는 여호수아를 가나안 정복을 위해서 모세 다음으로 선택
받은 목자라고 한다. 그러나 신천지 교리에 의하면, 목자는 그런 일에
쓰임받기 위해 부름받지 않는다. 이만희 씨는 "하나님께서는 어느 시
대나 먼저 빛의 역할을 하는 한 목자를 세우신 다음에 그를 중심으로
창조의 역사를 이루어 가신다."[165]고 주장한다. 하나님은 하늘의 영들
과 땅의 사람들이 하나 되어 살기 위해 시대마다 창조의 역사를 해 오
셨고, 그 사명을 목자에게 맡긴다.[166] 여호수아는 이러한 창조의 역사
를 위해 부름받아야 한다. 이만희 씨는 「성도와 천국」에서 다음과 같이
주장한다.

> 하나님께서는 시대시대마다 범죄한 처음 하늘과 처음 땅(창 1:2)을
> 심판 하신 후, 빛의 아들과 새 하늘과 새 땅을 창조하시고 그들과 언
> 약하셨으니… 이 일이 창조 원리에 입각한 언약 사건이며….[167]

여기서 '창조'란 영육이 하나 되는 나라 건설을 말한다. 이만희 씨 주
장에 따르면 여호수아는 영과 육이 합일하는 나라를 창조하기 위해 부
름받은 사명자이지 이스라엘을 가나안 땅으로 인도하기 위해 부름받
은 자가 되어서는 안 된다. 이만희 씨가 노정 교리 서론에서 언급한,
하나님께서 목자를 세우는 목적과 각 시대마다 선택된 목자들의 역할

---

165) 위의 책, 74.
166) 위의 책, 52.
167) 이만희, 「성도와 천국」, 72.

사이에는 일치하는 것이 하나도 없다.

2) 여호수아의 사역 현장: 세겜

① 신천지 주장

> 성경 6천 년 역사에서 하나님의 재창조의 현장은 아담 때는 동방 에덴, 노아 때는 아라랏산, 아브라함 때는 세겜 땅, 모세 때는 시내광야, 여호수아 때는 세겜 땅…[168]

> 그가 나이 들어 늙었을 때에는 이스라엘 백성을 세겜에 모으고 그들과 더불어 '하나님을 섬기고 그 목소리를 청종하겠다.'는 언약을 세우고, 그들이 지켜야 할 율례와 법도를 일러 주었다. 여호수아는 이 모든 일을 하나님의 율법책에 기록하고 큰 돌을 취하여 그곳 여호와의 성소 곁에 있는 상수리 나무 아래 세우고 증거로 삼았다. 하나님께서 그들에게 하신 모든 말씀을 이 돌이 들었기 때문이다(수 24:25~28). 이상은 하나님이 모세 이후 여호수아를 통해 창조한 세계다.[169]

'여호수아의 사역 현장, 세겜'에 대한 신천지의 주장을 정리하면 다음과 같다.

＊여호수아의 재창조 현장은 세겜이다.
＊여호수아가 늙었을 때 세겜에서 이스라엘 백성과 언약을 맺고 율례

---

168) 이만희, 『천지창조』, 102.
169) 위의 책, 117.

와 법도를 알려주었다.

＊이스라엘 백성들은 오직 하나님만 섬기겠다고 언약했고 그 증표로 큰 돌을 세웠다.

② 성경적 해석

여호수아가 재창조 현장인 세겜에서 십사만 사천의 선민을 구성한 이야기는 없다.

이만희 씨는 여호수아의 재창조의 현장인 '세겜'에 대해서 이스라엘 백성과 언약을 맺고 큰 돌로 증표를 세웠던 장소로 소개한다. 하지만 신천지 교리에 의하면, 세겜은 그러한 장소가 되어서는 안 된다. 세겜은 여호수아가 십사만 사천의 선민을 구성하기 위해 종횡무진 활약하는 장소가 되어야 한다. 재창조의 현장이란 영계에서 대기하고 있는 십사만 사천의 영들과 짝을 이룰 십사만 사천의 사람들을 구성해야 할 곳이기 때문이다. 이만희 씨가 이 내용을 기록할 수 없었던 이유는 다른 데 있지 않다. 애당초 노정 교리와 영육합일교리라는 것이 성경에 존재하지 않기 때문이다. 이만희 씨가 세겜을 재창조의 현장으로 설정한 것은 또 하나의 맹점이다. 여호수아서에 "세겜"이라는 이름은 총 여섯 번 등장한다. 세겜은 사람 이름(수 17:2), 도피성이 있는 장소(수 20:7; 21:21), 여호수아의 고별 설교 장소(수 24:1, 25), 요셉의 뼈를 묻은 장소(수 24:32) 등으로만 언급되어 있다. 여호수아서에서는 세겜이 재창조 현장으로써의 기록이 없다. 더군다나 세겜은 도피성이 있는 곳 중의 하나였다. 실수로 사람을 죽였을 때 죽은 자의 가족이나 부족 사람들에게 보복을 당하지 않도록, 재판 때까지 임시로 피해있는 장소였다. 이러한 세겜을 선민의 장막으로 설정한 것은 어리석었다.

3) 여호수아와의 언약

① 신천지 주장

여호수아는 자신의 죽음을 앞두고 이스라엘 모든 지파 사람을 세겜에 모아 하나님만 섬기겠다는 언약을 받았다. 여호수아는 자기 조상 아브라함 때부터 하나님께서 베푸신 은혜를 조목조목 나열한 후 '오직 주 여호와만 섬기라, 만일 여호와를 섬기는 것이 너희에게 좋지 않게 보이거든 너희 섬길 자를 택하라', "만일 너희가 여호와를 버리고 이방 신들을 섬기면, 너희에게 복을 내리신 후에라도 돌이켜 너희에게 화를 내리시고 너희를 멸하시리라"고 했다(수 24:14~20). 이스라엘 자손은 '결단코 다른 신을 섬기지 않고 하나님을 섬기며 그 목소리를 청종(聽從) 하겠노라.'고 약속하였다.[170]

'여호수아와의 언약'에 대한 신천지의 주장은 다음과 같다.

* 여호수아는 자기의 죽음을 앞두고 세겜에서 이스라엘 백성들과 언약을 맺었다.
* 이스라엘 백성들은 여호와만 섬길 것을 여호수아와 약속했다.

② 성경적 해석

여호수아가 이스라엘 백성과 맺은 언약은 노정 교리의 언약론에 위배된다.

---

170) 위의 책, 128-129.

이만희 씨는 하나님께서 목자 혹은 이스라엘 백성과 언약을 맺은 것이 아닌 여호수아가 그의 백성들과 체결한 언약을 소개한다. 하나님은 아담과 노아와 아브라함 때는 목자 개인과 언약을 맺었다. 모세 때는 하나님이 이스라엘 백성과 직접 언약을 체결했다. 하지만 여호수아 때는 목자가 이스라엘 백성과 직접 언약을 맺는다. 이것은 노정 교리의 언약론에 부합되지 않는다. 이만희 씨는 「성도와 천국」에서 노정 교리에서의 언약론에 관해 다음과 같이 설명한다.

> 시대마다 하나님은 택한 목자와 그 민족에게 언약한 것이지 이방민족과 언약한 것이 아니다.[171]

> 언약이란? 시대마다 하나님이 인류 중에서 한 곳과 사람을 택하여 그들과 약속하시는 것이 언약이요.[172]

이만희 씨가 주장하는 노정 교리에서 언약의 주체는 하나님이다. 그럼에도 불구하고 여호수아 때는 언약의 주체가 사람이 된다. 이만희 씨는 여호수아가 백성과 체결한 언약을 "여호수아와의 언약"의 범주에 포함시켰다.

이처럼 노정 교리에서 지속적으로 대두되는 이슈는 일관성의 문제이다. 서론에서의 진술과 본론의 말이 다르다. 이런 현상이 생기는 이유는 간단하다. 노정 교리에 부합되는 내용이 성경에 없기 때문이다.

신천지는 성경이 일관되게 말하는 내용을 체계화하는 것에 목적이 있지 않다. 신천지는 자기들이 말하고 싶어 하는 교리를 성경을 이용

---

171) 이만희, 『성도와 천국』, 72.
172) 이만희, 『영원한 복음 새노래 요한계시록 완전 해설』, 27.

해 증명하려고만 한다. 그러다 보니 매번 성경의 도움을 받지 못하고 상충된다. 이를 극복하기 위해 성경 본문을 임의로 왜곡, 조작하거나, 단어와 단어를 연결한 후 비약하는 방식 외에 별 다른 손을 쓸 수 없다. 성경이 비유와 상징으로 감추어져 있다고 주장하는 이유도 성경을 이렇게 마음대로 해석할 수 있는 수단을 마련해 놓은 것에 불과하다. 노정 교리의 언약론은 사람 대 사람이 맺는 것을 언약이라고 말하지 않았다.

여호수아가 이스라엘 백성과 맺은 언약에는 하나님의 재창조의 계획이 빠져 있다.

여호수아 24장은 여호수아의 고별 설교이며, 설교의 중점은 이스라엘 백성들이 가나안 땅에서 이방신을 멀리하며, 그 땅에서 준수해야 할 규례에 관한 것이다(수 24:25). 그리고 백성들도 새로 정착할 땅에서 지켜야 할 법에 대한 준수를 다짐한다. 이 언약의 핵심은 율법 준수이다. 여기서 또 의문이 하나 일어난다. 가나안 땅에서 준수해야 할 '율법'과 '재창조'와 어떤 관련이 있는가이다. 하나님은 시대마다 세우는 목자에게 찾아가 그가 해야 할 일을 일러주신다.[173] 목자가 해야 할 일은 이스라엘 백성들의 신앙 독려가 아니라 재창조 사역이다. 하나님의 재창조의 꿈이 언약의 핵심이 되어야 한다. 이만희 씨는 『성도와 천국』에서 언약의 핵심인 '재창조'에 대해서 다음과 같이 말한다.

> 하나님은 아담 범죄 후 수천년간 회복의 일을 해오셨고 그 회복의 역사 가운데 시대 시대마다 또한 언약을 해오셨다.[174]

---

173) 이만희, 『천지창조』, 49.
174) 이만희, 『성도와 천국』, 76.

하나님께서는 시대시대마다 범죄한 처음 하늘과 처음 땅(창 1:2)을 심판하신 후, 빛의 아들과 새 하늘과 새 땅을 창조하시고 그들과 언약하셨으니…이 일이 창조 원리에 입각한 언약 사건이며…[175]

언약의 핵심은 회복에 관한 것이며, 회복이란 분리되어진 영계와 육계의 회복이다. 즉 영계의 영들이 육계의 몸에 거하며 다시 한 몸을 이루는 것이다. 시대마다 세우는 목자와의 언약의 핵심은 이 창조의 원리에 입각되어져야 한다. '창조'와 '회복'은 동의어이다. 그러나 여호수아가 이스라엘 백성과 체결한 언약 안에는 이 회복에 대한 하나님의 계획이 빠져있다. 그 이유는 이만희 씨가 만들어낸 창조설과 노정설이라는 것이 애당초 성경에 존재하지 않기 때문이다.

4) 여호수아의 배도

① 신천지 주장

가나안 땅에 들어간 이스라엘 민족은 여호수아와 하나님께서 이스라엘을 위해 행하신 일을 잘 아는 장로들이 살아있었기에 하나님을 섬기며 율법을 지켰다(수 24:31, 삿 2:7). 그러나 그들은 여호수아가 죽고 또 그 장로들이 죽은 후에는 하나님을 떠났다. 여호수아가 평생 동안 가르친 것은 헛수고가 되고, 이스라엘 자손들이 세겜에서 하나님 앞에 세운 언약도 얼마 지나지 않아 깨어지고 말았다. 여호수아가 죽은 후 배도한 이스라엘 자손들의 모습은 사사기부터 말라기에 이르기까지 기록되어 있다. 그 중 대표적인 배도자는 솔로몬이다. 하

---

175) 위의 책, 72.

나님께서 솔로몬에게 이방 여인과 결혼하면 이방 신을 섬기게 될 것이므로 이방 여인을 멀리하라고 경고하셨다. 그러나 그는 수많은 이방 여인을 아내와 첩으로 삼고 이방 신을 섬겼다. 이 일로 이스라엘은 북이스라엘과 남 유다로 나누어지게 되었다. 그 후 하나님께서는 그리스도를 보내 주시겠다고 구약 성경에 약속하였다(말 3:1, 시 2:6~7, 사 61:1~3, 렘 31:22). 구약 성경의 약속대로 그리스도가 오셨으나 이스라엘 민족은 그를 영접하지 않고(요 1:10~11) 오히려 죽였다. 이것이 이스라엘 자손이 범한 가장 큰 배도이다.[176]

'여호수아의 배도'에 관한 신천지의 주장을 정리하면 다음과 같다.

＊여호수아 사후 이스라엘은 다시 죄를 짓기 시작했고, 그 배도는 말라기까지 계속되었다.
＊솔로몬은 대표적인 배도자이다. 그의 배도로 인해 이스라엘 왕국은 남북으로 분열되었다.
＊구약의 예언대로 예수가 왔으나 백성들이 그를 영접치 않은 것이 가장 큰 배도이다.

② 성경적 해석

'여호수아 배도 편'에 등장하는 내용들은 이미 '모세의 멸망 편'에서 사용한 소재들이다.

이만희 씨는 여호수아 사후부터 예수 이전까지 시대를 "여호수아의

---

176) 이만희, 『천지창조』, 143-144.

세계"[177]로 설정해 놓고 이 기간 안에 있었던 좋지 않았던 역사적 사건을 모두 여호수아의 배도와 연결한다. 이 내용은 '모세의 멸망 편'에 등장했던 내용과 동일하다. 솔로몬 때의 남북 분열과 이스라엘 백성이 예수를 영접치 않았던 내용 등은 '모세의 멸망 편'과 '여호수아의 배도 편'에 동시에 등장한다. 이스라엘의 남북 분열과 북이스라엘의 멸망 소재는 한 번 사용하고 버리기 아까웠던지 '여호수아의 배도 편'에 다시 끌어와 사용하고 있다. 이만희 씨는 「천지창조」에서 '여호수아의 멸망' 편은 목차에서 빼고 처음부터 다루지 않는다. 딱히 여호수아의 멸망이라고 소개할 만한 소재가 성경에 없기 때문이다. 이처럼 신천지의 노정설은 오류와 허구로 얼룩져 있다.

성경은 여호수아의 배도 사실을 말하지 않는다.

이만희 씨는 '여호수아의 세계'라는 시대가 왜 여호수아 사후부터 예수 이전까지의 시대로 설정하였는지에 대한 설명이 없다. 일반적으로 '여호수아 시대'라고 하면 여호수아가 태어난 시기 혹은 여호수아가 지도력을 가진 때부터 그가 지도력을 놓았던 시기 혹은 사망한 시점까지로 정하는 것이 일반적이고 상식적이다. 여호수아 시대가 신약 시대까지 거슬러 올라간 것은 비상식적이다. 이런 무리한 설정을 시도하는 이유는 간단하다. 여호수아가 배도한 내용이 성경에 없기 때문이다. 말을 하자니 성경에는 그런 내용이 없고, 말을 안 하자니 위신이 떨어진다. 그러므로 이런 비상식적인 방법을 사용하는 것이다. 이만희 씨는 '여호수아의 세계'라는 황당한 시대 설정을 하고, 이 시기에 일어났던 불미스러웠던 사건들을 모두 끌어와 여호수아의 배도와 동일시하는 방법을 채택하고 있다.

---

177) 위의 책, 143.

사사시대의 죄악상과 이스라엘이 남북으로 갈라진 사건과 예수를 영접치 않았던 유대인들의 죄와 여호수아의 배도는 무관하다.

이만희 씨는 여호수아 사후 이스라엘 백성들의 불순종의 역사를 여호수아 시대의 배도라고 주장한다. 하지만 훨씬 이전인 광야시대부터 시작하여 사사시대와 왕정시대와 신약 시대에 이르기까지, 이스라엘의 전 역사 가운데서, 이스라엘이 하나님께 불순종하지 않았던 역사가 몇 번 있었을까? 이스라엘 전 역사 가운데, 하나님께 배도(?)하지 않았던 역사가 얼마나 있었는가? 이스라엘 전 역사 가운데 그 많은 선지자들이 왜 그렇게 한결같이 눈물과 탄식으로 "이스라엘아 돌아오라"고 권면했을까? 그 긴 불순종의 역사 가운데서 지극히 한 부분이었던 사사시대의 죄악상을 끌어와 한 특정인의 배도와 연결시키는 것은 대단히 유치하다. 솔로몬에 의해서 나라가 둘로 갈라진 것은 사실이지만 솔로몬 역시도 이스라엘의 역사 가운데 등장했던 수많은 죄인 가운데 한 사람이었다. 그의 죄를 마치 특별한 죄로 취급하고, 여호수아의 배도와 동일시하는 것은 비상식적이다. 예수를 영접하지 않았던 신약 시대의 유대인의 죄를 약 1천 년 전의 여호수아의 배도로 간주하는 것은 더욱 당황스럽다.

6. 여호수아 후 택함 받은 목자: 예수

1) 하나님께서 택하신 목자 예수

① 신천지 주장

하나님께서 모세가 애굽에서 인도하여 낸 이스라엘 민족이 번번이 하나님의 계명을 어기고 부패해 가는 것을 보시고 한 구원자를 보내겠노라고 약속하셨다. 그는 바로 2천 년 전 이스라엘 땅에 오신 예수 그리스도이시다.[178]

예수 그리스도는 아브라함의 혈통 다윗의 가문에서 탄생하셨다. 그러나 그는 성령으로 동정녀(童貞女)의 몸에서 잉태되셨으므로 하나님의 씨로 난 하나님의 아들이며, 사람의 아들이 아니다.[179]

'하나님께서 택하신 목자 예수'에 대한 신천지의 주장을 정리하면 다음과 같다.

＊하나님은 이스라엘 백성이 부패해가는 것을 보고 한 구원자를 보내주시기로 약속했다.
＊그 구원자는 2천 년 전에 이 땅에 오신 예수 그리스도이다.
＊예수는 동정녀에게서 태어난 하나님의 씨로 난, 하나님의 아들이다.

---

178) 위의 책, 92.
179) 위의 책, 93.

② 성경적 해석

예수님은 이스라엘의 부패를 해결하러 오신 것이 아니라 전 인류를 구원하기 위해 오셨다.

이만희 씨는 하나님께서 이스라엘 백성들이 부패해가는 것을 보고 예수를 보내기로 계획했다고 주장한다. 과연 예수 그리스도의 구원 사역이 한 국가의 범위 안으로 제한될 수 있을까? 과연 성경은 이만희 씨의 주장에 동의할 수 있을까? 하나님께서는 '세상'을 위해서 독생자를 주셨다(요 3:16). 여기서 '세상'이란 코스몬(κόσμον) 즉 전 인류를 가리킨다. 예수님의 사역의 범위는 전 인류적이다. 그래서 성경은 이 예수가 모든 민족에게 전해져야 하고(마 28:19) 더 나아가 땅 끝까지 전해져야 한다고 한다(행 1:18). 예수님 스스로도 자신의 복음이 전파되어야 할 대상을 '모든 민족'과 '온 세상'이라고 하셨다(마 24:14). 성경은 아담 한 사람의 불순종으로 인해 인류에게 유죄 선고가 내려졌지만 예수 한 분의 순종으로 많은 사람들이 의인으로 판정받게 되었다고 한다(롬 5:19). 예수님은 부패해 가는 이스라엘 백성 때문에 오신 것이 아니라 아담 때부터 죄인의 신분으로 전락한 인류를 구원하기 위해 오셨다.

하나님은 이스라엘의 부패상을 보고 예수를 계획하신 것이 아니라 태초부터 계획하셨다.

에베소서 1:4은 하나님께서 창세 전부터 예수 그리스도를 통한 구속 계획을 세우셨다고 한다. "곧 창세 전에 그리스도 안에서 우리를 택하사 우리로 사랑 안에서 그 앞에 거룩하고 흠이 없게 하시려고"에서 "창세"란 태초를 가리킨다. "그리스도 안에서"라는 표현은 '예수 그리스도를 통해서'라는 의미이다. 하나님은 창세 전부터 예수 그리스도를 통한 구속 계획을 세워 놓으셨다. 로마서 16:25~26은 예수 그리스도의 복음이 창세 전부터 계획되어 있었지만 그가 오기까지는 장구한 침묵의 기간이 있었다고 한다. 하나님께서는 영세 전부터 계획하셨던 그 복음을 마침내 예수의 오심을 시작으로 구체적으로 드러내셨다. 하나님께서는 이스라엘이 부패하기 시작할 때부터 예수 그리스도를 계획하신 것이 아니라 태초부터 계획하셨다.

예수님은 하나님께 선택받은 목자가 아니라 태초부터 선재하셨던 하나님이다.

이만희 씨는 대범하게도 예수님을 '여호수아 후 택함 받은 목자'라고 주장한다. 물론 예수는 동정녀에게서 태어났고, 구약의 약속을 이루었고, 하나님의 아들이라 칭함을 받았다. 하지만 여호수아 등 구약의 인물과 동일한 수준에 놓는 것은 본질상 하나님이라는 사실을 부인하는 주장이다. 예수님을 가리켜 '하나님의 씨로 난 하나님의 아들'이라는 주장도 동일한 맥락이다. 말하자면 예수가 하나님의 아들로 창조된 피조물이라는 것이다. 이는 여호와의 증인의 주장과 동일하다.

이만희 씨는 「천지창조」, 52에서 "영계 하나님의 장막이 초림 예수님에게 임하셨다"[180]라고 주장한다. 모호한 표현이지만 이만희 씨의 의중이 드러나는 중요한 대목이다. 하나님의 영이 인간 예수에게 임함으로 결국 그 예수가 그리스도가 되었고, 하나님의 아들이 되었다는 의미이다. 이만희 씨는 예수가 본래부터 인간이었다고 말하지 않는다. 동시에 예수가 태초부터 선재했던 하나님이라고도 하지 않는다. 예수는 하나님에 의해서, 하나님의 아들이 된 자로만 말한다. 예수는 본래 인간이었다고 하면 신천지는 처음부터 설 자리를 잃는다. 그렇다고 태초

---

180) 위의 책, 52.

부터 선재하셨던 하나님이었다고 주장하면 신천지의 교리는 성립되지 않는다. 왜냐하면 하나님을 가리켜 '여호수아 후 택함 받은 목자'라고 하기는 곤란하기 때문이다. 그러므로 '영계 하나님의 장막이 초림 예수에게 임하셨다'는 난해한 표현을 사용한다. 이만희 씨는 예수는 본래는 인간이었지만 특별한 인간이었다고 말한다. 그래서 그의 출생도 특별하다. 그는 장차 '오실 자'로 구약의 조명도 받아왔다. 그리고 마침내 하나님의 영(장막)이 임하여 하나님의 아들이 되었다는 것이다. 그러나 성경은 이만희 씨의 주장이 거짓말이라고 한다.

> 5 너희 안에 이 마음을 품으라. 곧 그리스도 예수의 마음이니 6 그는 근본 하나님의 본체시나 하나님과 동등 됨을 취할 것으로 여기지 아니하시고(빌 2:5~6).

예수님은 근본적으로 하나님과 본체이시다. 본체로 번역된 '모르페'(μορφῇ)는 "본질적인 성질"을 의미한다. 예수님은 본질적으로 하나님이시다. 예수님은 본질에 있어서 성부 하나님과 동등하신 하나님이시다. 예수님은 하나님의 씨가 들어가 새롭게 태어난 하나님의 아들이 아닌, 태초부터 계셨던 성자 하나님이다. 그러므로 예수님은 여호수아 후 택함 받은 목자라고 할 수 없다.

2) 예수님의 사역 현장: 갈릴리 주변

① 신천지 주장

성경 6천 년 역사에서 하나님의 재창조의 현장은 시대마다 다른 곳이었다. 아담 때는 동방 에덴, 노아 때는 아라랏산, 아브라함 때는 세겜 땅, 모세 때는 시내광야, 여호수아 때는 세겜 땅, 예수님 때는 갈릴리 호수 주변이었다.[181]

예수님께서는 육적 이스라엘을 끝내고 열두 제자를 택하시어 영적 이스라엘을 창조하셨다(요 1:1~14, 눅 16:16). 예수님 초림 이전에는 하나님과 언약한 아브라함의 육적인 씨 즉 혈통으로 난 사람들이 선민이었으나, 예수님 초림 이후에는 하나님의 씨로 난 성도가 선민이다. 영적 이스라엘은 하나님의 씨로 난 그리스도인을 가리킨다.[182]

'예수님의 사역 현장, 갈릴리'에 관한 신천지의 주장을 정리하면 다음과 같다.

＊예수의 재창조의 현장은 갈릴리 주변이다.
＊예수는 육적 이스라엘을 끝내고 열두 제자를 택하여 영적 이스라엘을 창조했다.
＊예수 초림 이전에는 아브라함의 후손이 선민이었으나 초림 이후에는 하나님의 씨로 난 성도가 선민이다.

② 성경적 해석

하나님께 택함 받은 목자 예수가 영적 이스라엘을 창조했다는 것은 노정 교리에 위배된다.

---

181) 위의 책, 102.
182) 위의 책, 117.

이만희 씨는 예수님께서 육적 이스라엘을 끝내고 영적 이스라엘을 창조했다고 주장한다. 그러나 이 주장은 노정 교리의 두 번째 순서에 해당되는 '나라' 창조가 말하는 개념과 다르다. 노정 교리는 하나님께서 목자를 선택한 후, 반드시 그에게 사역할 현장(재창조 현장, 선민의 장막)을 허락한다고 설명한다. 이만희 씨는 이 부분에 대해서 자주 강조해왔다.

> 하나님께서 시대마다 목자를 세우신 다음에 하시는 일은 장막을 만드시는 일이다.[183]

> 하나님께서는 자기의 택한 목자와 백성(유다와 예루살렘)이 약속한 언약을 배도했을 때 다시 새 목자를 택하여 일해 오셨으니 그 노정과 순리는 다음과 같다. 1. 목자를 택하고 생기를 주어 빛으로 세운다(대언자). 2. 하나님과 목자가 거할 장막을 창설한다(성전). …[184]

노정 교리에서 목자 선택 다음의 과정은 '장막' 허락이다. 이 장막을 재창조의 현장이라고 부르는 이유는 목자의 활약 여부에 따라, 그에게 부여된 '장막'이 영계와 육계가 하나 되는 나라 창조가 이루어질 수 있기 때문이다. 그래서 하나님은 아담에게는 에덴동산, 노아에게는 아라랏산, 아브라함에게는 세겜 땅, 모세에게는 시내광야, 여호수아에게는 세겜 땅, 그리고 예수님에게는 갈릴리 주변을 허락했다고 한다. 하지만 이만희 씨는 갈릴리 주변에서 영계의 십사만 사천의 영들과 혼인

---

183) 위의 책, 58.
184) 이만희, 「성도와 천국」, 65.

할 선민을 구성해야 할 예수의 사역에 대해 일체 언급하지 않는다. 그것을 말하지 못하는 이유는 단 한가지이다. 예수님이 순교자의 영들과 혼인할 십사만 사천 명의 사람을 구성하기 위해 활약한 이야기가 성경에 존재하지 않기 때문이다. 이만희 씨가 고안한 노정설이 얼마나 황당한 것인지 잘 드러난다.

열두 제자는 하나님의 씨가 들어간 영적 이스라엘이 아니다.

이만희 씨는 예수께서 육적 이스라엘을 끝내고 열두 제자를 택하여 '영적 이스라엘'을 창조했다고 주장한다. 초림 이전에는 혈통적인 아브라함의 후손이 선민이었으나, 초림 이후에는 하나님의 씨로 난 성도가 선민이며, 이 선민이 영적 이스라엘에 해당된다는 것이다. 그렇다면 과연 열두 제자가 하나님의 씨가 들어간 영적 이스라엘이 될 수 있을까? 과연 예수님께서 제자들을 선택하실 때 '영적 이스라엘' 창설을 염두에 두셨을까? 과연 제자들은 '영적 이스라엘'로서의 자기 정체성이 있었을까?

제자들은 3년간 예수님을 따라다녔지만 마지막 순간까지 자기 스승이 누구인지 몰랐다. "내가 이렇게 오래 너희와 함께 있으되 네가 나를 알지 못하느냐"(요 14:9) 라는 말씀은 예수님께서 제자들에게 하신 말씀이다. 제자들이 스승과 함께 한 기간이 3년이 지났음에도 불구하고 왜 이런 말씀을 들었을까? 예수님이 처음으로 자신의 십자가 죽음을 알리셨을 때, 수제자라는 사람은 웃어른을 야단치듯 스승의 죽음을 만류했다(마 16:22). 예수께서 자신의 고난과 죽음과 부활을 예고했을 때 야고보와 요한은 그것을 메시아 왕국 건설 이야기로 알아들었다(막 10:37). 자기 스승을 혁명가로 알았던 것이다. 제자들은 마지막까지 자기 스승이 누구인지, 그가 왜 세상에 왔는지 알지 못했다. 그러했던 그들은 결국 그 스승이 죽던 날 모두 도망치고 말았다(마 26:56; 막 14:50). 과연 예수님께서 육적 이스라엘을 끝내고 이런 제자들을 택하여 하나님의 씨를 집어넣어 영적 이스라엘을 창조하셨을까? 과연 이들이 하나님의 씨가 들어간 영적 이스라엘로서 합당한 자들인가? 그들은 신천지 용어를 빌리자면 배도자 중의 배도자들이다. 예수님은 결코 이런 배도자들을 택하여 '영적 이스라엘'을 창조한 적이 없다.

3) 예수님과의 언약

① 신천지 주장

> 예수님께서 세우신 새언약은 예수님을 믿는 성도에게 주신 것으로, 과거 아담, 노아, 아브라함, 모세, 여호수아 때에 약속한 것과는 성격이 전혀 다르다. 이는 하나님께서 약 2,600년 전 예레미야 선지에게 예언하신 새 언약을 예수님이 오셔서 유월절 밤 제자들 앞에 세우신 것이다(마 26:26~29). 이 새 언약은 "내가 포도나무에서 난 것을 이제부터 내 아버지의 나라에서 새 것으로 너희와 함께 마시는 날까지 마시지 아니하리라."는 것이다. 예수님 초림 때는 구약을 이루어 먹었고 재림 때는 신약을 이루어 먹게 된다. 이것이 앞으로 이룰 새 언약이다.[185]

'예수님과의 언약'에 관한 신천지의 주장을 정리하면 다음과 같다.

＊예수님의 언약은 예수님 스스로 세운 언약이다.

---

185) 이만희, 『천지창조』, 129-130.

＊예수님께서 새 언약을 유월절 만찬 식사 때 세웠다.

＊예수님께서 세운 새 언약은 예레미야가 오래 전에 예언한 내용이다.

＊예수님의 새 언약이란 초림 주 예수가 구약 성경을 먹였듯이. 재림
주 예수(이만희)가 신약 성경을 먹인다는 내용이다.

② 성경적 해석

예수님 스스로 한 말씀을 언약이라고 주장하는 것은 노정 교리의 언약론에
위배된다.

그동안 하나님은 목자를 세운 후, 그 목자나 그의 백성들과 언약을
맺었다. 그런데 이만희 씨는 예수의 경우에는 예수 스스로 하신 말씀
을 언약이라고 주장한다. 그동안 언약의 대상이 개인에서 백성으로 바
뀐 경우는 있었어도, 언약의 주체와 대상이 존재하지 않은 경우는 이
번이 처음이다. 이만희 씨의 노정 교리 '언약론'을 다시 상기해 보자.

> 천지 창조주 하나님께서는 시대마다 목자를 택하고 언약하셨다.[186]

> 하나님은 영적 차원을 이해하고 육체의 껍질을 깨뜨려 영의 세계로
> 비상하는 길을 제시하고 이를 앞장서 실천할 한 지도자를 찾아 세우
> 신다.[187]

> 언약이란? 시대마다 하나님이 인류 중에서 한 곳과 사람을 택하여
> 그들과 약속하시는 것이 언약이요[188]

---

186) 김건남, 김병희, 『신탄』, 129.
187) 이만희, 『하늘에서 온 책의 비밀 계시록의 진상 2』, 520.
188) 위의 책, 520.

시대마다 하나님은 택한 목자와 그 민족에게 언약한 것이지, 이방 민
족과 언약한 것이 아니다.[189)]

이만희 씨의 '언약론'은 하나님과 목자 사이에, 혹은 하나님과 백성
사이에 맺어지는 것이 상례이다. 하지만 예수님의 경우에는 예수님 스
스로 하신 말씀을 '언약'이라고 주장한다. 이것은 노정 교리에서 말하
는 언약론이 아니다.

계속 지적하는 문제이지만 이만희 씨의 노정 교리는 상황에 따라 매
번 변신한다. 교리란 성경이 일관되게 말하는 내용들을 주제별로 묶어
서 논리적이고 체계적으로 서술한 것이다. 이만희 씨가 쓴 「천지창조」
도 일종의 신천지 교리서로 간주할 수 있다. 이 책은 신천지가 전반적
으로 무엇을 믿고 있는지를 나타내고 있다. 그런데 내용은 둘째 치더
라도 먼저는 일관성이 결여되어 있다. 서론의 이야기와 본론이 일치하
는 것이 없다. 일관성이 결여되어 있다는 것은 이미 그 자체가 모순을
지니고 있음을 의미한다. 이것은 신천지가 신봉하는 가치나 신념에 오
류가 있음을 스스로 드러내는 것이다.

예수님의 새 언약과 예레미야의 말씀은 별개의 내용이다.

이만희 씨는 예수님께서 세우셨던 새 언약이 오래전 예레미야 선지
자가 예언한 내용의 성취라고 주장한다. 과연 마태복음 26:29과 예레
미야 31:29~30이 그러한 관계로 연결될 수 있는지 살펴보자. 먼저 예
레미야서를 살펴보자

29 그 때에 그들이 말하기를 다시는 아버지가 신 포도를 먹었으므로

---

189) 이만희, 「성도와 천국」, 72.

아들들의 이가 시다 하지 아니하겠고 30 신 포도를 먹는 자마다 그의 이가 신 것 같이 누구나 자기의 죄악으로 말미암아 죽으리라(렘 31:29~30).

'아버지가 신 포도를 먹었으므로 아들들의 이가 시다'는 표현은 자식의 이가 시린 이유는 아버지 탓이라는 것이다. 즉 아버지가 신 포도를 먹었기 때문에 포도를 먹지 않은 아들 이가 시리게 되었다는 것이다. 이 표현은 예레미야 당시의 격언이었다. 이스라엘 백성들은 포로 시대에 자신들이 당했던 고난의 원인을 모두 조상의 죄에서 찾았다. 이 때 예레미야는 신 포도를 먹는 그 사람만 이가 시리는 것처럼, 사람은 자기의 죄악 때문에 고난당하고 죽는 것이라고 반박했다. 예수님께서도 유월절 만찬 때 제자들에게 '포도'이야기를 하셨다.

그러나 너희에게 이르노니 내가 포도나무에서 난 것을 이제부터 내 아버지의 나라에서 새것으로 너희와 함께 마시는 날까지 마시지 아니하리라 하시니라(마 26:29).

예수님께서 유월절 만찬 때 포도나무에서 난 포도주를 하늘나라에서 새 포도주로 마시기 전까지 마시지 못할 것이라는 말씀을 하셨다. 이 의미는 예수님께서 지금 제자들과의 식사에서 마시는 이 포도주가 지상에서는 마지막이라는 것이다. 그러나 제자들과 함께 포도주를 마시는 것은 이것으로 끝은 아니다. 왜냐하면 하늘나라 만찬에서 다시 제자들과 새 포도주를 마실 것이기 때문이다. 땅에서 난 포도나무 열매를 먹는 것이 오늘로 마지막이라는 것은 예수님께서 내일 십자가에서 죽을 자신의 죽음을 염두에 두고 하신 말씀이다. 예레미야 31:29~30

과 마태복음 26:29의 공통점은 딱 하나 포도밖에 없다. 이 두 구절은 완전히 별개의 뜻을 가지고 있다. 이만희 씨가 이 두 구절을 예언과 성취의 관계로 해석하는 것은 부적절하다.

예수님의 새 언약은 십자가를 의미하는 것이며, 재림 예수(이만희)와 무관하다.
이만희 씨는 예수님께서 말씀하신 '언약'이 장차 오실 재림 예수가 신약성경을 가르치게 된다는 내용이라고 주장한다. 예수님께서 만찬 중에 말씀하신 '언약'의 내용이 과연 그러한 것일까? 그 언약의 내용이 무엇인지 살펴보자.

> 26 그들이 먹을 때에 예수께서 떡을 가지사 축복하시고 떼어 제자들에게 주시며 이르시되 받아서 먹으라 이것은 내 몸이니라 하시고 27 또 잔을 가지사 감사 기도 하시고 그들에게 주시며 이르시되 너희가 다 이것을 마시라. 28 이것은 죄 사함을 얻게 하려고 많은 사람을 위하여 흘리는 바 나의 피 곧 언약의 피니라. 29 그러나 너희에게 이르노니 내가 포도나무에서 난 것을 이제부터 내 아버지의 나라에서 새 것으로 너희와 함께 마시는 날까지 마시지 아니하리라 하시니라(마 26:26~29).

예수님은 떡을 떼시면서 이 떡을 자신의 몸이라고 하셨다. 그 떡은 내일 십자가에서 찢겨질 예수님의 몸을 상징한다. 또 잔을 나누시면서 이 포도주는 죄 사함을 얻게 하려고 사람들을 위하여 흘리는 자신의 피라고 하셨다. 그 포도주는 내일 십자가에서 흘릴 예수님의 피를 상징한다. 그 피는 '언약의 피'였다. 이 '언약'은 새 언약으로서 새로운 약속을 의미한다. 즉 십자가를 믿는 자마다 죄 사함 받고 구원을 얻게 된다는 새 약속이다. 옛 언약은 짐승의 피를 통한 죄 사함이었지만, 새 언약은 예수님의 피를 통한 죄 사함과 구원이다. 새 언약은 이만희 씨가 장차 재림주로 와서 신약 성경을 가르치게 된다는 내용이 아니다. 새 언약은 이만희 씨와 하등 상관없는 복음을 의미한다.

4) 예수 세계의 배도 (영적 이스라엘의 배도)

① 신천지 주장

> 인자(人子)가 다시 올 때 세상에서 믿음 가진 자를 보겠느냐고 하셨다(눅 18:8). 초림 때에도 자기 나라 자기 백성에게 오셨으나 그들이 영접하지 않았다.[190]

> 세상 끝에는 주의 강림이 있고, 주의 강림에 앞서, 예수님께서 뿌리신 말씀의 씨로 창조된 영적 이스라엘의 배도(背道)가 있다(살후 2:1~4). 영적 이스라엘 선민 곧 기독교 선천(先天) 세계의 배도 사건은 요한계시록 2~3장에 상세히 예언되어 있다. 그 내용을 요약하면, 일곱 금 촛대 교회의 사자와 성도들이 첫 사랑이신 예수님을 버리고 우상의 제물을 먹고 사단의 무리 니골라당의 교훈을 받는다고 한다. 그 뿐 아니라 요한계시록 13장에는 하늘 장막 선민들이 용의 무리 짐승에게 표 받고 경배한다고 하였으니, 이 어찌 배도가 아니겠는가? 또 요한계시록 18장에는 만국이 귀신의 나라 바벨론에 미혹되었다고 하였으니 만국이 배도한 것이다.[191]

---

190) 이만희, 『천지창조』, 144.
191) 위의 책, 144-145.

'예수 세계의 배도'에 관한 신천지의 주장을 정리하면 다음과 같다.

＊예수님이 세상에 왔을 때 유대인들이 영접치 아니한 것은 영적 이스
라엘의 배도이다.
＊일곱 금 촛대 교회가 니골라당의 교훈을 받은 것은 영적 이스라엘의
배도이다.
＊일곱 금 촛대 교회가 짐승에게 표 받은 것은 영적 이스라엘의 배도
이다.
＊일곱 금 촛대 교회의 배도는 기독교 선천 세계의 배도이며 만국이
하나님을 배도한 것이다.
＊기독교 선천 세계의 배도 사건은 데살로니가후서 2:2~4에 나타나
있다.

② 성경적 해석

이만희 씨는 목자 예수가 실패하여 목자의 자격을 상실했음을 '영적
이스라엘의 배도'로 표현한다. 이만희 씨는 영적 이스라엘의 배도를 두
가지로 구분한다. 하나는 유대인들이 예수를 영접치 않은 것과 또 하
나는 일곱 금 촛대 교회가 니골라당의 교훈을 받은 것으로 구분한다.
유대인들이 초림 예수를 받아들이지 않은 것을 가리켜 '영적 이스라엘
의 배도' 라는 주장에는 몇 가지 논리적 모순이 발견된다.

영적 이스라엘이 아니었던 유대인들이 예수를 배척한 것은 영적 이스라엘의
배도가 아니다.
첫째, 예수를 거절한 유대인들은 아직 영적 이스라엘이 되지 못한 자

들이었다. 이만희 씨는 '영적 이스라엘'이란 하나님의 씨가 들어 있는 그리스도인이라고 주장했다.[192] 그러므로 비 그리스도인이었던 유대인들이 예수를 받아들이지 않았던 것은 '영적 이스라엘의 배도'에 해당되지 않는다.

유대인이 예수를 배척한 것을 "배도"라고 한다면, 이는 노정 교리의 배도론에 위배된다.

둘째, 유대인들이 예수를 받아들이지 않았던 것은 노정 교리의 배도론에 부합되지 않는다. 이만희 씨는 배도에 대해서 말하기를 '배도(背道)란, 도(道) 즉 길이요 진리이신 하나님을 등지는 것'[193]이라고 설명했다. 하나님만을 절대 유일한 신이라고 믿고 따랐던 유대인들이 예수를 받아들이지 않았던 것은 배도가 될 수 없다. 그들은 율법을 무시하고, 성전에서 난동을 부리며, 안식일 법을 어기며, 민중을 선동하는 한 방랑자를 배척했을 뿐 유일신 하나님을 등지지 않았다.

유대인이 예수를 배척했다는 소재는 노아 멸망 편과 여호수아 배도 편에서 두 번이나 사용했다.

셋째, 이만희 씨는 유대인이 예수님을 배척했다는 소재를 앞에서 두 번이나 사용했다. 이만희 씨는 "예수 그리스도를 보내어 구원의 손길을 펼치셨으나, 목이 곧은 이스라엘은 그를 영접하지 않았다. 그 결과 육적 이스라엘은 세례 요한 때 완전히 끝나고 말았다"[194]라고 하며 이것을 모세 세계의 멸망으로 간주했다. 또 '구약 성경의 예언대로 그리스도가 오셨으나 이스라엘 민족이 그를 영접하지 않고 오히려 죽었다.

192) 위의 책, 117.
193) 위의 책, 132.
194) 위의 책, 150.

이것이 이스라엘 자손이 범한 가장 큰 배도이다'라며 이것을 여호수아 세계의 배도라고 설명했다. 그런데 다시 '영적 이스라엘의 배도'에서 이 소재를 사용한다. 빈곤한 소재로 돌려 막는 이만희 씨의 노력은 정말 가상하다.

유대인 모두가 예수님을 배척하지 않았고, 부활 후에는 수많은 유대인들이 예수님을 전파하였다.

　넷째, 유대인들 모두가 예수를 배척한 것은 아니었다. 성경에 소개된 사람만 해도 무수히 예수님을 믿고 따랐다. 막달라 마리아, 헤롯왕의 아내 요안나, 수산나와 그 밖에 많은 여자들이 예수님을 믿고 따랐다(눅 8:2~3). 칠십 명의 전도자(눅 10:17), 니고데모(요 19:39), 아리마대 요셉(마 27:57), 마리아 · 마르다 자매(요 11:1), 삭개오(눅 19:2) 등등도 예수님을 따랐던 사람들이다. 그 밖에 성경에 소개되어 있지는 않지만, 예수님의 설교를 들었던 군중 중에, 혹은 병 고침 받고, 보리떡과 생선을 먹었던 사람들 중에 예수를 믿고 따랐던 사람이 한 사람도 없었다고 단정 지을 수 없다. 소돔과 고모라의 의인 다섯 명을 소돔과 고모라 전체 백성과 같은 비중으로 여기셨던 하나님이 유대인 모두가 예수님을 거절한 배도자라고 낙인 찍으셨을까? 심지어 예수님께서 부활하신 후 50일 째 되는 날, 3천 명의 유대인들이 예수님을 영접하였고, 그와 같은 일이 날마다 반복해서 일어났다(행 2:41~47). 그후, 복음은 유대인 전도자, 곧 사도들에 의해 전 세계로 전파되어 나갔다. 이만희 씨가 주장하는 예수 세계의 실패 혹은 예수 세계의 배도라는 것은 존재하지 않는다. 오히려 예수님 승천 후 유대를 중심으로 해서 복음이 전 세계로 훌륭히 전파되어 나갔다. 따라서 예수 세계의 실패를 발판 삼아 누군가가 등장할 필요도 없다.

유재열 장막성전의 배도와 영적 이스라엘의 배도는 무관하다.

　일곱 금 촛대 교회란 신천지의 전신이었던 유재열 장막성전을 가리킨다. 이 집단은 1966년 청계산에서 시작했다가 1975년 9월 유재열 교주가 구속되면서 쇠락한다. 이후 장막성전은 이삭교회로 개명하고, 남아있던 신도들은 기성 교단에서 파송한 목회자들에 의해 재교육을 받았다. 이만희 씨는 이를 가리켜 니골라당의 교훈을 받은 것, 짐승에게 속하게 된 것이라고 해석한다. 경악할 만한 일은, 이만희 씨는 이 사건을 가리켜, '영적 이스라엘의 배도' 즉 예수 세계의 배도라고 주장한다. 더 나아가 기독교 세계의 종말을 의미하는 사건이라고 주장한다.[195] 과연 한 때 발흥했다 사라진 일개의 사이비 집단이 기독교를 대표하며, 예수 그리스도의 세계와 동일시될 수 있을까? 과연 예수님과 유재열 씨가 그러한 관계로 연결될 수 있을까? 이러한 주장은 하나님을 모독하는 행위와 다를 바 없다.

데살로니가후서 2:1~4은 영적 이스라엘의 배도와 무관하며, 오히려 스스로 자칭 재림주라 주장하는 사람을 조심하라고 한다.

　이만희 씨는 영적 이스라엘의 배도에 대해 데살로니가후서 2:1~4의 말씀이 증거하고 있다고 주장한다. 과연 이 구절이 이만희 씨의 주장을 뒷받침하고 있는지 살펴보자.

> 2 영으로나 또는 말로나 또는 우리에게서 받았다 하는 편지로나 주의 날이 이르렀다고 해서 쉽게 마음이 흔들리거나 두려워하거나 하지 말아야 한다는 것이라 3 누가 어떻게 하여도 너희가 미혹되지 말라 먼저 배교하는 일이 있고 저 불법의 사람 곧 멸망의 아들이 나타

---

195) 이만희, 『천국 비밀 요한계시록의 실상』, 152.

나기 전에는 그 날이 이르지 아니하리니 4 그는 대적하는 자라 신이라고 불리는 모든 것과 숭배함을 받는 것에 대항하여 그 위에 자기를 높이고 하나님의 성전에 앉아 자기를 하나님이라고 내세우느니라(살후 2:2~4).

바울은 데살로니가 교인들에게 예수님의 재림 직전에 있을 거짓 교사들의 가르침에 미혹되지 말 것을 당부한다. "주의 날이 이르렀다"(2:2)에서 '이르렀다'로 번역된 '에네스테켄'(ἐνέστηκεν)은 '이미 와 있다'의 의미이다. 당시 거짓 교사들은 예수가 이미 재림해서 지상에 와 있다고 주장했다. 바울은 이러한 자의 출현이 예수님의 재림의 임박한 징조라고 설명한다(2:3~4). 예수님께서 재림하시기 직전, 어떤 불법의 사람 곧 멸망의 아들이 나타나서 자기를 재림주로 신격화하는 '배도 사건'이 있을 것임을 언급한 내용이다. 그런데 이만희 씨는 이 구절에 대해서 황당한 해석을 시도한다. 그는 3~4절에서 배도자와 멸망자와 구원자를 구분한다.[196] 그리고 이 세 사람을 오늘날의 세 인물과 동일시한다. 구원자는 이만희 씨, 멸망자는 오평호 씨, 배도자는 유재열 씨이다. 이 유재열 씨가 영적 이스라엘의 대표자이며, 유재열 씨의 배도 사건이 영적 이스라엘의 배도사건이라는 것이다. 그러나 이 구절에는 배도자와 멸망자 구분이 없다. 배도하는 일을 하는 자가 곧 불법의 사람이며, 그가 곧 멸망자이다. 배도하는 자와 멸망자는 동일인이다. 본문을 한번만 정독하면 어렵지 않게 확인할 수 있다. 오히려 이 구절은 이만희 씨에게 직격탄을 쏜다. 예수님의 재림 전에 한 불법의 사람이 나타나는데 이 사람은 자기를 통해 이미 예수가 영으로 재림해 있다고 주장하는 사람이라는 것이다. 바울은 이러한 주장을 일삼는 사

---

196) 이만희, 『천지창조』, 350.

람을 조심하라고 권고한다. 데살로니가후서 2:1~4은 유재열 장막성전의 배도 곧 영적 이스라엘의 배도와 무관하다.

5) 예수 세계의 멸망 (영적 이스라엘의 멸망)

① 신천지 주장

영적 이스라엘이 부패하게 됨으로 예수님께서 세우신 새 언약의 말씀으로 심판을 받게 된다(요 12:48, 마 19:28, 계 6장). 영적 이스라엘은 예수님께서 열두 제자와 함께 뿌리신 복음의 씨로 이루어진 세계이며. 새 언약의 말씀은 예수님께서 신약 성경에 일러주신 새 계명이다. 새 언약이 세워진 것은 이스라엘 자손들이 하나님과의 언약을 파기했기 때문이다.[197]

요한계시록 13장에 의하면, 바다에서 나온 일곱 머리와 열 뿔 가진 짐승이 하나님의 하늘 장막에 들어가 그 성도들과 싸워서 이기고. 각 족속과 방언과 나라를 다스리는 권세를 용으로부터 받는다. 그리하여 어린 양의 생명책에 녹명(錄名)되지 못하고 이 땅에 사는 사람들은 다 짐승에게 경배하게 된다. …이 영적 이스라엘의 멸망을 가리켜 마태복음 24장에서는 하늘의 해와 달이 어두워지고 별들이 땅으로 떨어진다고 하였다.[198]

'예수의 세계의 멸망'에 대한 신천지의 주장을 정리하면 다음과 같다.

---

197) 위의 책, 162–163.
198) 위의 책, 150–151.

＊영적 이스라엘은 예수님께서 열두 제자와 함께 복음의 씨로 이루어 진 세계이다.

＊예수님은 자기의 새 언약의 말씀으로 배도한 영적 이스라엘을 심판 하여 멸망시켰다.

＊예수님께서 말씀하신 새 언약은 새 계명이다.

＊예수님께서 새 언약을 주신 것은 영적 이스라엘이 하나님의 언약을 파기했기 때문이다.

＊요한계시록 13장은 영적 이스라엘의 멸망의 실상을 보여준다.

＊일곱 머리 열 뿔 가진 짐승이 장막에 들어가 그 성도들과 싸워 이기 고 그 성도들이 이 짐승에게 경배한 것이 영적 이스라엘의 멸망이다.

② 성경적 해석

예수님께서 영적 이스라엘을 심판했다는 주장은 노정 교리의 배멸구 공식에 위배된다.

이만희 씨는 영적 이스라엘이란 예수님께서 열두 제자와 함께 복음의 씨로 이룬 세계라고 한다. 하지만 그 영적 이스라엘도 배도하였으므로 당연히 심판받아 멸망당해야 한다는 것이다. 그런데 이만희 씨는 그 멸망은 예수님의 새 언약의 말씀에 의해 이루어진 것이라고 설명한다. 그러나 이 주장은 노정 교리의 배멸구 공식과는 상충된다. 이만희 씨는 배도한 목자나 세계는 반드시 이방 멸망자에게 심판을 받는다고 주장해 왔기 때문이다.

먼저 하나님과 언약한 선민이 있고, 이 선민이 하와같이 미혹을 받아 배도함으로 이방 멸망자에게 멸망을 받는다. 그 이후에 멸망 받은 성도를 구원하는 일이 있으니, 이것이 배도, 멸망, 구원의 순리이다.[199] 멸망은 선민이 배도함으로 말미암아 이방에게 받는 것이며, 창세기 아담 때부터 부터 계시록까지 모두가 선민(이스라엘)의 배도로 인하여 이방에게 멸망 받은 것을 기록한 것이므로 하나님의 역사는 '언약-배도-멸망-구원'의 순리로 성시됨을 알 수 있다.[200]

배도한 목자나 세계는 반드시 이방 멸망자에게 심판을 받는 것이 신천지의 원칙임에도 불구하고 영적 이스라엘이 예수님에 의해 심판받았다고 주장한다. 영적 이스라엘을 창조하신 분이, 자기가 창조한 세계를 심판도 했고 멸망도 시켰다는 것이다. 신천지 교리에 의하면 영적 이스라엘의 멸망이 진정한 멸망이 되기 위해서는 이방에 의해 멸망받아야 한다. 영적 이스라엘이 예수님에게 심판받았다는 주장은 노정 교리의 배멸구 원칙에 어긋난다.

예수님께서 '새 언약'의 말씀으로 영적 이스라엘을 심판했는가?

이만희 씨는 이 영적 이스라엘이 배도하였으므로 당연히 심판받아 멸망당했다고 한다. 그런데 그 영적 이스라엘에 대한 심판은 예수님의 '새 언약'의 말씀에 의해 이루어졌다고 주장한다. 이만희 씨는 새 언약에 대해 다음과 같이 설명한다.

이 새 언약은 "내가 포도나무에서 난 것을 이제부터 내 아버지의 나라에서 새것으로 너희와 함께 마시는 날까지 마시지 아니하리라."는 것이다. 예수님 초림 때는 구약을 이루어 먹였고 재림 때는 신약을

---

199) 위의 책, 353.
200) 이만희, 『성도와 천국』, 85.

이루어 먹이게 된다. 이것이 앞으로 이룰 새 언약이다.[201]

　　이만희 씨는 '새 언약'을 재림 예수가 와서 신약 성경을 가리키게 되는 내용이라고 주장한다. 만약 이 주장이 사실이라면 여기에서 이만희 씨의 맹점이 또 하나 발견된다. 아직 예수님께서 재림하지 않았다. 따라서 예수님의 새 언약의 예언도 이루어지지 못했다. 그런데 어떻게 예수님께서 열두 제자와 함께 복음의 씨로 만들어진 '영적 이스라엘'을 '새 언약'의 말씀으로 심판할 수 있었을까? 그 '영적 이스라엘'이 어떻게 '새 언약'의 말씀에 의해 멸망당할 수 있었을까? 어떻게 그러한 심판과 멸망이 가능한가?

예수님은 자기를 영접치 않는 유대인들을 심판하지 않고 끝까지 사랑하셨다.
　　과연 사복음서에 비친, 배도자 유대인들을 대하시는 예수님의 모습은 어땠을까? 예수님은 자기를 영접치 않은 유대인들을 목자 잃은 양처럼 측은히 여기셨다(막6:34). 심지어 유대 사회에서 인간 취급을 받지 못했던 전과자들과 세리의 친구가 되어주셨다(마11:19). 예수님은 수많은 배도자들을 먹여주시고, 가르쳐 주시고, 병을 고쳐주시며, 심지어 죽어 있는 배도자의 목숨까지 살려주셨다(요 12:17. 눅 8:55). 예수님은 자기를 모른다고 세 번 부인한 배도자를 용서하시고, 자기 양을 돌보라고 임무를 맡기셨다(요 21:15). 예수님은 자기의 부활을 의심하며 부인하는 배도자에게 나타나서 그를 용서하고 용납하셨다(요 20:24~29). 예수님은 자기를 십자가에 못 박는 배도자들의 죄를 용서해달라고 간구하셨다(눅 23:34). 한 유대인 배도자는 먼 훗날, 그 예수님의 사랑을 잊지 못해, 예수님을 세상에 보내주신 하나님을 "사랑"이

201) 이만희, 『천지창조』, 129-130.

라며 찬미했다(요일 4:16). 배도하면 멸망시킨다는 노정 교리가 잘못되었든지, 예수님이 잘못되었든지 둘 중 하나이다.

유재열 장막성전의 붕괴가 영적 이스라엘의 멸망 사건인가?

바다에서 나온 일곱 머리와 열 뿔 가진 짐승이 '하늘 장막'에 들어가 그 성도들과 싸워서 이겼다는 이만희 씨의 주장에서 '하늘 장막'은 신천지의 전신이었던 유재열 장막성전을 가리킨다. 이 집단은 1969년 지구에 종말이 온다는 등 [202] 당시 사회에 각종 물의를 일으키다가 유재열 교주가 구속된 후 힘을 잃는다. 이만희 씨에 따르면 '일곱 머리 열 뿔 가진 짐승'은 강제 해산된 유재열의 장막성전에 남아있던 성도들을 재교육하기 위해 기성 교단에서 파송한 일곱 목사와 열 장로들을 가리킨다. 이만희 씨는 유재열 장막성전이 붕괴되었던 이 사건을 가리켜 '영적 이스라엘의 멸망', '예수 세계의 멸망', '기독교의 선천 세계의 멸망' 등으로 해석한다. 이만희 씨는 2천 년 전 예수께서 열두 제자를 선택함으로 시작한 '영적 이스라엘'의 범위를 1981년 와해되기 직전의 장막성전까지를 포함하는 셈이다. 매우 당황스러운 주장이다. 그렇다면 예수님께서 영적 이스라엘로 대표 되는 유재열 장막성전의 창립자도 되는 셈이다. 예수님께서 사이비 단체(영적 이스라엘)까지 만들었다는 주장은 이만희 씨의 정신세계가 어떠한지 가늠케 한다. 한 사이비 단체의 붕괴와 예수 세계의 멸망(영적 이스라엘의 멸망)을 동일시하는 이만희 씨의 주장에 실소를 금할 수 없다.

---

202) 탁명환, 「한국의 신흥종교 기독교편 3권」, 79–80.

7. 예수 후 택함 받은 목자: 이만희

1) 하나님께서 택하신 목자 이만희

① 신천지 주장

> 예수님께서는 진리의 성령을 보내주신다고 약속하시고, 하늘로 올라가신 후 사도 요한에게 환상으로 계시를 보여주셨다. 그것을 기록한 요한계시록에는 사단의 무리 니골라당과 싸워 이기는 자에게 자신의 모든 권세를 주신다고 했다(계 2~3장).[203]

> 예수님의 이름으로 오시는 보혜사 성령은 사람 속에 거하시면서 그 사람의 입을 통해 대언하신다(요 14:16~17, 26). 예수님께서 증거하시는 것은 예수님의 이름으로 오시는 진리의 성령이 대언하고, 진리의 성령이 증거하시는 말씀은 약속한 목자가 대언한다(계 19:10).[204]

> 마지막 때 약속한 목자 이긴 자를 찾아야 영생과 천국을 얻을 수 있는데 이 이긴 자가 있는 성전은 하나님과 예수님께서 계시므로 만민이 와서 경배할 곳이 된다.[205]

'하나님께서 택하신 목자 이만희'에 대한 신천지의 주장을 정리하면 다음과 같다.

---

203) 이만희, 『천지창조』, 95.
204) 위의 책, 96.
205) 위의 책, 98.

＊요한계시록 2~3장의 이긴 자가 예수님이 약속한 진리의 성령이다.

＊보혜사 성령은 사람의 입을 통해 대언하는데, 그 사람이 약속한 목자이다.

＊약속한 목자가 성령의 대언자라는 사실은 요한계시록 19:10이 증거한다.

＊약속한 목자를 만나야 영생과 구원을 얻을 수 있다.

② 성경적 해석

"이긴 자"라는 용어는 성경에 없으며, 그런 의미도 없다. 이만희 씨는 이긴 자가 아니다.

　이만희 씨는 예수 다음으로 선택된 목자로 자신을 내세운다. 그는 요한계시록 2~3장을 근거로 제시하며 자기가 니골라당과 싸워 이긴 자라고 주장한다. 니골라당은 유재열 장막성전을 삼켜버린 기성 교단에서 파송한 목회자와 장로들을 가리킨다. 그 '이긴' 내용은 이 무리들을 몰아내고 자기가 장막성전의 맥을 다시 잇게 되었다는 것이다. 하지만 요한계시록의 '이긴 자'와 이만희 씨는 무관하다. 우선 요한계시록에 이긴 자라는 용어가 존재하지 않는다. 단 '이기는 그'(계 2:7, 17; 3:21), '이기는 자'(계 2:11, 26; 3:5, 12)로만 기록되어 있다. '계속 이겨나가는'의 의미이다. 과거적 사건이 아니라 현재 진행 중인 사건이다. 이는 로마 제국의 회유와 박해에 맞서 순교를 각오해야만 했던 1세기 소아시아 교회의 상황을 염두에 두어야만 해석 가능한 용어이다. 이만희 씨의 '이긴 자'와 요한계시록의 '이기는 자'는 시제뿐 아니라 그 의미에 있어서도 별개이다. 이만희 씨는 결코 요한계시록의 '이기는 자'가 될 수 없다.

요한계시록 19:10은 이만희 씨가 보혜사 성령이라는 것을 말하지 않는다.

이긴 자가 예수님이 약속한 진리의 성령이라는 주장은 성경에서 확인될 수 있는지 궁금하다. 보혜사 성령은 사람의 입을 통해 대언하며, 그가 약속한 목자라는 주장도 마찬가지이다. 이만희 씨의 저서 「천지창조」와 「천국 비밀 요한계시록의 실상」의 겉표지 저자 란에는 '보혜사 이만희 저'라는 글씨가 선명하게 새겨져 있다. 이만희 씨는 자기 자신을 '보혜사'로 여기고 있다. '보혜사'로 번역된 '파라클레토스'(παράκλητος)는 대언자, 대변자, 중재자, 변호인, 돕는 자라는 뜻을 가지고 있다.[206] 과연 이만희 씨가 파라클레토스가 맞을까?

신약 성경에서 예수님을 가리켜 유일하게 보혜사로 표현한 곳이 있다. 요한일서 2:1에서 예수님을 가리켜 '보혜사' '파라클레톤'(παράκλητον)으로 묘사했는데 이 문맥 속에서 '파라클레톤'은 '변호인'이라 번역하면 적합하다. 성도는 죄를 범해서는 안 되지만 연약해서 죄를 범하게 되더라도 절대로 자기 비하에 빠져서는 안 되는 이유는 그를 변호해주시는 예수님이 계시기 때문이다. '보혜사'라는 용어를 제일 처음 사용하신 분은 예수님이셨다. 예수님은 자신이 하늘로 간 후에 성령 하나님이 오시게 되는데 이 성령 하나님을 가리켜 '보혜사'라 하셨다(요 14:16, 26; 15:26; 16:7). 이 성령 하나님의 역할은 "보혜사"라는 이름에서 드러나듯이, 성도를 위해 대언하고, 대변하고, 변호하는 일을 하신다. '보혜사'는 성령 하나님의 역할을 의미하는 것이지 보혜사가 곧 성령 하나님은 아니다. 그런데 이만희 씨는 보혜사와 성령 하나님을 동의어로 본다. 그 이유는 그 성령은 홀로 공중을 날아다니며 역사하지 않고 반드시 육체를 들어 사용하는데, 그때 성령이 임

---

206) 영문 성경 King-James에서는 "παράκλητος"를 Comforter "위로자"로 번역했고, NIV에서는 Counselor "상담자"로 번역했고 NASB에서는 Helper "돕는 자"로 번역했다.

한 육체도 보혜사가 된다[207]고 생각하기 때문이다. 이만희 씨는 이러한 논리를 펼치며 성령 하나님도 보혜사이고, 그 성령이 임한 육체도 보혜사가 된다고 주장하는 것이다.[208] 말하자면 보혜사는 여럿이 될 수 있다는 것이다. 더 나아가 진리의 말씀을 성령이 대언하듯이, 보혜사가 된 그 육체도 진리의 말씀을 대언할 수 있으며, 그 진리를 대언하는 육체가 바로 자기라고 주장한다. 비약에 비약을 거듭해, 마침내 자기가 보혜사 성령이라는 결론을 이끌어낸다. 이만희 씨는 이 주장의 근거로 요한계시록 19:10을 제시한다.

> 내가 그 발 앞에 엎드려 경배하려 하니 그가 나에게 말하기를 나는 너와 및 예수의 증언을 받은 네 형제들과 같이 된 종이니 삼가 그리하지 말고 오직 하나님께 경배하라 예수의 증언은 예언의 영이라 하더라(계 19:10).

이 구절은 사도 요한이 어떤 천사에게 경배하려들자 이 천사가 급히 저지하면서 자신도 피조물에 불과한 존재이니 하나님께만 경배하라고 하는 내용이다. '예수의 증언은 예언의 영이라'는 말은 자신이 예수님을 증거하는 것은 모두 예언의 영을 받아서 하는 것일 뿐, 자기는 특별한 존재가 아니라는 천사의 말이다. 이만희 씨가 당당히 제시한 이 구절에서 이만희 씨를 보혜사 성령으로 볼 수 있는 단서는 존재하지 않는다.

이만희 씨를 만나야 영생과 구원을 얻을 수 있는가?

---

207) 위의 책, 419.
208) 위의 책, 419-420.

신천지가 이만희 씨를 만나야 영생과 구원을 얻는다는 주장은 이만희 씨의 요한계시록 해석과 연관되어 있다. 이만희 씨도 자기가 쓴 책 대부분에서 자기가 해석하는 요한계시록을 구원과 연관 짓는다.

> 요한계시록에는 그 책에 기록된 약속을 지키면 천국과 영생을 얻고 하나님 나라와 제사장이 되지만, 지키지 못하면 심판을 받는다고 한다.[209]

> 하나님의 뜻이요 목적이며 약속인 이 계시를 받아 믿는 자는 새 나라를 유업으로 받는 구원이 있게 되고, 이 계시를 받지 않는 자는 저주를 받아 지옥 불에서 영벌을 받게 된다. 참 신앙인은 이 계시를 받을 것이요.[210]

> 신약이 말한 세 가지 비밀을 알지 못하면 구원받지 못한다. 그 세 가지 비밀은 하나는 일곱 별과 일곱 금 촛대의 비밀이고(계 1:20), 또 하나는 음녀와 그 무리인 일곱 머리와 열 뿔 가진 짐승의 비밀이며(계 17:5~13), 다른 하나는 마지막 일곱째 나팔의 비밀이다(계 10:7).[211]

여기서 말한 '계시', "비밀"은 이만희 씨의 요한계시록 해석 내용을 말한다. 그는 자기의 요한계시록 해석을 절대화하고, 이것을 믿고 따르는 여부에 따라 영생과 구원이 결정된다고 주장한다. 그가 자기의 요한계시록 해석에 이 정도의 비중을 두는 데는 그만한 이유가 있다.

---

209) 위의 책, 130.
210) 『진리의 전당 주제별 요약해설 Ⅲ-2』(과천: 도서출판 신천지, 2011), 85.
211) 『진리의 전당 주제별 요약해설 Ⅲ-1』, 190.

그의 다른 저서들 대부분은 「신탄」이라는 책을 베껴 놓은 것에 불과하다. 그러나 이 요한계시록 해석만큼은 혼자서 해결했기 때문이다.

이만희 씨가 2007년에 출간한 신천지의 기본 교리서라 할 수 있는 「천지창조」는 1985년 출판된 통일교 출신의 김건남, 김병희의 책 「신탄」을 그대로 베껴 쓴 것이다. 이만희 씨의 대부분 교리는 「신탄」에서 추출하였다고 봐도 무방하다. 이 두 책의 내용은 거의 동일하다. 제1부 '성경론'에서 성경을 보는 자세, 봉한 책과 계시, 성경과 영생, 성경은 선민에게 하신 말씀, 성경에 대한 오해, 예언과 성취 등은 「신탄」의 내용과 동일하다. 제2부 '천지창조론'에서 창조주 하나님, 6일 창조, 천지 창조 노정 등도 마찬가지이다. 제4부 '주제별 강의'에서 천지창조와 영계와 육계, 두 가지 씨 뿌리는 비유, 성경을 알아야 하는 이유, 예언과 실상의 믿음, 예수 재림 때의 믿음과 신앙, 배도 멸망 구원, 생명나무와 선악나무의 실체, 말세의 징조, 하나님과 사탄과의 영육전쟁, 신약에 약속한 목자, 보혜사 성령과 약속의 목자, 감추었던 만나, 봉한 책과 계시, 용의 무리와 짐승의 정체, 하나님의 인과 짐승의 표, 세 가지 이스라엘과 열두 지파, 첫째 부활, 구약과 신약의 예언과 성취 등도 「신탄」의 내용과 동일하다.

그 밖에 길 예비 사자 교리, 첫째 장막과 둘째 장막과 같은 신천지의 주요 교리도 「신탄」에서 차용하였다. 그러나 「천지창조」에는 있고 「신탄」에 없는 것이 요한계시록의 전장 해석이다. 그러므로 이만희 씨는 자기가 스스로 해결한 요한계시록 전장 해석에 대한 애착과 자부심이 남다르다. 과연 그의 요한계시록 해석을 믿고 따라야 영생이 있는 것일까? 이것을 확인할 수 있는 방법은 간단하다. 그것은 영생과 관련된 성경을 확인해 보는 것이다.

하나님이 세상을 이처럼 사랑하사 독생자를 주셨으니 이는 그를 믿는 자마다 멸망하지 않고 영생을 얻게 하려 하심이라(요 3:16).

아들을 믿는 자에게는 영생이 있고 아들에게 순종하지 아니하는 자는 영생을 보지 못하고 도리어 하나님의 진노가 그 위에 머물러 있느니라(요 3:36).

내 아버지의 뜻은 아들을 보고 믿는 자마다 영생을 얻는 이것이니 마지막 날에 내가 이를 다시 살리리라 하시니라(요 6:40).

영생은 곧 유일하신 참 하나님과 그가 보내신 자 예수 그리스도를 아는 것이니이다(요 17:2~3).

또 증거는 이것이니 하나님이 우리에게 영생을 주신 것과 이 생명이 그의 아들 안에 있는 그것이니라(요일 5:11).

성경은 이처럼 하나님의 아들 예수 그리스도를 믿는 자에게만 영생이 있다고 약속한다. 이만희 씨의 요한계시록 해석과 영생은 아무 관계가 없다.

2) 영적 새 이스라엘 창조

① 신천지 주장

영적 새 이스라엘은 예수님 재림 때 이 땅에 창조하는 새 나라이다.

이 새 나라 영적 새 이스라엘은, 이전의 나라인 영적 이스라엘이 계시록 6장의 예언대로 심판을 받아 끝난 후, 예수님과 천사들이 계시록 7장과 같이 먼저 14만 4천 명의 이마에 하나님의 인을 치고 그 후 흰 옷 입은 큰 무리를 모아 창조한다(계 7:2~17). 이는 또한 오늘날 사단 니골라당과 싸워 이긴 자가 이스라엘이 되어 열두 제자를 택하여 열두 지파를 창조한 나라이다.[212]

'영적 새 이스라엘 창조'에 관한 신천지의 주장을 정리하면 다음과 같다.

＊예수 재림 때에 '영적 이스라엘'이 심판받아 끝나고 '영적 새 이스라엘'이 창조되었다.
＊영적 새 이스라엘의 구성원은 하나님의 인 맞은 십사만 사천 명과 흰 옷 입은 무리이다.
＊영적 새 이스라엘은 오늘날 니골라당과 싸워 이긴 자가 창조했다.

② 성경적 해석

성경은 재림하는 예수님이 영적 새 이스라엘을 창조한다고 약속한 적이 없다.

이만희 씨에게 '영적 이스라엘'이란 초림 예수가 열두 제자와 함께 창조한 나라이며, 그것은 유재열 장막성전까지를 포함한다. 실지로는 영적 이스라엘과 유재열 장막성전을 동의어로 보면 된다. 이만희 씨는 영적 이스라엘이 이방 멸망자의 손에 넘어 간 후 '영적 새 이스라엘'이 창조되었다고 한다. 이 영적 새 이스라엘은 예수 재림 때 세워지며, 이긴 자에 의해 세워지며, 이 땅에 세워지는 특징이 있다. '영적 새 이스

---

212) 이만희, 『천지창조』, 119.

라엘'은 신천지와 동의어이다. 그러나 성경은 이만희 씨를 재림 예수라 하지 않는다. 게다가 성경은 이만희 씨가 영적 새 이스라엘을 창조한다고 약속한 적이 없다.

십사만 사천과 흰 옷 입은 무리는 신천지 구성원이 아니라 교회 공동체를 상징한다.

이만희 씨는 요한계시록 7장에서 하나님의 인 맞은 십사만 사천과 흰 옷 입은 무리를 자기가 창조한 영적 새 이스라엘의 구성원이라고 주장한다. 그러나 요한계시록 7장의 인 맞은 십사만 사천은 최후의 심판 가운데서도 하나님의 보호를 받는 '교회'를 가리킨다. 십사만 사천은 로마의 황제 숭배에 동참하지 않은 승리한 '하나님의 백성'을 상징한다. 이만희 씨는 요한계시록 7장의 흰 옷 입은 무리를 가리켜 기성교회를 혐오하여 신천지로 들어온 새가족이라 주장하지만[213] 이들은 모두 구원받은 '하나님의 백성'을 상징한다. 십사만 사천과 흰 옷 입은 무리는 모두 교회를 상징하는 다른 표현이다.

3) 영적 새 이스라엘과의 언약

① 신천지 주장

하나님과 영적 새 이스라엘과의 언약은 예수님께서 신약 성경에 약속하신 말씀을 믿고 지키는 것이다. 어느 시대라도 언약 없이 하나님께서 예언을 이루신 적은 없다. 신약 성경에 기록된 새 언약의 말씀을 지킨 성도는 하

---

213) 이만희, 『천국 비밀 요한계시록의 실상』, 164.

나님 나라의 제사장이 되고, 지키지 못하면 심판을 받게 된다.[214]

'영적 새 이스라엘과의 언약'에 대한 신천지의 주장은 다음과 같다.

＊하나님께서 영적 새 이스라엘 곧 신천지와 언약을 맺었다.
＊하나님은 신천지와의 언약을 예수님의 새 언약의 말씀을 통해서 했다.

② 성경적 해석

하나님께서 신천지와의 언약을 예수님의 '새 언약'으로 맺었다는 주장은 노정 교리의 언약론에 위배된다.

　예수님께서 제자들과의 마지막 만찬에서 '새 언약'에 대한 말씀을 하셨는데 이만희 씨는 하나님께서 이 새 언약의 말씀을 통해 신천지와 언약을 체결했다고 주장한다. 이는 노정 교리가 말하는 언약론이 아니다. 노정 교리는 하나님께서 시대마다 목자를 세운 후, 그 목자와 직접 언약하거나[215] 아니면 목자가 속해 있는 백성과 언약할 뿐, 그 밖의 다른 언약이 없다고 주장해 왔다.[216] 그런데 이만희 씨는 여기서 또 다른 언약을 제시한다. 예수님께서 최후의 만찬 때 하신 새 언약의 말씀은 하나님과 신천지(영적 새 이스라엘)와 맺은 언약이 될 수 없다. 왜냐하면 이것이 노정 교리에서 말한 바 없는, 다른 언약론이기 때문이다. 이만희 씨는 자기가 고안해 낸 노정 교리를 여기서도 위반하고 있다. 노정 교리에 따르면, 하나님께서 신천지의 교주와 언약을 맺든지, 신천지 신도들과 언약을 맺어야 정상이다.

---

214) 이만희, 『천지창조』, 131.
215) 위의 책, 122.
216) 이만희, 『성도와 천국』, 72.

예수님께서 말씀하신 새 언약의 대상은 신천지 신도가 아닌 복음을 듣는 모든 사람들이다.

이만희 씨는 예수님의 새 언약을 가리켜 초림 주 예수가 구약 성경을 가르쳤듯이, 재림 예수인 자기가 신약 성경을 가르치게 된다는 내용이라고 주장했다.[217] 과연 예수님께서 선포하신 새 언약이 2천 년 뒤 한국에서 발생할 사이비 단체의 교주에게 신약 성경 해석의 전권을 위임하겠다는 언약이었을까? 예수님의 새 언약은 십자가에서 흘리는 자신의 피를 통한 죄 사함과 구원에 대한 약속 곧 복음이었다. 복음의 대상은 복음을 듣는 모든 사람이다. 복음의 대상은 모든 민족이며, 땅 끝에 사는 한 사람까지이다. 예수님의 새 언약은 신천지 신도에게 주신 약속이 아니며, 신천지와 맺는 언약도 아니다.

4) 영적 새 이스라엘의 배도 (천년성 시대의 배도)

① 신천지 주장

> 주 재림 때 천사가 사단을 무저갱에 가둔 후 천 년이 차면, 마귀가 놓여나와 땅의 사방 백성 곧 곡과 마곡을 미혹하여 주께서 사랑하시는 성도들의 성을 두른다. 그러나 하늘에서 불이 내려와 곡과 마곡을 소멸하고 마귀를 불과 유황 못에 던져 넣는다(계 20:7~10). 천년성 밖에 있는 자들이 천 년 후 무저갱에서 다시 나오는 사단에게 미혹 받아 사랑하는 성도들의 진과 성을 무너뜨리려 하는 것도 배도행위이다. 그러나 천년성 안에는 배도하는 일이 없다. 왜냐하면 순교한 영혼들과 짐승을 이기고 살아남은 자들과 그리스도가 그 성 안에 있기

---

217) 이만희, 『천지창조』, 130.

때문이다.[218]

　'영적 새 이스라엘의 배도'에 대한 신천지의 주장을 정리하면 다음과 같다.

＊주 재림 때 천사가 사탄을 무저갱에 가둔다.
＊천년성 밖의 사람들이 사탄에게 미혹되어 천년성을 공격하지만 하나님이 천년성을 지킨다.
＊천년성 밖의 사람들이 천년성을 공격하는 것은 배도 행위이다.

② 성경적 해석

구원에서 제외된 천년성 밖의 사람들이 천년성을 공격하는 것이 배도라면 이는 노정 교리의 배멸구 공식에 위배된다.

　이만희 씨는 하나님의 영들과 합체된 신천지인들은 천년성에 거주하게 되며, 이 구원에서 제외된 사람들은 천년성 밖에 머물게 된다고 한다. 천년성 밖 사람들은 비 선민들이다. 그런데 천년성 밖의 사람들이 천년이 끝날 무렵 무저갱에 갇혀 있다가 풀려나온 사탄의 미혹을 받아 천년성을 공격한다고 주장한다. 그리고 이것을 영적 새 이스라엘의 배도 사건이라고 주장한다. 이만희 씨의 주장에는 두 가지 오류가 발견된다. 요한계시록 20:5에 나오는 "그 나머지 죽은 자들"은 문자대로 죽은 사람들이다. 이들이 다시 살아나서 천년성을 공격한다는 것은 요한계시록에서 근거를 찾을 수 없다. 또 한 가지는 천년성 밖의 사람들이 천년성을 공격한다고 해도 그것은 배도가 될 수 없다. 노정 교리에

---

218) 위의 책, 145-146.

서의 배도란 하나님을 믿었던 사람이 하나님을 등지는 행위이기 때문이다.[219] 배도는 선민이 하는 것이지 선민에서 제외된 사람은 배도할 수 없다. 구원에서 제외된 자들이 부활하여 천년성을 수백 번 공격한다고 해도 그것은 노정 교리에서 말하는 배도가 아니다. 노정 교리를 만든 장본인이 여기서도 노정 교리와 상충된 주장을 하고 있다.

5) 영적 새 이스라엘의 멸망 (천년성 밖 사람들의 멸망)

① 신천지 주장

> 영적 이스라엘이 멸망한 후 창조된 영적 새 이스라엘 시대에도 멸망의 사건이 있다. 그러나 역대 선민의 멸망과는 확연(確然)한 차이가 있으니, 주께서 사랑하시는 거룩한 성 안에 거하는 성도는 멸망하지 않는다는 점이다. …이 천년동안 사단은 무저갱에 갇혔다가 기한이 차면 다시 놓여나온다. 그리고 땅의 사방 백성 즉 곡과 마곡을 미혹하고 모아 싸움을 붙이기 위해 사랑하시는 성을 두른다. 그러나 하늘에서 불이 내려와 곡과 마곡을 소멸하고 마귀를 불 못에 던진다. 거룩한 성 밖에 있던 곡과 마곡은 미혹을 받아 멸망하지만 거룩한 성 안에 있는 성도는 아무런 해(害)를 받지 않는다. 요한계시록 20장에서는 첫째 부활에 참예하는 자가 복이 있고 거룩하다고 하였다.[220]

'영적 새 이스라엘의 멸망'에 대한 신천지의 주장을 정리하면 다음과 같다.

---

219) 위의 책, 132.
220) 위의 책, 152-153.

＊영적 새 이스라엘 시대에도 멸망의 사건이 있다.

＊천년 후에 사탄이 풀려 나와 곡과 마곡을 미혹하여 천년성을 공격한다.

＊하늘에서 불이 나와 곡과 마곡을 소멸하니 이것이 영적 새 이스라엘의 멸망 사건이다.

② 성경적 해석

천년성 시대 밖의 사람들이 멸망 받는 것은 노정 교리의 배멸구 공식에 위배된다.

이만희 씨는 천년이 차면 감금 상태에 있었던 사탄의 방면이 있게 되고 이들이 곡과 마곡을 미혹하여 천년성을 공격하게 되지만 곧 하늘에서 불이 내려와 소멸된다고 한다. 이것을 가리켜 영적 새 이스라엘 시대의 멸망 사건이라고 한다. 이만희 씨의 이 주장 또한 노정 교리의 멸망론에 상충된다. 이만희 씨의 멸망론을 상기해보자.

> 하나님을 떠난 선민은 참혹하게 멸망을 받는다.[221]

> 먼저 하나님과 언약한 선민이 있고, 이 선민이 하와같이 미혹을 받아 배도함으로 이방 멸망자에게 멸망을 받는다.[222]

> 선민이 주를 떠나 배도함으로 하나님은 진노하시게 되고, 악한 멸망자가 와서 이 민족을 삼키니 이것이 멸망이다.[223]

---

221) 위의 책, 351.
222) 위의 책, 353.
223) 이만희, 『하늘에서 온 책의 비밀 계시록의 진상 2』, 18.

창세기 아담 때로부터 계시록까지 모두가 선민(이스라엘)의 배도로 인하여 이방에게 멸망 받은 것을 기록한 것이므로 하나님의 역사는 '언약-배도-멸망-구원'의 순리로 성사됨을 알 수 있다. [224)]

먼저 하나님과 언약한 선민이 있고, 이 선민이 하와같이 미혹을 받아 배도함으로 이방 멸망자에게 멸망 받는다. 그 이후에 멸망받은 성도를 구원하는 일이 있으니, 이것이 곧 배도, 멸망, 구원의 순리이다. [225)]

멸망은 하나님과의 언약을 지키지 아니하고 배도하므로 하나님이 떠나가시니 이방이 삼키게 되고 하나님은 악한 자를 들어 언약을 지키지 아니한 선민을 멸망시키시는 것이다. [226)]

먼저는 범죄한 선민이 이방 대적에게 멸망을 받았으니…[227)]

노정 교리에서의 멸망은 택한 목자나 선민이 배도했을 때 이방 멸망자에 의해 받는 멸망을 말한다. 곡과 마곡이 천년성을 공격하다가 하나님의 진노를 받아 멸망당한 것을 영적 새 이스라엘의 멸망이라는 주장은 노정 교리가 주장하는 멸망이 될 수 없다. 말하자면 곡과 마곡은 선민이 아니기 때문이다. 이들은 영육합일에 동참하지 못한, 구원에서 제외된 사람들이다. 천년 성 밖의 사람들은 천년 전이나 천년 후나 이미 선민에서 제외된 신분이기에 이들이 당하는 멸망은 노정교리가 주

224) 이만희, 『성도와 천국』, 85.
225) 이만희, 『천지창조』, 353.
226) 이만희, 『영원한 복음 새노래 계시록 완전 해설』, 35.
227) 이만희, 『하늘에서 온 책의 비밀 계시록의 진상 2』, 528.

장하는 멸망이 아니다. 이만희 씨가 창작한 노정 교리는 첫 목자 아담에서부터 마지막 목자 이만희 씨에 이르기까지 서론과 본론이 일치된 경우가 단 한 번도 없다.

제 4부

신천지 요한계시록 해부하기

제4부 신천지 요한계시록 해부하기

1. 요한계시록 1장 신천지 해석 해부하기

1) 환상 계시와 실상 계시 (계 1:1)

① 신천지 주장

> 계시는 열어서 보인다는 뜻이다. 계시는 두 가지가 있으니 환상 계시
> 와 실상 계시이다. 환상 계시는 장래사를 미리 이상으로 보여준 예
> 언이며, 실상 계시는 예언을 성취한 후 그 실체를 보여주는 것을 말
> 한다. 약 2천년 전 사도 요한이 성령에 감동하여 하늘에 올라가서 본
> 것은 참 형상이 아닌 환상이었다.[228]

'환상 계시와 실상 계시'에 대한 신천지의 주장은 다음과 같다.

＊계시는 환상 계시와 실상 계시로 구분된다.
＊환상 계시는 요한이 장래에 일어날 일들을 미리 보여준 계시이다.
＊실상 계시는 요한이 본 환상의 내용이 실지로 이루어진 사건이 의미
  하는 계시이다.
＊사도 요한이 본 것은 실제가 아니고 환상이었다.

---

228) 이만희, 『천지창조』, 190.

② 성경적 해석

환상 계시와 실상 계시라는 용어는 성경에 존재하지 않는다.

이만희 씨는 계시를 환상 계시와 실상 계시로 구분한다. 환상 계시는 이상으로 장래사를 보여주는 계시이고, 실상 계시는 성취된 실상이 의미하는 계시라고 주장한다. 이만희 씨는 이에 대해 「천국 비밀 요한계시록의 실상」에서 다음과 같이 진술한다.

> 당시 요한은 성령에 감동되어 환상으로 예수님의 계시를 받아 기록했지만 그 예언이 언제 이루어지는지, 실체가 무엇인지 몰랐다. 다만 예수님께서 환상으로 보여주신 계시를 기록했을 뿐이다. 그러나 정한 때가 되면 비유와 비사로 감추어둔 예언 속의 인물과 사건이 이 땅에 실상으로 나타난다. 그 때 예수님께서는 예언대로 나타난 실상을 보여주시고 들려주시니 이것이 바로 실상 계시이다.[229]

이만희 씨는 요한이 본 환상은 그림에 불과한 것이었을 뿐, 요한 자신도 그것의 의미를 몰랐다고 주장한다. 그러나 정한 때가 되면 그 환상(그림)이 의미하는 실제적인 뜻이 밝혀진다고 한다.

성경은 과연 계시를 환상 계시와 실상 계시로 구분하는가? 요한계시록 1:1은 그러한 구분을 하고 있지 않다. 성경에서 '환상'과 '계시'가 동시에 등장하는 구절은 고린도후서 12:1이 유일하다. "무익하나마 내가 부득불 자랑하노니 주의 환상과 계시를 말하리라"는 구절이다. 바울이 자신의 사도권을 부정하는 사람들에게 과거에 주께로부터 받은 환상과 계시를 밝힘으로써 자신의 사도권을 변호하는 내용이다. 이 내용은

---

229) 이만희, 「천국 비밀 요한계시록의 실상」, 45.

이 주제와 상관없다. 성경 전체를 통틀어 계시를 환상과 실상으로 구분하거나, 그러한 의미를 담고 있는 구절은 없다. 환상 계시와 실상 계시라는 용어는 결국 이만희 씨 개인의 생각이다. 요한계시록을 이렇게 구분하는 목적은 요한계시록을 자기 마음대로 해석하겠다는 것이다.

요한계시록의 저자와 독자는 요한계시록을 이해하는 데 아무 어려움이 없었다.

요한이 본 환상은 그 자체가 곧 '실제'이다. 왜냐하면 요한은 당시 독자들이 익히 해석할 수 있었던 '묵시'라는 틀을 기반으로, 당대의 교회가 직면한 문제들과 그에 대한 해답을 정확하게 제시했기 때문이다.[230] 그러므로 당시 독자들은 요한계시록에 기록된 환상이 실제적으로 무엇을 의미하는지 이해하는 데 어려움이 없었다.

요한은 요한계시록 1:2에서 하나님의 말씀과 예수 그리스도의 증거, 곧 자기가 본 것을 다 증언하였다고 했다. 하나님의 말씀과 예수 그리스도의 증거는 요한이 본 것의 실체였다. 요한이 본 환상의 내용이 누가 와서 도와주어야 할 생소한 내용이 아닌 이미 하나님의 말씀 속에 있었고, 예수께서 증거하신 내용 안에 있던 것이었다. 요한이 본 환상은 허상이 아니라 실제였다. 요한이 자기가 기록하고 있는 내용을 몰랐다는 주장은 어불성설이다.

2) 사도 요한과 같은 목자 (계 1:1~2)

① 신천지 주장

하나님께서 속히 될 일(요한계시록)의 사건이 기록된 책을 예수님에

---

230) 묵시문학은 환란 가운데 있는 유대인들을 격려했던 유대교의 한 문학 형태였다. 묵시문학은 유대인들에게는 익숙한 언어나 숫자나 상징들이 사용되었다. 박수암, 11.

게 주셨고(계5장), 예수님은 그 책의 일곱 인을 다 떼신(계 6:1~8:1) 후 천사에게 주셨다. 천사는 그 책을 요한에게 주었으며, 요한은 그 책에 기록된 대로 하나님의 말씀과 자기가 본 계시록의 전장의 사건을 종들에게 알려주었다(계 10장, 계 1:1~2). 이 종들은 하나님의 인 맞은 열두 지파 14만 4천 명과 흰옷 입은 큰 무리를 말한다(계 7장). 책이 전달되는 과정을 보면, 종들은 예수 그리스도의 계시를 하나님과 예수님에게 직접 받을 수 없고 요한을 통해서만 받을 수 있다.[231]

비유로 봉해진 요한계시록의 예언은 오늘날 실상으로 이루어지고 있으며, 사도 요한과 같은 입장에서 그 실상을 보고 들은 목자가 예언의 실체와 사건을 증거하고 있다(요 16:25 참고).[232]

'사도 요한과 같은 목자'에 대한 신천지의 주장을 정리하면 다음과 같다.

＊하나님께서 요한계시록을 예수님에게 주셨고, 예수님은 천사에게, 천사는 요한에게 주었다.
＊사도 요한은 요한계시록을 인 맞은 십사만 사천과 흰 옷 입은 무리에게 전달했다.
＊오늘날 요한을 대신할 또 다른 요한이 등장해서 감추어진 요한계시록의 실상을 증거한다.

② 성경적 해석

---

231) 이만희, 『천지창조』, 190.
232) 위의 책, 192.

사도 요한과 같은 사람이 오늘날 나타나야 할 이유가 없다.

이만희 씨는 요한계시록 1:1의 계시가 전달되는 과정을 해석하면서 사도 요한의 위치를 필요 이상으로 부각한다. 계시의 전달 과정은 하나님에게서 예수님에게로, 그리고 천사에게로, 그리고 요한에게로, 그리고 십사만 사천과 흰 옷 입은 무리에게 전달된다. 그리고 오늘날에는 사도 요한 격의 목자가 요한계시록 말씀을 실상을 중심으로 전달한다고 한다. 여기서 사도 요한격의 목자는 이만희 씨를 가리킨다. 이만희 씨는 오늘날에도 사도 요한격의 목자가 나타나야 할 이유를 다음과 같이 설명한다.

> 계시록이 응할 때는 이미 죽은 지 오래인 사도 요한이 이 땅에 살아나서 자신이 기록한 말씀과 그 실상을 전하는 것이 아니라 '사도 요한과 같은 입장의 목자'가 나타나 실상 계시를 보고 듣고 증거하게 된다.[233]

이만희 씨는 사도 요한이 이미 죽었기 때문에 오늘날에도 그의 일을 대행해야 할 누군가가 나타나야 하고, 그 대행자가 현재의 자기라고 주장한다. 그리고 자기는 요한계시록이 성취된 실제적 사건 즉 실상을 중심으로 요한계시록을 가르친다고 한다. 하지만 여기에 이만희 씨가 눈치채지 못한 맹점이 하나 있다. 요한계시록 1:2은 요한이 하나님의 말씀과 예수 그리스도께서 증거하신 것, 곧 자기가 본 것을 다 증거했다고 전한다. '증언하였느니라'고 번역된 '에마르튀레센'(ἐμαρτύρησεν)은 더 추가할 것 없이 모든 증거를 다 마쳤다는 의미이다. 요한은 하나님의 말씀과 예수의 증거를 부족한 것 없이, 추가할 것 없이 모두 충실

---

233) 이만희, 『천국 비밀 요한계시록의 실상』, 45.

히 증언했다고 한다. 그렇다면 요한의 역할을 대행할 사람이 다시 나타나야 할 이유가 없다. 왜냐하면 요한계시록은 그 자체로써 부족한 것이 없기 때문이다.

3) 일곱 금 촛대와 일곱 별의 비밀 (계 1:9~20)

① 신천지 주장

> 요한은 예수 그리스도를 믿는다는 이유로 로마 황제에게 박해를 받아 밧모 섬에 유배(流配)되어 있을 때 성령의 감동으로 예수님을 보았다. 그리고 예수님께 안수를 받고(17절), 일곱 별과 일곱 금 촛대에 관한 비밀을 들었다.[234]

> 요한계시록의 세 가지 비밀 중 하나인 일곱 별은 주 재림의 길을 예비하는 일곱 사자이다. 이들은 초림 때 세례 요한처럼 주의 길을 예비한다. 초림 때 예수님은 일곱 사자가 역사하는 세례 요한의 전(殿)에 처음으로 자신의 존재를 드러내셨고(마 3:13~15 참고), 재림 때에는 일곱 사자가 역사하던 일곱 금 촛대 장막(교회)에 와서 역사하신다.[235]

'일곱 금 촛대와 일곱 별'의 비밀에 관한 신천지의 주장을 정리하면 다음과 같다.

＊요한이 밧모섬에 유배 중에 있을 때 일곱 금 촛대와 일곱 별의 비밀

---

234) 이만희, 『천지창조』, 193.
235) 위의 책, 194.

에 대해 들었다.

＊일곱 별은 주 재림의 길을 예비하는 일곱 사자이다.

＊일곱 금 촛대는 일곱 사자가 활동했던 장막이다.

② 성경적 해석

일곱 금 촛대는 유재열 장막성전이며 일곱 별은 장막성전의 일곱 사람이다(?)

밧모섬에 있던 요한은 나팔 소리 같은 큰 음성을 듣고 뒤를 돌아보는데, 일곱 금 촛대 사이에 서 계신 예수님께서 일곱 별을 들고 계신 장면을 목격한다. 그리고 본 것과 지금 있는 일들과 앞으로 될 일들을 기록하라는 예수님의 명령을 듣는다. 이만희 씨는 이 일곱 별을 가리켜 주 재림의 길을 예비하는 일곱 사람이며, 일곱 금 촛대는 이 일곱 별이 있었던 장막이라고 해석한다. 이 일곱 금 촛대는 '유재열 장막성전'을 가리키고, 이 일곱 별은 유재열 장막 성전 초창기 시절에 함께 했던, 유재열 씨를 포함한 일곱 명의 사람을 가리킨다.

유재열 장막성전은 1966년 4월 4일 경기도 과천 청계산 골짜기 천막에서 여덟 명의 사람과 함께 시작했다. 첫 교주는 유인구 씨였고, 이어서 그 아들 유재열 씨가 교주가 된다. 유인구 씨는 스스로 자신을 임마누엘이라 칭하고 측근에 일곱 명의 사람을 세워 놓고, 이들에게 삼손, 미가엘, 솔로몬, 사무엘, 여호수아, 디라, 모세라는 영명을 주고 일곱 천사라고 호칭했다.[236] 이만희 씨는 이 일곱 사람을 가리켜, 예수님께서 들고 계셨던 '일곱 별'이라고 한다. 유재열 장막성전의 이 일곱 천사는 자기들 손바닥을 칼로 그어 십자가 흉터를 만들고 다니며, 1969년

---

236) 김건남, 김병희, 256~257.

지구에 종말이 온다고 주장[237]하는 등 세간에 지탄을 받아 오던 중 유재열 교주가 구속된 후 힘을 잃는다. 신천지는「진리의 전당 주제별 요약 해설 Ⅴ」에서 일곱 금 촛대 교회에 있었던 이 사건에 대해 다음과 같이 설명한다.

> 일곱 사자들은 하나님과 맺은 피의 언약을(※ 일곱 사자는 1966년 동맥을 잘라 링거 2병에 피를 받아 하나님께 충성을 맹세하였고, 그 피는 성도들의 사령장에 십자가를 그려 준 언약의 피였음) 저버리고, 장로교 교단 등 일곱 교단의 목자와 언약하고 그 소속이 되었다(※ 일곱 교단의 목자는 한국에서 손꼽는 큰 교단의 일곱 목자임). 이 때는 1981년이었고, 일곱 교단의 목자들은 전(前) 모(謀) 대통령의 권력에 힘입어 청지기교육원을 세웠고, 이 청지기교육원은 전국 목회자들을 교육하는 기관으로서 그들의 권세로 당시 기독교 지도자들을 주관하였다. 이들이 '이단 척결'이라는 명목으로 장막 성전에 접근하여, 하나님과 언약한 장막성전을 그들의 세력으로 삼키게 된 것이다. …성도들은 장로교 교단과 교법과 교리를 인정한 후 짐승 같은 침략자요 침해자에게 경배하였다. 이 날 이것이 장막 성도들의 배도였고, 또 이방의 일곱 교단의 목자들은 장막성전과 그 성도들을 멸망시켰으니 멸망자이다.[238]

이 이야기 속에 등장하는 일곱 사람이 일곱 별이며, 이들이 속해 있는 유재열 장막성전이 일곱 금 촛대 교회이다.

---

237) 탁명환,「한국의 신흥종교 기독교편 3권」, 79~80.
238)「진리의 전당 주제별 요약 해설 Ⅴ」(과천: 도서출판 신천지, 2014), 213~214.

일곱 금 촛대와 일곱 별은 소아시아 일곱 교회이며 일곱 별은 일곱 교회의 사자이다.

일곱 별과 일곱 금 촛대의 비밀에 대해서 예수님께서 직접 답을 하신다. 일곱 별은 일곱 교회의 사자이며, 일곱 금 촛대는 일곱 교회였다 (1:21). '일곱 교회'로 번역된 '헵타 에클레시아'(ἑπτὰ ἐκκλησίαι)에서 '헵타'는 '그 일곱'(the seven)이라는 뜻으로, 이미 앞에서 언급했던 그 일곱 교회를 가리킨다. 예수님께서 밧모섬에 현현하셨을 때, 요한이 보는 것을 두루마리에 써서 보내라고 한 그 일곱 교회 즉 에베소 교회, 서머나 교회, 버가모 교회, 두아디라 교회, 사데 교회, 빌라델비아 교회, 라오디게아 교회를 가리킨다. '일곱 별'은 이 일곱 교회의 사자이다. 실제로 요한계시록 2:1~3:22에 등장하는 일곱 교회에 보낸 편지의 수신자는 각 교회의 사자이다. 요한은 "…교회의 사자에게 편지하라"는 표현을 반복적으로 사용한다(계 2:1, 8, 12, 18 ; 3:1, 7, 14). 일곱 금 촛대는 소아시아의 일곱 교회이며 일곱 별은 그 교회의 지도자를 가리킨다.

2. 요한계시록 2~3장 신천지 해석 해부하기

1) 소아시아의 일곱 교회 (계 2:1~3:22)

① 신천지 주장

예수 그리스도의 계시인 2~3장의 편지는 요한이 성령에 감동되어 환상 중에 보낸 것(예언)이므로, 그 당시에 실제로 받은 사람이 없다. 예를 들어, 에베소 교회의 사자가 바로 요한인데 요한이 자신에게 편지를 보내어 회개하라고 할 수는 없지 않은가? 그러나 이 예언이 실상으로 이루어 질 때는 그에 해당하는 교회의 목자가 직접 받게 된다. 그리고 본문 중의 니골라당, 발람과 발락, 이세벨, 안디바, 그리고 에베소 교회, 라오디게아 교회 등 일곱 교회는 모두 빙자한 인명, 지명이다.[239]

2~3장의 편지는 환상 계시에 의한 것이므로, 서신서와는 그 성격이 다르다. 요한이 계시록을 기록한 당시 소아시아 일곱 교회는 요한으로부터 2~3장의 편지를 받지 않았다. 그 편지는 요한계시록이 성취될 때, 소아시아의 일곱 교회로 비유된 언약의 장막 일곱 사자가 받는다. 2~3장의 사건의 성취 및 편지 전달은 오늘날 대한민국 경기도 과천 소재 청계산 아래에서 이루어졌다.[240]

'소아시아 일곱 교회'에 대한 신천지의 주장을 정리하면 다음과 같다.

---

239) 이만희, 『천지창조』, 196
240) 위의 책, 197.

* 요한은 당시 에베소 교회 감독이었는데 자기가 자기에게 편지했을 리 없다.
* 요한계시록의 인명과 지명은 모두 비유로 표현된 것이므로 실제적으로 해석할 수 없다.
* 요한계시록 2~3장은 소아시아 일곱 교회에 보낸 편지가 아니다.
* 소 아시아 일곱 교회의 지명은 모두 비유로서 유재열 장막성전을 가리킨다.
* 요한계시록 2~3장은 경기도 과천에 있는 유재열 씨에게 보낸 편지이다.

② 성경적 해석

소아시아의 일곱 교회가 역사적으로 실존했던 교회가 아니라는 주장은 성립될 수 없다.

이만희 씨는 요한계시록 2~3장의 일곱 교회는 역사적으로 실존했던 교회가 아니라고 주장한다. 요한이 에베소 교회의 지도자였는데 어떻게 자기가 자기에게 편지를 보내서 회개하라고 권면할 수 있느냐를 문제 삼으며 그와 같은 주장을 한다. 요한이 한때 에베소 교회의 목회자였다는 전설은 있지만 사실 여부는 객관적으로 파악할 수 없다. 설령 요한이 에베소 교회 목회자였다 하더라도 요한은 현재 밧모섬에 유배 중에 있다. 에베소 교회가 사람은 없고 건물만 존재하는 교회가 아니라면 요한이 보낸 편지 한통을 수신할 사람이 없었을까?

이만희 씨는 요한계시록에 나오는 인명과 지명은 모두 비유적 표현이므로 실제적으로 해석할 수 없다고 주장한다. 도대체 누구 마음대로 이런 단정을 하는지 궁금하다. 이만희 씨가 그렇게 주장하면 모든 사람들이 그렇게 시인해야 하는가? 근거를 제시하지 않는, 일방적 선언만으로는 논리가 세워질 수 없다. 이만희 씨는 「천국 비밀 요한계시록의 실상」에서는 요한이 일곱 교회에 편지를 보내지 않았다는 근거로 한 가지를 더 제시한다.

> 요한계시록의 배경이 된 소아시아의 일곱 교회는 다 무너지고 현재 그 흔적만 남아있으며 계시록 사건이 나타난 적도 없다.[241]

요한이 보낸 편지를 수신한 교회가 현재 그 흔적이 남아 있지 않다고 해서 그 존재 자체를 부정할 수 있는가? 편지를 받았던 집이 철거되었다고 해서 그 집의 존재 자체를 원천적으로 부정할 수 있는가? 유치한 논리이다.

소아시아 일곱 교회는 요한이 편지를 보냈던 역사적으로 실존했던 교회이다. 이만희 씨가 이렇게 일곱 교회의 존재를 부정하는 이유는 다른 데 있지 않다. 에베소 교회, 서머나 교회, 버가모 교회, 두아디라 교회, 사데 교회, 빌라델비아 교회, 라오디게아 교회의 이 일곱 교회를 하나로 묶어서 신천지의 전신이었던 유재열 장막성전과 동일시하기 위함이다. 이만희 씨의 요한계시록의 실상 해석은 여기가 출발점이다. 그는 유재열 장막성전에서 발생한 모든 사건을 일곱 교회에 전하는 말씀과 연결해서 요한계시록 2~3장이 유재열 장막성전의 배도와 멸망을 미리 예언한 것이라고 주장한다. 그러나 이는 성경적 출처가 없는 자의적인 해석이다.

요한계시록 2~3장 편지의 수신 교회는 역사적으로 실존했던 일곱

241) 이만희, 「천국 비밀 요한계시록의 실상」, 52.

교회였다. 예수님은 요한에게 일곱 교회의 이름을 정확하게 언급하셨다. "이르되 네가 보는 것을 두루마리에 써서 에베소, 서머나, 버가모, 두아디라, 사데, 빌라델비아, 라오디게아 등 일곱 교회에 보내라"(1:11) 하셨다. 여기에 '써서'로 번역된 '그랍손'(γράψον)은 '기록하라'는 뜻으로, 단호한 명령을 나타낸다. 이 단어는 반드시 문서로 객관화시켜, 누군가에게 읽혀져야 한다는 의미를 내포하고 있다. 요한이 본 환상은 반드시 기록되어서 일곱 교회의 회중 앞에서 읽혀야 했다(1:3).

편지의 내용 또한 일곱 교회의 상황과 처지를 정확하게 묘사하고 있다. 그래서 편지의 종결 부분은 "귀 있는 자는 성령이 교회들에게 하시는 말씀을 들어라"라는 패턴이 반복된다(2:7, 11, 17, 29; 3:6, 13, 22). 이 편지는 각 교회의 상황에 맞는 책망뿐 아니라 칭찬과 격려, 그리고 회복과 상급에 대한 약속도 덧붙여졌다. 이만희 씨는 일곱 교회에 대한 책망만을 부각해서 배도한 유재열 장막성전과 연결할 뿐 칭찬과 격려, 상급과 보상에 대한 언급은 일체 하지 않는다. 이미 유재열 장막성전을 멸망 받을 대상으로 설정해 놓았기 때문이다.

요한이 보낸 편지의 수신 교회는 일곱 교회였다. 이 각각의 그 교회들은 흠이 없는 완벽한 교회는 아니었지만 본질적으로 그리스도의 몸이다. 이만희 씨는 이 그리스도의 몸을 일개의 사이비 단체와 동일시하므로 성경을 웃음거리로 전락시킨다.

2) 니골라당 (계 2:6, 3:15)

① 신천지 주장

니골라당으로 비유된 인물들(멸망자)은 오늘날 사실상 길 예비 일곱

사자의 교회에 침입하여 2~3장에 기록된 대로 행하였고…. 그러나
실명을 거론하면 명예 훼손이 되므로, 여기서 더 이상의 언급은 삼가
기로 한다.[242]

2~3장에 나오는 사단 니골라당은 아담과 하와를 미혹한 뱀과 같은
존재이다. 니골라당이 우상의 제물을 일곱 금 촛대 교회에 먹이고 사
단의 교훈을 듣게 한 것은, 영적으로는 뱀이 선악과를 아담과 하와에
게 먹으라고 미혹한 것과 같으며 사단과 교제하고 행음하게 한 행위
이다.[243]

예수님께 안수 받은 요한은 예수님의 명령을 받고 일곱 교회의 일곱
사자에게 대언의 편지를 보낸다. 편지 내용을 한마디로 요약하면, 침
노한 사단의 무리 니골라당과 싸워 이기는 자에게 예수님께서 복을
주신다는 약속이다.[244]

'니골라당'에 대한 신천지의 주장을 정리하면 다음과 같다.

＊니골라당으로 비유된 멸망자는 길 예비 사자 교회에 침투하였다.
＊니골라당은 일곱 금 촛대 교회에 침투하여 그들을 사탄과 교제하고
행음하게 했다.
＊요한의 편지는 일곱 교회가 니골라당과 싸워 이기라는 내용이다.

---

242) 이만희, 『천지창조』, 196.
243) 위의 책, 197.
244) 위의 책, 196-197.

② 성경적 해석

니골라당은 청지기교육원인가?

이만희 씨는 요한계시록 2:6과 3:15에 두 번 등장하는 니골라당의 역사적 실존을 부정하고 오늘날 사건에 대입한다. 길 예비 사자 교회와 일곱 금 촛대 교회는 유재열 장막성전을 가리킨다고 이 씨는 주장한다. 신천지는 장막성전에 침투했다는 이 단체에 대해서 다음과 같이 말한다.

> 1981년 9월 20일 하오 2시(연월일시), 각 산과 섬이 제자리에서 옮겨지는 운명의 날이 왔다. 이 날은 장막 성전의 모든 지 교회까지 멸망당한 비극의 날이었다. 청기기교육원 임원들은 이 날에 즈음하여 장막 성전 산하 50여개의 지교회 성도들을 중앙의 본 제단에 소집하였다. 장로교의 헌장에 따라 교법을 선포하고 이날까지 증거해오던 장막 성전의 교리와 말씀을 전국적으로 폐지함으로써 계시록의 말씀(계 6:14)을 응하게 하였다. 그리고 장로교의 헌장을 준수하고 그 교리에 따라 말씀을 증거하도록 선서케 한다. 본성전은 물론 모든 지교회의 간판을 내리고 장로교회 간판으로 바꾸어 달게 함으로써 말 많던 장막 성전은 기어이 그 막을 내리게 되고 만 것이다.[245]

> 이로써 삼손(유재열)이 치리한지 14년 만에 장막성전은 보수 종단의 일곱 목자들이 연합하여 결성된 새로운 조직(청지기교육원, 갈 4장 참조)에 의하여 멸망당하게 된 것이다.[246]

---

245) 김건남, 김병희, 267.
246) 위의 책, 265.

이만희 씨는 유재열 장막성전에 들어온 이 단체가 기성교단에서 파송한 목사와 장로로 구성된 청지기교육원이라고 한다. 무엇을 근거로 니골라당과 청지기교육원을 동일시하는지에 대한 설명은 없다. 명확하지 않은 연관성을 바탕으로 어떤 대상을 동일시하는 것이다. 이만희 씨는 요한계시록의 '실상'을 알린다면서도 출처를 알 수 없는 자신의 경험만 계속 늘어놓는다.

니골라당은 에베소 교회와 버가모 교회에 많은 피해를 끼쳤던 이단이었다.

니골라당은 에베소 교회와 버가모 교회에 출현했던 이단이었다. 요한은 에베소 교회에 그들을 배격하라고 권했고(2:6), 버가모 교회에게는 그들의 교훈을 지키는 자들에게 회개하라고 촉구했다(2:15~16). 니골라당 문제는 일곱 교회가 모두 가졌던 공통의 문제는 아니었다.

니골라당은 예루살렘 교회의 집사 중 하나였던 니골라(행 6:5)를 추종하는 자들을 가리킨다. 당시 소아시아 교회에 출현했던 니골라당은 교회가 주변 문화에 순응할 것을 장려했던 진보적 교리를 가진 자들이었다. 그리스도인이라면 도시의 문화 축제에 참여해야 하며, 시장에서 판매되는 희생 제사 고기를 사먹고, 문화생활에도 참여해야 한다고 가르쳤다. 이들은 공공연히 '실현된 종말론'을 주장하며, 교회가 이미 시작된 새로운 시대에 적응하기 위해서, 기독교와 문화 종교를 결합시킨 행사에 참여해야 한다고 주장했다. 이들은 자기들 스스로 교회가 새 시대에 적응할 수 있도록 돕는 영적 지도자라고 생각했다. 당시 에베소 교회와 버가모 교회는 이 니골라당에 의해 많은 어려움을 겪고 있었다. 요한은 이러한 이교도의 삶의 방식에 순응하는 것을 믿음의 변절이자 우상숭배와 같은 것으로 간주하고 니골라당을 배격하라고 촉

구했다.[247]

　이만희 씨는 당시 교회의 골칫거리였던 역사적 정황은 도외시한 채 니골라당을 오늘날 상황으로 가지고 와서 청지기교육원과 동일시한다. 이만희 씨의 성경 해석은 성경 해석의 기본 원칙을 크게 벗어나 있다. 성경 해석은 일차적으로 본문의 역사적 배경을 파악하는 것이 우선되어야 한다. 그리고 본문의 문장과 단어를 문맥 속에서 파악하여 저자의 의도를 읽는 것이 되어야 한다.

---

247) M. 유진 보링, 『요한계시록』, 소기천 역 (서울: 한국장로교출판사, 2011), 150-151

3. 요한계시록 4~5장 신천지 해석 해부하기

1) 하늘 성전 환상 (계 4:1~11)

① 신천지 주장

일곱 사자에게 편지한 요한은 또 성령에 감동하여 하늘 영계로 부르심을 받고 올라가서 이후(편지 한 후)에 마땅히 이 땅에 이루어질 일을 보고 들었다. 그는 하나님의 보좌와 조직을 보았으며, 그 보좌가 장차 이 땅에 온다는 말을 들었다.[248]

요한이 본 24장로는 하나님 나라의 정사(政事)를 맡고 있으며, 일곱 등불의 영은 온 세상을 두루 살피는 하나님의 눈과 같은 역할을 하고 (계 5:6) 하나님의 말씀을 대언하는 존재이다. 그리고 네 생물은 천사장으로 많은 천사들과 함께 하나님 나라의 군대를 이루고 있다. 이 하나님의 보좌를 이루고 있는 모든 영들은 요한계시록 21장 1~2절 예언대로 이긴 자가 있는 신천지에 강림한다.[249]

'하늘 성전 환상'에 대한 신천지의 주장을 정리하면 다음과 같다.

＊요한이 본 하늘 영계의 모습은 하나님 보좌와 조직이다.
＊영계의 이십사 장로는 하늘나라 행정을 보고 있다.
＊영계의 일곱 등불의 영은 세상을 살피는 감찰자이다.

---

248) 이만희, 『천지창조』, 198.
249) 위의 책, 199.

＊영계의 네 생물은 천사들의 우두머리이며 천사들과 함께 군대를 이루고 있다.

＊영계의 모든 영들은 장차 신천지에 임한다.

② 성경적 해석

요한계시록 4장은 천국의 조직과 직책을 나타내지 않는다.

이만희 씨는 요한계시록 4장은 천국의 조직을 묘사한 것이라고 해석한다. 그는 보좌 주변에 있는 이십사 장로, 일곱 등불의 영, 네 생물의 직책의 성격까지 부여한 후 이 영계의 조직이 장차 신천지에 임한다고 주장한다. 「천국 비밀 요한계시록의 실상」, 110~116에서는 이들의 직책에 대해서 더 세부적인 설명을 한다. 이십사 장로는 하나님 나라에서 행정을 맡고 있는 문관 계급이고, 네 생물은 네 조직의 천사들을 나누어 지휘하는 천사장으로 여러 종류의 사람을 심판하는 무관 계급이고, 일곱 등불의 영은 온 세상을 두루 정찰하며 하나님의 말씀을 대언하는 일곱 사자이고, 네 생물이 가진 여섯 날개는 천사장을 돕는 여섯 장로이며, 네 생물의 앞뒤에 붙어 있는 눈들은 수많은 천사들이라고 한다. 그리고 이 천국의 조직이 장차 이긴 자가 있는 신천지에 임한다고 마무리 짓는다. 마치 수학문제의 정답을 내놓듯이 시원시원한 답을 내놓는다. 아마 이런 모습에 매력을 느끼고 신천지에 끌리는 사람도 있을 것 같다. 그러나 과연 이 해석이 저자의 의도를 충실히 반영한 것일까?

요한계시록 4장 그 어디에도 하늘에 직책이 있다고 말하지 않는다. 행정직, 무관 계급, 문관 계급, 정찰자, 군대 조직 등을 구분하고 있지 않다. 요한이 들었다는 영계의 조직이 신천지에 임하게 된다는 내용도 없다. 이만희 씨는 성경을 바르게 해석하는 데 관심을 두기보다는 성경을 이용해, 신천지의 특권을 강화하는 데 초점을 맞추고 있다.

요한계시록 4장은 보좌에 앉으신 하나님만이 우주를 통치하시며, 하나님만이 경배의 대상임을 보여준다.

요한계시록 4장은 보좌를 둘러싼 이들의 존재에 대한 관심보다는 보좌에 계신 하나님이 어떤 분이신지를 보여주는 데 초점이 있다. 이 환상의 목적은 보좌에 앉으신 분에 의해 온 우주와 세상이 다스림을 받는다는 것을 보여주는 데 있다. '보좌'란 말이 본 장에 열세 번 나타난다. 우주를 통치하시는 분은 보좌에 앉아 계신다. 보좌에 앉으신 하나님에 의해 전 우주가 통치된다는 사실은 불 같은 시련을 당하고 있는 당시 교회에게 큰 위안이 된다.

요한은 보좌에 앉으신 분을 묘사하는데, 광채로만 묘사한다(4:3). 하나님은 묘사될 수 없는 분이기 때문이다. 하나님 보좌 가장 측근에 있는 이십사 장로는 보좌에 앉으신 이 앞에 엎드려 세세토록 경배한다(4:10). 네 생물도 온 우주를 통치하시는 분에게 경배한다(4:9). 보좌 가까이에 거하는 모든 존재들이 우주를 통치하시는 분에게 경배하고 있다. 요한은 본 장을 통해서 로마 제국이 세상의 중심이 아니라 보좌에 앉으신 하나님만이 온 우주의 중심임을 나타낸다. 그리고 이 보좌에 앉으신 분만이 모든 경배의 대상임을 보여준다. 요한은 모든 피조물들의 예배와 경배는 로마 제국의 황제가 아니라 보좌에 계신 분만이 받을 수 있음을 보여준다.

2) 봉한 책과 어린 양 (계 5:1~14)

① 신천지 주장

하늘 영계로 올라간 요한은 또 보좌에 앉으신 하나님의 오른손에 있는 일곱 인으로 봉해진 책을 보았다(사 29:9~14, 계 5:1~4). 장로 중 하나가 어린 양 예수님께서 이기셨으므로 그 책의 일곱 인을 떼실 것이라고 했다. 그의 말대로, 일곱 눈(영)과 일곱 뿔을 가진 어린 양 예수님께서는 일곱 인을 떼시려고 하나님의 손에 있던 책을 취하셨다(7절).[250]

예수님께서는 세상 곧 사단을 이기셨기 때문에(요 16:33, 계 5:5) 봉한 책의 인봉을 떼실 수 있었다. 만일 예수님께서 사단을 이기지 못하셨다면 인봉된 책을 떼어 그 내용을 이루실 수 없었을 것이다. 하나님의 손에 봉해져 있던 책의 인봉이 떼어진 후에는 신앙 세계에 어떤 변화가 있는가? 하나님의 묵시 책이 봉하여져 있을 때에는 모든 목자가 소경과 귀머거리가 되어 사람의 계명으로 가르쳤고, 사람들은 하나님의 마음에서 멀리 떨어져 있었다(사 29:9~13, 42:18~20). 그러나 하나님의 책이 펼쳐지면 요한계시록에 기록된 예언이 해석되고 그 실상이 나타나 온전한 것을 보고 믿게 된다.[251]

네 생물과 24장로가 부르는 새 노래(8~10)는 시온산에 모인 14만 4천 명이 배워서 부른다. 14장 1~5절에 보면, 이들 14만 4천 명이 보

---

250) 위의 책, 199-200.
251) 위의 책, 200.

좌와 네 생물과 24장로 앞에서 새 노래를 부른다고 하였다. 이들이 부르는 새 노래는 열린 책에 기록된 예언과 그 내용대로 응해진 실상을 증거하는 말씀이다.[252]

'봉한 책과 어린 양'에 대한 신천지의 주장을 정리하면 다음과 같다.

* 하나님의 손에 있는 일곱 인으로 봉해진 두루마리를 어린양이 취하여 인을 떼었다.
* 예수님이 인봉된 두루마리의 인을 뗄 수 있었던 이유는 사탄을 이기셨기 때문이다.
* 봉해진 책의 인봉이 떼어지자 요한계시록의 예언이 실상으로 나타났다.
* 봉해진 책의 인봉이 떼어지기 전에는 목회자들이 사람의 계명으로만 가르쳤다.
* 어린 양이 두루마리를 취하자 네 생물과 이십사 장로들이 새 노래를 부른다.
* 시온산의 십사만 사천이 부르는 노래는 두루마리(요한계시록)의 실상을 증거하는 말씀이다.

② 성경적 해석

요한계시록 5장은 보좌에 앉으신 하나님의 오른손에 두루마리가 놓여 있는 장면으로 시작한다. 이 책은 안과 밖으로 기록되었고 일곱 인으로 봉해져 있다(5:1). 힘 있는 천사가 등장해서 누가 이 책의 인을 떼

252) 위의 책, 200-201.

어 그 책을 펴기에 합당한가 외칠 때에, 이십사 장로 중 하나가 유다 지파에서 난 사자, 곧 다윗의 뿌리가 승리하였으니, 그가 이 일곱 봉인을 떼고, 이 두루마리를 펼 수 있다고 했다(5:5). 유다 지파에서 난 다윗의 뿌리는 예수님을 가리킨다. 하나님과 동등한 자격이 있는 자만이 인을 뗄 수 있다는 것으로 봐서, 이 책은 상당히 의미 있는 책인 것만은 분명하다. 인을 떼고 책을 펴는 행위는 책의 내용 곧 하나님의 비밀스러운 계시가 실행된다는 것을 의미한다.

하나님의 손에 든 일곱 인으로 인봉된 책은 어린양 예수님이 취하셨고 이만희 씨와는 무관하다.

이만희 씨는 어린 양 예수님께서 하나님의 손에 있는 일곱 인으로 봉해진 책의 인을 떼었다고 말한다. 그리고 인을 뗀 결과 신앙의 세계에 어떤 변화가 있었는지의 주목을 요청하며, 느닷없이 오늘날 기성교회 목회자와 이만희 씨 자신의 이야기로 전환한다. 이어서 인을 떼기 전에는 목회자들이 소경과 귀머거리 상태로 요한계시록을 가르쳤지만 자기는 실상으로 가르치고 증거한다고 주장한다. 어린양이 인을 뗐다는 것인지, 자기가 인을 뗐다는 것인지 구분이 되지 않는다. 시작은 어린 양으로 했지만 마칠 때는 이만희 씨 이야기로 돌아와 있다. 이 부분에 대한 이만희 씨의 속내는 「천국 비밀 요한계시록의 실상」에서 확인할 수 있다.

마귀를 이기신 예수님께서는 마귀의 정체와 그가 하는 일을 모두 알고 계시므로 하나님의 손에서 취하신 책의 일곱 인을 6장과 같이 떼실 수 있게 된다. 이로써 봉한 책은 먼저 영계에서 열리고 육계에서

도 펼쳐진다.[253]

이만희 씨는 예수님께서 책의 인을 뗀 것은 영계에서 있었던 일로 규정해버린다. 영계에서는 예수님이 인을 떼고 육계에서는 자기가 요한계시록의 인을 떼게 되었다는 것이다. 이만희 씨는 자기가 요한계시록의 인을 떼고 개봉한 결과, 그 때부터 실상의 세계에 큰 변화가 일어났다고 주장한다. 왜냐하면 모든 목회자들이 그동안 소경 상태로 요한계시록을 가르쳤지만 자기는 요한계시록을 실상으로 계시하고 가르치기 때문이라는 것이다. 과연 이러한 이만희 씨의 주장이 타당한 것일까? 요한계시록 5장은 영계와 육계를 구분하고 있지 않다. 이만희 씨는 왜 성경에 기록되지 않은 영계와 육계를 구분할까? 예수님이 실지로 요한계시록의 인을 뗐다면 이 땅에서 이만희 씨의 역할이 사라지기 때문이다. 한 가지 더 황당한 사실이 있다. 이만희 씨는 「천국의 비밀 계시록의 진상」에서는 유재열 장막성전의 일곱 천사가 이 요한계시록의 인을 뗐지만 그들이 배도하므로 그 특권이 자기에게로 넘어 왔다고 주장하기도 했다.[254] 하나님의 손에 든 책의 인은 어린 양 예수님께서 떼셨고, 이만희 씨와는 무관하다.

새 노래는 어린양 예수님을 찬양하는 노래이다.

이만희 씨는 어린양이 두루마리를 취할 때 네 생물과 이십사 장로들이 어린 양에게 경배하며 부른 새 노래를 이만희 씨가 실상으로 증거하는 말씀이라고 해석한다. 하지만 이 노래는 어린 양이 일찍이 죽임을 당했고, 그 죽음은 속량의 죽음이며, 그 결과 하나님은 성도들을 하

---

253) 이만희, 「천국 비밀 요한계시록의 실상」, 124.
254) 이만희, 「천국의 비밀 계시록의 진상」, 83.

나님 나라와 제사장으로 삼으셨다는 가사를 담고 있다(5:9~10). 그리고 죽임을 당하신 어린 양만이 존귀와 영광과 찬송을 받으시기에 합당하다며 마친다(5:12). 이 새 노래는 이만희 씨 개인과는 하등 상관없는 어린양의 노래이다.

4. 요한계시록 6장 신천지 해석 해부하기

1) 인 재앙과 네 말 환상 (계 6:1~8)

① 신천지 주장

> 예수님께서 인을 떼실 때마다 보좌 앞에 있는 네 생물이 하늘 군대 말을 소집한다. 즉 네 천사장이 예수님의 말씀을 듣고 그들이 부리는 천사들을 불러 모은다.[255]

> 스가랴 6장에는 본문의 말을 백마들, 홍마들, 흑마들, 어룽진 말들이라고 했다. 이 네 생물은 예수님께서 지휘하신다.[256]

> 네 생물은, 예수님의 말씀을 받고도 회개하지 않고 우상의 제물(선악과)을 먹고 이방신과 행음하는 일곱 금 촛대 교회의 일곱 목자와 성도들을 심판한다.[257]

'인 재앙과 네 말 환상'에 대한 신천지의 주장을 정리하면 다음과 같다.

＊예수님께서 인을 뗄 때마다 천사장인 네 생물이 하늘 군대인 말을 소집한다.

＊이 네 말은 백마, 홍마, 흑마, 어룽진 말은 천사들을 가리키며 예수님이 지휘한다.

---

255) 이만희, 『천지창조』, 201.
256) 위의 책, 201.
257) 위의 책, 210-202.

＊네 생물은 배도한 일곱 금 촛대 교회의 일곱 목자와 성도들을 심판한다.

② 성경적 해석

요한계시록 6장은 어린 양이 요한계시록 5장에 등장한 두루마리의 인을 뗌으로 두루마리의 내용이 개봉되는 장면을 보여준다. 1~8절은 첫째 인에서 넷째 인까지의 재앙들이 나타난다.

네 번째까지의 인 재앙은 유재열 장막성전에 내리는 심판이 아니라 종말 직전의 전조 현상을 나타낸다.

이만희 씨는 일곱 금 촛대 교회 즉 유재열 장막성전을 중심으로 요한계시록의 심판을 해석한다. 그는 예수님께서 일곱 인 가운데 네 개의 인을 뗄 때마다 천사장이 차례로 흰말, 붉은 말, 검은 말, 청황색 말을 소집하는데 이들을 천사라고 해석한다. 「천국 비밀 요한계시록의 실상」에서는 이들을 배도한 유재열 장막성전에게 형벌을 내리는 백마 부대, 홍마 부대, 흑마 부대, 얼룩말 부대라고 주장한다.[258] 그러나 본문 어디에서도 그렇게 주장할 만한 단서가 없다.

요한계시록 6장부터 시작되는 일곱 인 심판은 종말론적인 심판의 내용을 담고 있으며, 요한은 그 시작을 전쟁과 전염병의 발발과 로마 제국 안에 있는 죽음으로 시작하고 있다. 로마 제국은 하나님을 핍박한 사탄의 하수인으로 그려지고 있으며, 어린양이 인을 뗄 때마다 로마 제국의 멸망은 다가오고 있으며 그것은 종말의 서막이 된다.[259] 첫째

---

258) 이만희, 『천국 비밀 요한계시록의 실상』, 135-144.
259) M, 유진 보링, 187.

인을 뗄 때 나타난 흰 말 탄 궁사의 출현은, 로마 제국 동쪽 국경에 있으며, 과거 로마를 참패시킨 파르티아 군대를 연상시킨다. 요한은 로마 제국의 멸망의 시작을 이 강력한 파르티아 군대의 출현을 통해서 알리고 있다. 둘째 인을 뗐을 때 출현한 붉은 말을 탄 기사는 로마 제국 내에 있을 내란과 혁명을 의미한다. 이로 인해 로마의 긴 평화(Pax Romana)는 종식되고 무정부 상태의 국면이 초래될 것을 알린다. 셋째 인을 뗄 때 나타난 검은 말을 탄 기사는 기근을 유발시키며 로마의 경제적 번영에 찬물을 끼얹는다. 로마 시민들의 기본 식료품 가격이 8~16배로 치솟은 상태가 되며, 이 위기로 빈부의 편중 현상이 더 심화될 것을 알려준다. 넷째 인을 뗐을 때 나타난 창백한 말을 탄 기사는 앞의 세 재앙을 모두 소유한 가장 강력한 심판자의 모습으로 로마인의 공포심을 유발한다. 요한은 이러한 재난들을 통해 종말의 시작을 알리고 있다.[260]

2) 검은 말 탄 자와 저울 (계 6:5~6)

① 신천지 주장

> 본장의 심판 가운데서도 하나님께 택함 받은 적은 무리 곧 밀 한 되와 보리 석 되가 남아 새로운 세계를 창조하는 씨앗이 된다.[261]

'검은 말 탄 자와 저울'에 대한 신천지의 주장은 다음과 같다.

---

260) 위의 책, 187-188.
261) 이만희, 『천지창조』, 202.

＊셋째 인을 뗄 때 검은 말을 탄자가 나타났고, "한 데나리온에 밀 한
되요 한 데나리온에 보리 석 되로다"라는 음성이 들렸다.
＊밀 한 되와 보리 석 되는 유재열 장막성전에 남아 있는 신도들을 가리
킨다.
＊장막 성전에 남아 있던 신도들이 장차 신천지 창조의 씨앗이 된다.

② 성경적 해석

예수님께서 셋째 인을 떼실 때 손에 저울을 든 사람이 검은 말을 타
고 있는 장면이 나타난다. 그리고 "한 데나리온에 밀 한 되와 한 데나
리온에 보리 석 되로다"라는 음성이 들렸다.

보리와 밀은 신천지 창조를 위해 남겨둔 "씨앗"인가?

이만희 씨는 셋째 인 재앙에 등장하는 '밀과 보리'를 가리켜 배도한
장막성전 가운데서 배도에 참여하지 않은 소수의 무리이며, 이들이 장
차 창조될 신천지의 창조의 씨앗이라고 해석한다. 그는 이 주장의 근
거로 이사야 17:4~6을 제시한다.[262]

이사야는 북 이스라엘이 형제국인 남 유다를 공격하였으므로, 이에
대해 철저한 하나님의 응징을 받게 될 것이지만 소수의 '남은 자'는 남
겨 둔다고 예언했다. 이만희 씨는 이사야서의 '남은 자'와 요한계시록
의 '밀과 보리'를 동일시 한 후 '밀과 보리'를 배도에 참여하지 않은 유
재열 장막성전에 남아 있었던 자들로 해석한다. 이사야의 '남은 자'와
요한계시록의 '밀과 보리'는 전혀 다른 의미를 가진, 연결될 수 없는
단어이다. 남은 자는 문자대로 사람을 가리키지만, 밀(σίτου)과 보리

---

262) 이만희, 『천국 비밀 요한계시록 실상』, 140.

($κριθῶν$)는 문자대로 곡식이다. 게다가 이사야서의 '남은 자'와 '장막성전에 남은 자'를 동일시하는 것은 매우 몰상식적이다.

보리와 밀은 빈부의 편중 현상을 나타내는 셋째 인 심판의 소재로 사용되었다.

요한계시록 6:5의 검은 말은 흉작의 표시로서 기근을 상징한다. 왜냐하면 이어지는 6절이 기근을 상징하는 상황을 드러내기 때문이다. "한 데나리온에 밀 한 되요 한 데나리온에 보리 석 되로다 또 감람유와 포도주는 해치지 말라 하더라"에서 한 데나리온은 노동자의 하루 임금에 해당된다. 하루 품삯으로 밀 한 되와 보리 석 되 밖에 살 수 없다는 것은, 기근으로 인해 곡식의 가격이 치솟았음을 의미한다. 그러나 기근으로 밀과 보리의 품귀현상이 일어나지만, 감람유와 포도주 같은 기호 식품들을 생산하는 지역도 있게 된다. 이는 빈부의 편중 현상을 말한다.[263] '보리와 밀'은 이를 나타내기 위한 소재로 사용되었을 뿐 신천지 창조를 위해 남겨 둔 씨앗과는 상관없다.

3) 천체의 이상 현상 (계 6:12~17)

① 신천지 주장

해, 달, 별은 배도한 선민을 말한다(창 37:9~11 참고). 하나님의 선민이 성령으로 시작했다가 미혹을 받아 하늘에서 땅(이방)으로 돌아가서 멸망 받는 이 일을 가리켜, 하늘이 떠나가고 해와 달이 어두워지고 별들이 땅으로 떨어진다고 하였으며, 땅(육체)이 제자리에서 옮겨진다(이방의 소유가 됨)고 한 것이다. 에덴동산에서 쫓겨난 아담처

---

263) 박수암, 107.

럼, 일곱 금 촛대는 하나님의 소속에서 떠나 굴과 산과 바위 곧 이방 교단의 목자의 소속이 된다.[264]

'천체의 이상 현상'에 대한 신천지의 주장을 정리하면 다음과 같다.

＊해달별은 배도한 일곱 금 촛대 교회이다.
＊하늘이 떠나가고 해와 달이 어두워지고 별들이 땅으로 떨어지는 것
  은 일곱 금 촛대 교회의 배도를 말한다.
＊굴과 산과 바위는 이방 교단을 말하며, 여기에 숨는다는 것은 일곱
  금 촛대 교회가 이방 교단의 소속이 되는 것을 말한다.

② 성경적 해석

해 달 별의 이상 현상은 역사의 마지막에 있을 천체의 변동 현상을 의미한다.
  어린 양이 여섯째 인을 뗄 때 큰 지진과 함께 해가 검은 천처럼 새까
맣게 되고, 달은 핏빛으로 변하고, 하늘의 별들이 떨어지고, 하늘이 종
잇장이 말리듯이 사라져 버리고 산과 섬들이 모두 제자리에서 옮겨지
는 광경이 나타난다(계 6:12~14).

  이만희 씨는 여섯 째 인을 뗄 때 나타난 이 장면이 유재열 장막성전
에 임할 심판을 묘사한다고 해석한다. 해, 달, 별은 유재열 장막성전을
가리키고, 그가 이방 교단의 소속이 된 것을 해와 달이 어두워지고 별
이 땅에 떨어지는 것으로 해석한다. 그는 이 주장에 대한 근거로 창세
기 37:9~11을 제시한다. 이 구절은 해와 달과 열한 별들이 요셉에게

264) 이만희, 『천지창조』, 202.

절하는 꿈 이야기이다. 이만희 씨는 야곱의 가족을 상징하는 해와 달과 열한 별들을 선민으로 규정해 놓고, 한때 선민이었다고 하는 유재열 씨와 동일시한다. 이 또한 논리적 비약이다. 물론 창세기와 요한계시록에 동일하게 해와 달과 별이 등장하지만, 이 해와 달과 별은 전혀 다른 배경에서, 전혀 다른 문맥에서, 전혀 다른 의미로 사용된다. 여섯째 인을 뗄 때 나타난 이 장면은 종말적인 재앙으로 우주 자체의 구조가 파괴됨을 보여준다. 즉 별과 해와 달이 더 이상의 기능을 유지할 수 없게 됨을 말한다. 예수님께서도 마가복음 13:5~36의 '소묵시록'에서도 이 같은 말씀을 하셨다.[265] 이것은 종말에 나타날 현상 중 하나로 천체의 이상 현상을 말하는 것이다.

---

265) M. 유진 보링, 193.

5. 요한계시록 7장 신천지 해석 해부하기

1) 십사만 사천 (계 7:1~8)

① 신천지 주장

> 본장은 6장 사건 후에 이루어지는 예언이다. 배도한 선민을 6장의 예언과 같이 심판하였으므로 이제 네 천사가 바람 곧 말들을 붙들어 심판을 중지시킨다. 그러자 다른 천사가 해 돋는 곳에서 올라와 말하기를 '하나님의 종들의 이마에 인치기까지 땅이나 바다나 나무를 해하지 말라.'고 하였다.[266]

> 요한계시록 성취 때 하나님의 인을 맞은 사람은 각 지파 1만 2천명씩 열두 지파 모두 14만 4천명이다.[267]

'십사만 사천'에 대한 신천지의 주장을 정리하면 다음과 같다.

＊요한계시록 7장은 6장 사건 이후에 벌어진 일이다.
＊요한계시록 6장에서 배도한 선민이 심판받았으므로 네 천사가 심판을 중지시킨다.
＊다른 천사가 하나님의 종들에게 인치기까지 땅과 바다와 나무는 해치지 말라고 했다.

---

266) 이만희, 『천지창조』, 203.
267) 위의 책, 204.

＊요한계시록 성취 때에 하나님의 인을 맞은 사람은 열두 지파 십사만
  사천 명이다.

② 성경적 해석

요한계시록 7장은 네 천사가 땅 네 모퉁이에 선 것으로 시작한다. 이
천사는 바람을 붙잡아 땅에나 바다에나 각종 나무에 불지 못하게 하
는 역할을 한다(7:1). 이 천사 외에 또 다른 천사가 등장하는데 이 천
사는 하나님의 인을 가지고 있다. 이 천사가 바람을 저지하고 있는 네
천사에게 자기들이 하나님의 종들의 이마에 인을 치기 전까지 땅이나
바다나 나무를 해치지 말라고 당부한다(7:2~3). 요한은 인 맞은 사람
의 수가 이스라엘 열두 지파에 십사만 사천 명이라는 소리를 듣는다
(7:4~8).

요한계시록 6장과 7장은 시간의 전후 관계가 아니다. "이 일 후에"는 장면의
전환을 나타낸다.

이만희 씨는 요한계시록 6장과 7장을 시간적 순서로 이해하여 6장
에서 유재열 장막성전이 심판을 받아 멸망된 뒤 7장에서는 하나님의
인 맞은 신천지가 등장하는 것으로 해석한다. 그리고 6장에서 이미 유
재열 장막성전이 심판 받아 멸망당했기 때문에 7장에 등장하는 네 천
사가 더 이상 심판을 감행할 이유가 없음으로 심판을 중지시킨 것으로
해석한다.

"이 일 후에"(7:1)로 번역된 '메타 투토'(Μετὰ τοῦτο)는 시간의 전후
를 나타내는 말이 아니라 장면의 전환을 나타내는 관용구이다. 요한은
요한계시록에서 자주 이 문구를 사용한다(1:19; 4:1; 7:9; 9:12; 15:5;

18:1; 19:1; 20:3). 7장은 6장의 심판이 끝난 뒤에 일어난 일이 아니라는 것이다. 유재열 장막성전이 끝난 뒤 신천지가 창조된 것이라는 해석은 정당하지 못하다.

이만희 씨는 네 천사가 '인' 재앙을 중지시킨 이유를 가리켜 6장에서 유재열 장막성전이 심판받아 멸망당했기 때문에 더 이상의 심판의 의미가 없음으로 심판을 중지시켰다고 해석한다. 하지만 심판을 지연시킨 이유는 하나님께 속한 모든 사람들을 인침 받게 하기 위함이다(7:2~3). 그 때까지 심판을 잠시 유보시킨 것뿐이다. 이만희 씨 주장대로 유재열 장막성전이 멸망당했기 때문에, 더 이상의 심판은 의미가 없으므로 심판을 중지시켰다면 앞으로 계속 될 일곱 나팔 심판(8:6~11:19)과 일곱 대접 심판(15:1~18:24)의 대상은 누구인가? 요한계시록을 시간적 순서로 이해하는 이만희 씨는 앞으로 계속되는 나팔 심판과 대접 심판의 대상도 유재열 장막성전이라고 지목한다. 이것은 논리적 모순이며 이율배반이다.

요한계시록 7장은 요한계시록 6:17의 질문인 "그들의 진노의 큰 날이 이르렀으니 누가 능히 서리요"에 대한 답으로 주어진 것이다. 여섯째 인을 떼는 동안 온 땅에는 하나님의 진노가 쏟아졌다. 이 진노의 날에 '능히 설 자' 즉 구원 얻을 자가 어떠한 자임을 보여주는 것이다. 이 진노의 날에 구원 얻을 자는 "하나님의 인침을 받은 자"(7:4) 이다.

십사만 사천은 신천지 신도가 아니라 진노의 날에 구원받을 하나님의 백성을 상징한다.

이만희 씨는 요한계시록 성취 때 하나님의 인을 맞은 사람의 수가 십사만 사천 명이라고 주장한다. 요한계시록 성취 때란 요한계시록의 실상이 이루어지는 때, 즉 이만희 씨가 경험한 실상을 보고 증거하는 때를 가리킨다. 그는 십사만 사천은 실질적으로 신천지 신도의 숫자라고 주장한다. 과연 요한계시록 7:4~8의 인 맞은 십사만 사천이 신천지 신도를 가리키는 것일까? 요한은 하늘로부터 "진노의 큰 날에 능히 구원받는 자"(6:17)는 이스라엘 자손의 각 지파 중에서 인 맞은 십사만 사천이라는 소리를 듣는다(7:4). 십사만 사천이라는 숫자와 각 지파의 이름은 실제적인 것인가 아니면 상징적인 것인가? 이스라엘의 열두 지파 중 유다 지파와 베냐민 지파를 뺀 열 지파는 이미 B.C 722년에 앗수르에 의해 소멸되었다. 뿐만 아니라 본문의 이스라엘 지파의 명단 속에는 에브라임 지파와 단 지파는 누락되어 있다. 요한계시록이 기록될 당시 1세기에는 문자적으로 열두 지파는 없었다. '이스라엘 열두 지파'를 실제로 해석한다면 요한계시록의 상징체계는 허물어지고 만다. 따라서 십사만 사천도 상징이다. 십사만 사천의 144는 옛 이스라엘의 열두 지파와 새로운 이스라엘의 열두 사도의 수인 12에 12를 곱한 수이다(21:12~14). 십사만 사천은 이 144에 1,000을 곱한 수이다. 1,000은 이스라엘의 군대 조직의 기본 단위이다(민 31:4; 대상 27:1~5). 따라서 십사만 사천은 지상의 투쟁 속에 있는 하나님의 백성, 즉 교회 공동체를 상징한다.[268] 하나님의 '진노의 날'에 구원을 얻을 자는 바로 이 하나님의 백성들이다.

2) 해 돋는 곳 (계 7:2)

① 신천지 주장

하나님의 인을 가진 천사가 올라온 해 돋는 곳은 창세기 1장 첫째 날

---

268) M. 유진 보링, 198-199.

의 빛과 같은 목자가 있는 곳을 말한다.[269]

본장의 동방은 하늘에서(계4장) 본 동쪽지역이며, 요한계시록의 사
건이 이루어지는 곳이다. 곧 하나님의 인 맞은 14만 4천 명이 있는
시온산이 있는 지역이다(계 14:1~3). 우리나라라고 해서 본장의 해
돋는 곳이 되지 말라는 법은 없고, 성경 어디에도 우리나라가 해 돋
는 곳이 아니라는 것을 증명할 성구도 없다. 하늘 영계에 올라간 요
한은 하늘에서 본 동방이 어디인지 알 것이다.[270]

'해 돋는 곳'에 대한 신천지의 주장을 정리하면 다음과 같다.

＊하나님의 인을 가진 천사가 올라온 해 돋는 곳은 창세기 1:1의 "빛"
　이 사는 지역이다.
＊해 돋는 곳은 동방을 말한다.
＊동방은 시온산이 있는 지역이다.
＊동방이 한국이 아니라는 증거는 성경에 없다.

② 성경적 해석

"해 돋는 곳"은 한국이 아니라 해가 솟아오르는 곳이다.
　이만희 씨는 천사가 '해 돋는 데'에서 올라왔다는 것에 착안하여 해
돋는 곳을 동방이라고 주장한다. 그리고 동방을 가리켜, 요한계시록의
사건이 성취된 지역, 시온산이 있는 지역이라하며 한국임을 암시한다.

---

269) 이만희, 『천지창조』, 203.
270) 위의 책, 203-204.

그는 한국이 본장의 해 돋는 곳이 되지 말라는 법도 없고, 성경 어디에도 한국이 해 돋는 곳이 아니라는 것을 증명할 성구도 없으며, 자기의 가설이 진리가 되지 말라는 법이 있느냐며 으름장을 놓는다. 자기가 만든 가설이 진리가 아니라는 것을, 성경이 증명하지 못하면, 자기의 가설은 진리가 될 수 있다는 황당한 논리이다. 이런 식의 논리라면 중국의 동방번개파의 교주도 '중국이 해 돋는 곳이 되지 말라는 법도 없고, 성경 어디에도 중국이 해 돋는 곳이 아니라는 것을 증명할 성구도 없다.'라고 주장할 수 있다. 해 뜨는 곳이란, 문자 그대로 해가 솟아오르는 곳일 뿐, 성경은 이에 대해 어떠한 의미부여도 하지 않는다. 신천지의 동방교리는 제5부, 신천지 주제별 강의에서 자세히 다룬다.

3) 흰 옷 입은 무리 (계 7:9∼10)

① 신천지 주장

> 천사들이 14만 4천 명의 이마에 하나님의 인을 다 치면, 각 나라와 족속과 백성과 방언에서 셀 수 없는 큰 무리가 흰 옷을 입고 나온다. 하나님께서 처음 하늘과 처음 땅 즉 영적 이스라엘을 심판하여 끝내셨다(계 6장). 택하셨던 선민이 없어졌으므로, 새로이 14만 4천 명을 인치고 흰 옷 입은 큰 무리를 모아 영적 새 이스라엘을 창조하시니, 이들이 선민이 된다.[271]

'흰 옷 입은 무리'에 대한 신천지의 주장을 정리하면 다음과 같다.

---

271) 위의 책, 204–205.

* 천사가 십사만 사천의 이마에 인을 다 치고 난 후에 흰 옷 입은 무리들이 나온다.
* 흰 옷 입은 무리들은 각 나라와 족속과 백성과 방언에서 나온 사람들이다.
* 흰 옷 입은 무리들도 영적 새 이스라엘 곧 신천지에 포함되는 새로운 선민이다.

② 성경적 해석

흰 옷 입은 큰 무리는 신천지 새가족이 아니라 십사만 사천과 동일한 하나님의 백성들이다.

이만희 씨는 요한계시록 7:9의 "이 일 후"라는 문구가 시간의 전후를 알려준다고 생각하여 요한계시록 7:5~8의 십사만 사천이 하나님의 인을 맞은 후에 요한계시록 7:9의 "흰 옷 입은 큰 무리"가 등장했다고 해석한다. 그리고 흰 옷 입은 큰 무리를 신천지에 새로 들어온 대규모 새가족이라고 주장한다. 그는 「천국비밀 요한계시록의 실상」에서 이에 대해 다음과 같이 주장한다.

> 각 나라와 족속과 백성과 방언에서 흰 무리가 나온다는 것은 셀 수 없이 많은 교인들이 모든 교회와 교단에서 나온다는 뜻이다. …십사만 사천 인을 모으면 그들에게도 실상의 복음이 전해져서 본문과 같이 구원받을 많은 무리가 나오게 된다.[272]

과연 "각 나라와 족속과 백성과 방언"은 기성교회이며, 흰 옷 입은

---

272) 이만희, 「천국 비밀 요한계시록 실상」, 164.

자들은 기성교회에서 빠져나온 신천지 새신자라는 해석은 정당한가? '이 일 후'(Μετὰ ταῦτα)는 시간의 전후를 가리키지 않고 장면의 전환을 의미한다. "각 나라와 족속과 백성과 방언"이란 표현은 요한계시록에서 총 5회 등장한다(5:9; 7:9; 11:9; 13:7; 14:6). 이 묘사는 요한이 즐겨 사용하는 표현법으로 '전 인류'를 의미한다. 이 흰 옷 입은 큰 무리는 전 세계 모든 민족 가운데서 나오는 구원받은 하나님의 백성들이다. 십사만 사천과 흰 옷 입은 무리는 동일인들이다.[273]

흰 옷 입은 무리가 신천지 새가족이라면 신천지는 십사만 사천 명이 초과된다.
흰 옷 입은 큰 무리들이 기성교회에서 나와 신천지로 유입되는 새가족이라면, 이들은 과연 구원받을 수 있을까? 이만희 씨는 이 흰 옷 입은 무리들을 가리켜 신천지에 포함되는 선민이라고 주장한다. 이만희 씨 주장대로, 기존의 십사만 사천 명의 신천지 신도 외에 또 다른 신천지 새가족들이 유입된다면, 신천지의 구원받는 수 '십사만 사천'이 초과되는 불상사가 발생한다.

273) 박수암, 120.

6. 요한계시록 8~9장 신천지 해석 해부하기

1) 처음 네 나팔 재앙 (계 8:6~13)

① 신천지 주장

첫째 천사가 나팔을 부니. 피 섞인 우박과 불이 나서 땅과 수목의 삼분의 일과 각종 풀을 태운다. 우박과 불은 진노의 말씀을 가리키며, 땅과 수목과 풀은 배도한 선민을 말한다. 둘째 천사가 나팔을 불자, 불 붙는 큰 산과 같은 교회(사 2:2 참고)가 바다에 던져지고, 바다의 삼분의 일이 피가 되며, 피조물의 삼분의 일이 죽고, 배들의 삼분의 일이 깨어진다. 여기에서 바다는 세상(단 7:2, 17), 피는 죽음, 피조물은 배도한 선민, 그리고 배는 선민의 교회를 의미한다. 배도한 선민의 영이 세상 교리(피)에 빠져 죽고 그들의 교회도 심판을 받아 없어진다. 셋째 천사가 나팔을 부니, 횃불같이 타는 큰 쑥이라 이름 하는 별이 하늘에서 강들과 샘에 떨어진다. 이 일로 물들의 삼분의 일이 쑥이 되고, 그 물을 마신 사람들이 죽게 된다. 여기에서 큰 별은 타락한 천사(사 12:12)처럼 하나님의 장막에서 당을 짓고 나가 대적한 자요, 이방 왕 발락을 가르쳐 이스라엘 선민에게 우상을 숭배하게 한 발람과 같은 거짓 목자이다. 샘은 말씀의 물이 솟아나오는 목자요, 이 샘에서 나온 물이 흘러가는 길인 강은 전도자들이다. 그들에게 이 거짓 목자가 쑥처럼 쓴 거짓 교리를 넣어 주어 선민의 영들이 이것을 먹고 죽게 한다(신 32:32~33 참고). 넷째 천사가 나팔을 부니, 해와 달과 별이 침을 받아 삼분의 일씩 어두워지고 낮과 밤의 삼분의 일이 빛을 잃었다. 이 말씀에서 해, 달, 별은 선민 장막의 목자와 전도자와 성도를 가리킨다. 그들은 장막에 들어온 이방 교권자들에게 침해를 받아 진리의 빛을 비추지 못하고 심령이 점점 어두워진다.[274]

'처음 네 나팔 재앙'에 대한 신천지의 주장을 정리하면 다음과 같다.

* 첫 번째 나팔 재앙에서 피 섞인 우박과 불이 떨어져 땅과 수목 삼분의 일이 불탄다. 땅과 수목은 배도한 선민이다.
* 두 번째 나팔 재앙에서 불 붙은 큰 산이 바다에 떨어져 바다 삼분의 일이 피가 되고 생물 삼분의 일이 죽고 배 삼분의 일이 파괴된다. 바다 생물은 배도한 선민이며 배는 선민의 장막이다.
* 세 번째 나팔 재앙에서 쑥이라는 별이 강과 물에 떨어져 물의 삼분의 일이 쑥이 되고 이 물을 먹고 사람 삼분의 일이 죽는다. 이 물을 먹고 죽은 사람들은 배도한 선민이다.
* 네 번째 나팔 재앙에서 해와 달과 별의 삼분의 일이 침을 받아 어두워졌으며 낮의 삼분의   일이 빛을 잃었다. 해, 달, 별은 선민 장막의 목자와 전도자와 성도이다.

② 성경적 해석

요한계시록 8장과 9장은 나팔 재앙에 관한 기사로 여섯째 나팔 재앙까지의 장면이 나온다.

처음 네 나팔 재앙의 대상도 유재열 장막성전인가?

---

274) 이만희. 『천지창조』, 206-207.

이만희 씨는 요한계시록 8장에 등장하는 처음 네 나팔 재앙의 대상도 유재열 장막성전에 적용한다. 첫 번째 나팔 재앙에서 피 섞인 우박과 불이 땅에 떨어져 삼분의 일이 타버린 땅과 나무와 풀을 가리켜 배도한 유재열 장막성전이라고 해석한다. 두 번째 나팔 재앙에서 불타는 큰 산과 같은 것이 바다에 던져져 바다의 삼분의 일이 피가 되고 바다 안에 있는 생물의 삼분의 일이 죽고 배의 삼분의 일도 파괴되었다. 이만희 씨는 삼분의 일이 죽은 바다 생물을 가리켜 유재열 장막성전의 성도이며, 삼분의 일이 파괴된 배를 가리켜 유재열 장막성전이라고 해석한다. 세 번째 나팔 재앙에서 횃불처럼 타는 큰 별 하나가 강들의 삼분의 일과 여러 샘에 떨어졌고, 물 삼분의 일이 썩는다. 이 썩은 물을 먹고 죽은 사람들도 유재열 장막성전에 대입한다. 네 번째 나팔 재앙에서 해와 달과 별의 삼분의 일이 빛을 잃고 어두워진다. 이 장면을 가리켜, 이방 교권자들에게 침해를 받아, 유재열 장막성전의 목자와 전도자와 성도들의 심령이 점점 어두워진 것이라고 해석한다.

　이상에서 보는 바와 같이 이만희 씨는 유재열 장막성전을 심판의 대상으로 삼기 위해 얼마나 세심한 노력을 기울이는지 알 수 있다. 이만희 씨를 마지막 때 하나님이 세운 특별한 종이라고 믿는 사람들은 그의 해석에 매력을 느낄지 모르지만, 상식적인 판단력을 잃지 않는 사람이라면 이러한 해석과 주장을 받아들이기 쉽지 않다. 왜냐하면 그는 자기의 개인적인 경험을 바탕으로 요한계시록의 본문을 임의적으로 조작하기 때문이다.

처음 네 나팔 심판은 하나님을 대적하는 세상에 대한 종말적 심판을 보여준다.

　첫 번째 나팔 재앙에서 피 섞인 우박과 불이 땅에 떨어져 땅의 삼분의 일과 나무의 삼분의 일이 불타버렸다. 요한은 여기서 애굽을 파괴했던 불과 우박의 장면을 본다(출 9:23~25). 애굽을 파괴했던 이와 같은 재앙이 곧 일어날 것이라는 것이다. 두 번째 나팔 재앙에는 바다의 삼분의 일이 피가 되는 장면이 나타난다. 요한은 애굽을 공포로 몰아넣었던 열 가지 재앙 중, 피로 변하는 나일 강을 연상케 하는 재앙을 두 번째 나팔 재앙으로 보았다. 세 번째 나팔 재앙에는 물 삼분의 일이 오염되어 그 물을 먹은 사람이 죽는 광경이 나타난다. 앞의 두 번째 나팔 재앙이 바다에 대한 심판이라면 세 번째 나팔 재앙은 물에 대한 심판으로 역시 물이 변하여 피가 되게 한 출애굽기의 재앙과 연관되어 있다. 물에 떨어진 쑥(8:11)은 사람이 먹고 죽을 만한 독초는 아니지만 그 쓴 맛 때문에 이스라엘 민족에게는 하나님의 심판의 상징이 되었다.[275]

요한은 로마 제국뿐 아니라 하나님을 대적하는 모든 세력들에게 다가오는 종말적 심판의 정황을 출애굽기와 예레미야의 소재를 사용해서 보여주고 있다. 네 번째 나팔 재앙에는 해와 달과 별이 빛을 잃는 장면이 나타난다. 요한은 애굽에 임한 아홉째 재앙을 통해 "어두움"이 하나님의 심판임을 나타낸다. 이 나팔 재앙은 먼 미래의 사건에 대한 예언은 아니지만 종말에 있을 하나님의 승리에 선행하는 재앙으로 묘사된다. 요한은 출애굽기를 배경으로 하는 이 재앙들을 통해서 로마 제국을 포함한 세상의 모든 억압적인 세력들에게 다가올 종말의 그림을 보여 준다.

2) 다섯째 나팔 재앙: 황충 (계 9:1~11)

① 신천지 주장

---

275) 박수암, 129–130.

다섯째 천사가 나팔을 부니, 하늘에서 떨어진 별 하나가 무저갱(無底坑)을 열자 그곳에서 연기와 황충(蝗蟲)들이 나온다. 연기로 해와 공기가 어두워지고, 황충들은 하나님의 인 맞지 아니한 배도자들을 다섯 달 동안 괴롭히고 죽이지는 않는다. 본장의 무저갱은 멸망자들의 교단이며, 황충들은 하나님께서 멸망자로 들어 쓰는 거짓 목자들이다. 멸망자들의 교단을 무저갱이라고 하는 이유는 거기에 지옥사자들이 있기 때문이다. 멸망자들은 자기들의 교권으로 배도한 목자들이 진리의 빛을 발하지 못하게 하고, 배도한 성도들의 영을 괴롭힌다.[276]

'다섯째 나팔 재앙'에 대한 신천지의 주장을 정리하면 다음과 같다.

＊하늘에서 떨어진 별 하나가 무저갱을 여니 거기서 황충들이 올라온다.
＊황충들이 다섯 달 동안 배도자를 괴롭힌다.
＊무저갱은 멸망자의 교단이며, 황충들은 멸망자 교단 소속의 거짓 목자이다.
＊멸망자의 교단을 무저갱이라 하는 이유는 거기에 지옥사자들이 있기 때문이다.
＊멸망자는 교권으로 배도한 목자들이 진리의 빛을 발하지 못하게 한다.

② 성경적 해석

다섯째 천사가 나팔을 부니 하늘에서 떨어진 별 하나가 무저갱을 열자 그 속에서 연기 같은 것이 올라와 하늘이 어두워진다. 연기 속에서 나온 황충들은 땅의 풀과 각종 수목은 해치지 말고 하나님의 인을 맞

276) 이만희, 『천지창조』, 208-209.

지 아니한 사람만 해치라는 지시를 받고, 다섯 달 동안 그들을 괴롭힌
다. 황충의 모습은 전쟁 준비를 한 말들 같고, 머리에는 금관을 썼고,
얼굴은 사람과 같고, 긴 머리털이 있고, 이빨은 사자의 이빨과 같고,
가슴에는 철 가슴받이 같은 것이 있고, 날개 소리는 많은 전차와 말들
이 전쟁터로 달려가는 소리 같고, 그 꼬리와 가시는 사람들을 괴롭히
는 힘을 가진 존재들이다(9:1~10).

다섯째 나팔 재앙의 대상은 유재열 장막성전과 기성교단의 청지기교육원이다(?)
　이만희 씨는 다섯째 나팔 재앙의 대상도 유재열 장막성전과 그들을
멸망시킨 기성교회에 적용한다. 이만희 씨는 이 환상에 등장하는 무저
갱은 배도한 장막성전을 무너뜨린 멸망자들의 활동 본부이고, 황충들
은 장막성전을 멸망시킨 청지기교육원이라고 해석한다. 황충들이 하
나님의 인 맞지 아니한 사람들을 괴롭히는 것을 멸망자들이 자기들의
교권으로 배도한 목자들을 계속 억눌러서 진리의 빛을 비추지 못하게
하는 것이라고 한다. 이만희 씨는 다섯째 나팔 재앙에서도 시원시원한
답을 내놓는다.

**황충들이 유재열 씨를 공격했다는 것은 황충들이 자기 왕을 공격했다는 것이
된다.**
　무저갱을 배도한 장막성전을 무너뜨린 멸망자들의 활동 본부라는 해
석은 성경의 문맥을 무시한 비약이다. 성경은 무저갱을 그와 같은 의
미로 표현하지 않는다. 무저갱은 심연, 깊음(창 1:2), 땅 깊은 곳(시
71:20), 귀신들의 처소(눅 8:31), 죽은 자들의 처소(롬 10:7), 짐승의
처소(계 11:7; 17:8)로 표현된다.[277]

---

277) 박수암, 133.

본문에서 무저갱은 황충들이 거하는 처소이다. 황충들의 공격 대상은 유재열 씨가 아니라 "이마에 하나님의 인침을 받지 아니한 사람"(9:4)이다. 이만희 씨의 주장에 따르면, 장막성전의 지도자였던 유재열 씨는 기독교 세계의 지도자(?)였고, 영적 이스라엘의 대표자였다. 그렇다면 유재열 씨는 인 맞지 않은 부류에 들어가지 않아야 한다. 그는 하나님의 인은 맞았지만 나중에 배도했기 때문이다.

황충은 누구를 가리키는 것일까? 이 요한계시록 9:11에서 황충들의 왕은 곧 "무저갱의 사자"와 동일한 존재임을 알 수 있다. '무저갱의 사자'(ἄγγελον τῆς ἀβύσσου)에서 '사자'는 '천사'(ἄγγελον)를 가리킨다. 이 무저갱의 사자는 9:1에서 무저갱의 뚜껑을 열었던 하늘에서 떨어진 별(천사)을 가리킨다. 이 황충들은 이 별의 수하에 있는 악령들이다.[278]

황충은 유재열 장막성전을 멸망시킨 기성교단에서 파송한 목사와 청지기 교육원을 가리키지 않는다. 하늘에서 떨어진 별도 이만희 씨를 가리키지 않는다.[279] 이만희 주장대로 이 황충들이 유재열 씨(하늘에서 떨어진 별)를 괴롭혔다면 황충들은 자기들의 왕을 공격한 것이 되고, 황충들이 자기 왕이 진리의 빛을 비추지 못하도록 막은 것이 된다.

다섯째 나팔 재앙은 로마 제국의 박해 속에서도 하나님의 인 맞은 백성은 보호받게 됨을 말한다.

요한은 이 황충의 왕의 이름을 히브리어 음으로도 밝히고 헬라어 음으로도 밝힌다. 히브리어 음으로 하면 '아바돈'(Ἀβαδδών)이고 헬라어 음으로 하면 '아볼루온'(Ἀπολλύων)이며 '파괴자'라는 뜻을 가지고 있다. 이러한 이름은 무저갱의 문을 열고 자기 부하 세력들인 황충을 끌어올

---

278) 위의 책, 136.
279) 이만희, 『천국 비밀 요한계시록의 실상』, 190.

린, 하늘에서 떨어진 별에게 부여하는 것은 적절하다. 요한은 왜 '파괴자' '아볼루온'이라는 단어를 사용했을까? 로마 황제 도미시안은 자기를 가리켜 '무저갱의 천사' '아볼루온'으로 부르기를 좋아했고, 그렇게 불리었다.[280] 요한은 이 다섯째 나팔 재앙 환상을 통해 비록 도미시안(황충의 왕)의 박해 속에 있을지라도 하나님의 인을 맞은 사람은 보호받는다는 메시지를 전하고 있다(9:4).

3) 여섯째 나팔 재앙: 유브라데 강의 네 천사 (계 9:13~21)

① 신천지 주장

> 여섯째 천사가 나팔을 부니, 하나님 앞 금단(金壇) 네 뿔에서 소리가 나기를, '유브라데에 결박한 네 천사를 놓아주라.'고 한다. 이 네 천사는 사람 삼분의 일을 죽이기로 예비된 자들이다. 이들에게는 이만만(二萬萬)의 마병대가 있다. 그 말들은 꼬리에 머리가 있고 그 입에서는 불과 연기와 유황이 나와서 사람 삼분의 일을 죽인다고 한다. 본장의 말들을 탄자는 악령이요, 말들은 육체이다. 말들의 머리는 일곱 목자이며(계 17:9~10), 꼬리는 일곱 목자에게 속한 거짓 선지자(배도한 목자)들이다(사 9:15, 계 17:11). 그러므로 꼬리에 머리가 있다는 것은 거짓 목자들에게 그들을 주관하는 머리된 목자들이 있다는 뜻이다. 말들의 입에서 나오는 불과 연기와 유황은 거짓 목자들이 가진 교권과 교리이다. 거짓 목자들은 비진리를 토해내어 사람들의 영혼을 죽인다.[281]

---

280) M. 유진 보링, 206-207.
281) 이만희, 『천지창조』, 209-210.

'여섯째 나팔 재앙'에 대한 신천지의 주장을 정리하면 다음과 같다.

＊여섯째 천사가 나팔을 부니 유브라데에 결박한 네 천사를 놓아주라
  는 소리가 들린다.
＊네 천사는 마병대 이억을 데리고 있으며, 사람 삼분의 일을 죽이기
  로 예비된 자들이다.
＊말은 꼬리에 머리가 있고, 입에서는 불과 연기와 유황이 나와 사람
  삼분의 일을 죽인다.
＊말을 탄 자는 악령이고, 말은 육체이다.
＊말의 머리는 일곱 목자를 가리키고 말의 꼬리는 일곱 머리에 속한
  배도한 목자들이다.
＊말의 꼬리에 있는 머리는 배도한 목자들을 주관하는 머리된 목자이다.
＊말의 입에서 나오는 불과 연기와 유황은 거짓 목자들이 가진 교권과
  교리이다.

② 성경적 해석

여섯째 천사가 나팔을 불자, 요한은 하나님 앞에 있는 금제단의 네
뿔에서 "큰 강 유브라데에 매여 있는 네 천사를 풀어놓아 주라"는 음
성을 듣는다. 이 풀려난 네 천사는 미리 정해진 때에 사람 삼분의 일
을 죽이기로 준비된 자들인데, 이들이 거느린 마병 수는 이억 정도이
다. 요한이 본 그 말들과 기병들의 모습은 기이했다. 기병들은 불빛과
자주색과 유황빛 가슴받이를 달았고, 말들 머리는 사자 머리 같았고,
입에서는 불과 연기와 유황을 내뿜고 있었는데, 이것으로 사람 삼분의
일을 죽인다. 말들의 힘은 입과 꼬리에 있는데, 그것으로 사람들을 해

친다. 요한은 이 재난에 죽지 않고 살아남은 사람들이 자기들이 한 일을 회개하지 않고 여전히 귀신들을 섬기며, 우상에게 절하는 광경을 본다(9:13~21).

여섯째 나팔 재앙의 대상도 유재열 장막성전과 청지기교육원이다(?)

이만희 씨는 여섯째 나팔 재앙도 유재열 장막성전과 그들을 멸망시킨 기성 교단과 청지기교육원과 연결한다. 본문에 등장하는 네 천사는 유재열 장막성전을 죽이기로 예비된 기성교회의 멸망자들이며, 기병들이 입고 있는 여러 색깔의 옷들은 기성교회의 각색 거짓 교리이고, 말들의 입에서 나오는 불과 유황과 연기도 기성교회의 거짓 교리이고, 말의 꼬리는 기성교회 목사들이며, 꼬리에 있는 머리는 그 목사들 중 우두머리라고 주장한다.[282] 심지어 기성교회가 유재열 장막성전 신도 삼분의 일을 죽인 시간을 요한계시록 9:15의 '그 년 월 일 시에' 대입하며 다음과 같은 이야기를 한다.

> 또한 연, 월, 일, 시에 사람 삼분의 일을 죽였다 함은 하나님께서 정하신 해인 1981년, 정하신 달 9월, 정하신 날 20일, 정하신 시각 하오 2시에 예루살렘 성전을 장악하고 그 앞에 분향하도록 조처한 후 완전히 예배 의식마저도 자기들의 제도를 따르게 하였으며 모든 제직을 총사퇴 시켰고 간판을 바꾸어 버린 것이다. 이 때가 그들이 당한 두 번째의 화로써, 회개의 기회가 또 한번 지나간 셈이다. 이로써 또 삼분의 일이 죽게 됨을 말한다.[283]

282) 이만희, 『천국 비밀 요한계시록의 실상』, 198–202.
283) 이만희, 『천국의 비밀 계시록의 진상』, 140.

이만희 씨는 1981년 9월 20일 오후 2시, 유재열 장막 성전에 일어났던 일을 여섯째 나팔 재앙에 등장하는 모든 요소에 대입한다.

여섯 째 나팔 재앙은 인류 마지막에 있을 우주적 심판 장면을 보여준다.

요한은 여섯째 나팔 재앙에서 종말 이전에 있을 인류의 마지막 멸망에 대한 모습을 유브라데 강 소재를 사용하여 생생하게 그리고 있다. 독자들에게 로마 제국 동쪽 경계선에 위치하고 있는 유브라데 강은 파르티아 제국을 연상하기에 충분하다. 당시의 요한은 이들에 대한 로마인의 공포심을 잘 알고 있었다. 게다가 천사들에 의해 풀려난 이억 정도의 악의 마병대, 파르티아 군대의 모습은 공포심을 한껏 더 고양시킨다. 이 짐승 같은 마병대의 공격으로 사람 삼분의 일이 죽어 나간다. 그럼에도 불구하고 로마 제국은 황제 숭배를 돌이키지 않고, 살인과 음란과 도둑질을 회개하지 않는다.[284] 이 모습은 애굽의 바로가 돌이키지 않고 그 반역이 더 굳어져갔던 모습을 연상하게 만든다. 요한은 곧 다가올, 하나님께서 정하신 전 지구적, 전 우주적 심판을 이처럼 묘사한다.

---

284) M. 유진 보링, 207-208.

7. 요한계시록 10장 신천지 해석 해부하기

1) 하늘에서 온 힘센 천사 (계 10:1~7)

① 신천지 주장

요한이 보니 힘센 다른 천사가 구름을 입고 하늘에서 내려오는데, 그 머리 위에는 무지개가 있고, 그 얼굴은 해 같고, 그 발은 불기둥 같으며, 그 손에는 펴 놓인 작은 책을 들고, 그 오른발은 바다를 밟고 있으며, 왼발은 땅을 밟고, 사자의 부르짖는 것처럼 큰 소리로 외치니 일곱 우레가 그 소리를 발하더라고 한다. 본문 천사의 모습은 1장에서 본 예수님의 형상과 같다. 이 천사가 예수님과 같은 형상을 하고 나타나서, 예수님께서 일곱 인을 떼어 펼치신 책(계 6, 8장)을 받아 요한에게 전해주며 대언하는 것을 보면, 즉 이 천사가 예수님의 이름으로 와서 예수님의 것을 전해주는 것으로 보아, 요한복음 14~16장에 약속한 진리의 성령 보혜사라 할 것이다.[285]

'하늘에서 온 힘센 천사'에 대한 신천지의 주장을 정리하면 다음과 같다.

＊힘센 천사는 구름을 입고, 머리에는 무지개가 있고, 얼굴은 해 같이 빛나고, 발은 불기둥 같고, 손에는 책을 들고 있고, 한 발은 바다를 밟고 한 발은 땅을 밟고 있다.
＊힘센 천사는 요한계시록 1장의 예수님의 모습과 닮았다.

---

285) 이만희, 『천지창조』, 211.

＊힘센 천사는 진리의 성령 보혜사이다.

② 성경적 해석

하늘에서 온 힘센 천사는 진리의 성령 보혜사가 아니다.

　　요한은 하늘에서 내려오는 한 힘센 천사를 보는 것으로 시작한다. 이만희 씨는 이 힘센 천사를 요한계시록의 1장의 예수님과 닮았다고 주장하며, 진리의 성령 보혜사라고 주장한다. 힘센 천사로 번역된 '앙겔론 이스퀴론'(ἄγγελον ἰσχυρὸν)은 본문을 포함해서 요한계시록에 세 번 등장한다(5:2; 10:1; 18:21). 요한은 요한계시록 10장의 힘센 천사는 '다른'이란 수식어를 붙여서, 5:2과 18:21의 힘센 천사와 분명하게 구분하고 있다. 10장의 힘센 천사가 여러 힘센 천사 중 하나라는 뜻이다. 이 앙겔론 이스퀴론을 보혜사 성령과 동일시하는 이만희 씨의 주장은 터무니없다. 요한은 '성령'을 반드시 '프뉴마티'(Πνεύματι, 21:10; 22:17) 혹은 '프뉴마'(Πνεῦμα, 2:29; 3:6, 13, 22)로 기록하기 때문이다.

2) 사도 요한 격의 목자 (계 10:8~11)

① 신천지 주장

　　오늘날 요한(사도 요한 격의 목자)은 실상으로 1장과 4장에서 하나님의 보좌에 올라가 보고 들은 자이며, 1장에서 예수님에게 안수 받고 지시를 받아 일곱 교회에 편지한 자이고, 본 장에서는 하늘에서 온 열린 책을 받아먹고 증거하는 자이다.[286]

---

286) 위의 책, 211.

천사는 요한에게, 책을 받아먹고 거기에 기록된 내용을 받아 나라와 백성과 방언과 임금에게 다시 가르치라고 하였다. 이 일을 1장 1절에서는 하나님께서 계시를 예수님에게, 예수님이 천사에게, 천사가 요한에게, 요한이 종들에게 전한다고 하였다. 그리고 요한복음 16장 13~15절에도 예수님께서 '보혜사가 내 것을 가지고 가르칠 것이요, 내 것은 아버지의 것이라.'고 하셨다.[287]

'사도 요한 격의 목자'에 대한 신천지의 주장을 정리하면 다음과 같다.

＊오늘날 사도 요한 격의 목자는 요한계시록 1장과 4장에서 하늘로 가서 직접 보고 들었다.
＊오늘날 사도 요한 격의 목자는 요한계시록 1장에서 예수님에게 직접 안수 받았다.
＊오늘날 사도 요한 격의 목자는 일곱 교회에 직접 편지했다.
＊오늘날 사도 요한 격의 목자는 하늘에서 온 책을 직접 먹고 증거한다.
＊오늘날 사도 요한 격의 목자는 나라와 백성과 방언과 임금에게 가르치라는 천사의 지시를 직접 들었다.
＊오늘날 사도 요한 격의 목자는 요한계시록 1장의 계시의 전달과정에 나오는 그 요한이다.
＊오늘날 사도 요한 격의 목자는 진리의 성령 보혜사로서 가르치고 있다.

② 성경적 해석

---

287) 위의 책, 212.

이만희 씨가 사도 요한인가?

이만희 씨는 요한계시록 10장 해석에서는 거의 망상에 가까운 궤변을 늘어놓는다. 여기에서 이만희 씨는 자기를 사도 요한 격의 목자가 아닌 2천 년 전의 요한과 동일인으로 묘사하고 있다. 자기가 직접 하늘에 올라가서 보고 들었고, 자기가 직접 예수님께 안수 받았고, 자기가 직접 일곱 교회에 편지했고, 자기가 직접 하늘에서 온 책을 먹었고, 자기가 직접 나라와 백성과 방언과 임금에게 가르치라는 천사의 지시를 받았고, 자기가 요한계시록 1장에 나오는 계시의 전달 과정 현장에 있었으며, 자기가 직접 보혜사로서 사람들을 가르친다고 한다. 이만희 씨는 요한에게 있었던 일, 요한이 행한 일 모두를 자기에게 일어난 일, 자기가 행한 일로 대체시켜버린다. 이만희 씨의 이와 같은 주장은 「천국 비밀 요한계시록의 실상」에서는 더 심각하게 나타난다.

> 하나님의 책을 받아먹은 요한은 이제 걸어 다니는 성경이 되고 새 언약의 말씀인 계시록을 새긴 언약의 사자가 되며(말 2:4~7) 살아 움직이는 하나님의 인(印)이 된다. 또한 하나님의 말씀이 천국으로 인도하는 길이요 진리요(요 17:17) 생명이며(요1:1~4) 하나님의 씨이므로(눅 8:11) 말씀을 받은 요한도 길이요 진리요 생명이 된다. 그리고 신랑 되신 예수님을 통해 하나님의 씨를 받은 사도 요한이 예수님의 신부가 된다. 그러므로 계시록 성취 때에는 이 말씀의 씨로 거듭나는 자가 하나님을 아버지로 부르는 하나님의 자녀가 된다.[288]

이만희 씨는 자기 스스로를 걸어 다니는 성경, 새 언약의 사자, 살아 움직이는 하나님의 인(印), 길과 진리와 생명이라 한다. 특히 길과 진

---

288) 이만희, 「천국 비밀 요한계시록의 실상」, 215.

리와 생명이라는 호칭을 자기에게 적용하는 것은 매우 파렴치하다.

요한의 역할을 대신할 사람이나, 요한계시록을 풀어줄 사람이 나타날 필요가
없다.

이만희 씨는 요한계시록 10장에서는, 요한계시록을 해석하는 것이
아니라 자기의 특권을 강화하는 장(場)으로 삼고 있다. 성경을 이렇게
자기중심적으로 사용하는 사람이 과연 성경을 하나님 말씀으로 인정
하고 있는지 궁금하다. 사도 요한이 죽고 없으므로 사도 요한이 다시
나타나야 한다는 전제[289]는 어떤 구절을 근거로 설정되었는지 궁금하
다. 사도 요한은 요한계시록 1:2에서 자기가 본 것을 다 증거했다고 고
백한다. 추가할 것 없이 모든 증거를 다 마쳤다. 요한계시록은 성경에
없는 생소한 이야기를 전하지 않는다. 그것은 "하나님의 말씀과 예수
그리스도의 증거"(1:2)안에 포함된 내용들이다. 그러므로 요한계시록
을 해석하고 설명해줄 존재가 따로 필요하지 않다. 요한계시록은 성경
을 연구하는데 기본적인 소양을 갖춘, 성령의 내주하심이 있는 독자라
면 누구든지 바르게 읽고 해석할 수 있기 때문이다.

---

289) 위의 책, 45.

8. 요한계시록 11장 신천지 해석 해부하기

1) 성전 척량 환상 (계 11:1~2)

① 신천지 주장

요한에게 책을 건네준 10장의 천사는 지팡이 같은 갈대를 요한에게 주며 말하기를 "일어나서 하나님의 성전과 제단과 그 안에서 경배하는 자들을 척량(尺量)하되, 성전 밖 마당은 척량하지 말고 그냥 두라. 이것을 이방인에게 주었은즉, 저희가 거룩한 성을 마흔 두 달 동안 짓밟으리라."고 하였다(1~2절).[290]

이방에게 내어준 거룩한 성은 1~3장과 6장에서 본 일곱 사자가 있는 일곱 금 촛대 교회이다. 이 장막에 멸망자가 침입하여 장막 성도들을 42달 간 짓밟는다. 한편 요한은 멸망자와 하나 되지 않은 성도들, 곧 성전과 제단과 그 안에서 경배하는 자들의 심령을 '지팡이 같은 갈대'인 목자와 함께, 천사에게 받은 말씀(계 10장)으로 척량한다. 합당한 성도를 찾아 새로운 하나님 나라와 백성을 삼기 위해서이다.[291]

'성전 측량 환상'에 대한 신천지의 주장을 정리하면 다음과 같다.

＊천사가 지팡이 같은 갈대를 요한에게 주며, 이것으로 성전을 척량하라고 했다.

---

290) 이만희, 『천지창조』, 215.
291) 위의 책, 215-216.

＊천사는 성전 내부만 척량하고 성전 밖은 척량하지 말라고 했다.

＊성전 밖 마당은 이방인에게 내어준 것이기에 척량할 필요가 없다.

＊성전 밖 마당은 멸망자에게 침략 받은 일곱 금 촛대 교회이다.

＊성전 밖 마당은 멸망자들에게 마흔두 달 동안 짓밟힌다.

＊성전 내부는 멸망자와 하나 되지 않은 곳으로서 요한이 하나님의 말씀으로 척량한다.

＊지팡이 같은 갈대는 요한과 함께 했던 목자를 가리킨다.

② 성경적 해석

요한은 힘센 천사로부터 지팡이 같은 갈대를 받고 하나님의 성전과 제단과 그 안에서 경배하는 자들을 척량하라는 명령을 받는다. 이어서 성전 밖에 있는 뜰은 척량하지 말라는 후속 명령도 받는다. 그곳을 척량하지 말아야 할 이유는 마흔두 달 동안 이방인에게 넘겨져서 짓밟힐 대상이기 때문이다.

성전 앞마당은 신천지 신도이고 성전 밖 마당은 유재열 장막성전인가?

이만희 씨는 여기에서 이방인에게 짓밟힐 성전 밖 마당은 유재열 장막성전이고, 성전 안은 신천지라고 해석한다. 이만희 씨는 요한계시록 11장 해석에 있어서도 집요하게 유재열 장막성전을 멸망의 대상으로 지목한다. 이만희 씨는 '척량하다'의 의미를 합당한 성도를 찾아나서는 하나님의 행동으로 해석한다. 그러므로 이방인에게 짓밟혀 배도한 유재열 장막성전에 해당하는 성전 밖 마당은 척량의 대상이 되지 않는다. 합당한 성도로서의 신분을 잃었기 때문이다. 반면 '성전 안 제단'의 신천지 신도들은 하나님이 찾아낸 합당한 사람들이다. 이만희 씨는 자기 자신과 또 다른 한 사람이 더불어서 이 합당한 사람들을 만들었다고 주장한다. 이 한 사람을 가리켜 "지팡이 같은 갈대"라고만 표현한다.

성전 안 제단은 환란 가운데 있는 교회를 상징하며, "척량하다"는 이 교회에 대한 하나님의 보호를 의미한다.

'지팡이 같은 갈대'를 사람과 동일시하는 이만희 씨의 해석은 황당하다. 이것은 척량의 도구로써 갈대자를 뜻한다. 유대인들은 갈대를 측량하는 '자'로 사용했기 때문이다.[292]

"성전을 척량하다"는 교회의 보호를 의미한다. 성전 척량은 교회의 보존을 예언하는 상징적 방법 가운데 하나였다. 에스겔 40~42장에는 비록 이스라엘이 멸망당했지만 '새 성전 척량' 환상을 통해 하나님의 변함없는 보호와 회복에 대한 의지를 나타내었다. 스가랴 2:1~15에서 스가랴는 예루살렘이 척량되는 것을 본다. 그것 또한 하나님께서 예루살렘을 보호하고 계신다는 표식이었다. 요한이 말하는 '보호'는 외형적으로써의 교회 보호가 아닌 영적인 위험 가운데서의 보호를 뜻한다. 그렇지 않다면 순교자가 나올 수 없었을 것이다. 하나님은 요한을 통해 이런 구원에 대한 확실한 약속을 극심한 환란을 통과하고 있는 교회에 먼저 보이셨다.[293] 성전 안 제단은 환란 가운데 있는 교회를 의미한다.

그러나 성전 밖 마당은 측량하지 못한다. 즉 보호받지 못한다. 성전 밖 마당은 이방인의 뜰을 가리킨다. 힘센 천사는 요한에게 성전 밖 마당은 마흔두 달 동안 이방인에게 주었기 때문에 척량하지 말라고 지

---

292) 박수암, 148.
293) 위의 책, 148-149.

시한다(11:2). 요한은 B.C 168~164년에 있었던 수리아왕 안티오커스 에피파네스가 마흔두 달 동안 예루살렘을 점령한 사실을 염두에 두었다. 그들은 B.C 168년 6월부터 B.C 165년 12월까지 마흔두 달 동안 예루살렘을 점령했고 예루살렘은 보호받지 못했다.[294] 요한은 성전 척량 환상을 통해서, 환란 가운데 있는 당시 교회뿐 아니라 종말에 이르기 까지 모든 지상의 교회를 하나님이 결코 버려두시지 않을 것을 보여준다.

2) 두 증인 (계 11:1~14)

① 신천지 주장

> 요한과 그의 영적 배필인 지팡이 같은 갈대는 1,260을 예언하는 두 증인이다. 천사는 이 두 증인을 주 앞에서 선 두 감람나무와 두 촛대라고 하였다(계 11:3~4, 슥 4:11~14). 그 이유는 이들이 성막 안 등잔불을 밝혔던 감람기름이나 촛대처럼, 예언의 말씀으로 어두운 심령을 밝히기 때문이다(벧후 1:19). 두 증인은 증거를 마칠 때, 무저갱에서 올라온 짐승에게 죽임을 당한다. 그러나 삼 일 반 동안 죽었다가 다시 생기가 들어감으로 살아나서 구름을 타고 하늘로 올라간다.[295]

'두 증인'에 대한 신천지의 주장을 정리하면 다음과 같다.

＊두 증인 중 한 사람은 요한이고 또 한 사람은 '지팡이 같은 갈대'로

---

294) 위의 책, 150.
295) 이만희, 『천지창조』, 216.

묘사된 사람이다.

*두 증인의 다른 이름은 두 감람나무와 두 촛대이다.

*두 증인을 감람나무와 촛대라고 하는 이유는 감람기름과 촛대가 어두움을 밝혀 주는 역할을 하기 때문이다.

*두 증인이 무저갱에서 올라온 짐승에게 3일 반 동안 죽임을 당하지만 다시 부활하여 구름 타고 하늘로 올라간다.

② 성경적 해석

"두 증인" 중 한 사람은 이만희 씨이고 또 한 사람은 "지팡이 같은 갈대"인가?

이만희 씨는 요한계시록 11:3에 등장하는 한 사람은 자기이고 또 한 사람은 '지팡이 같은 갈대' 같은 사람이며, 이 두 사람이 1,260일 동안 함께 증언하였다고 주장한다. 이 두 사람을 감람나무와 촛대라고 하는 이유를 성막 안 등잔불의 '촛대'와 '감람나무 기름 연료'가 어두움을 밝히는데 쓰이기 때문이라고 한다. 즉 두 증인의 사역의 성격이 어두운 심령들을 밝혀주는 것에 있다는 의미이다. 이만희 씨는 이 본문에 등장하는 상징적 표현들을 자기의 특권을 강화하는 데 이용한다. 과연 두 증인이 이만희 씨와 또 다른 한 사람을 가리키는 것일까?

두 증인은 사람이 아니라 세상을 향해서 회개를 촉구하는 교회이다.

요한계시록 11:3에는 두 증인을 가리켜 두 감람나무와 두 촛대라고 함으로써, 두 증인이 누구인지에 대한 단서를 제공한다. 촛대는 요한계시록에서 교회를 상징한다(1:12, 20; 2:1). 감람나무는 스가랴서를 배경으로 한다. 스가랴는 촛대와 두 감람나무 환상을 보았다(슥 4:1~14). 이 환상에 등장하는 두 감람나무는 대제사장 여호수아와 유다 총독 스룹바벨을 상징한다. 스가랴의 환상은 이 두 사람이 장차 파괴된 성전을 건축할 것이라는 예언을 담고 있는 환상이다. 감람나무에 비유되었던 여호수아와 스룹바벨은 성전(교회)과 관계있는 사람들이다. 따라서 감람나무는 교회(성전)를 상징한다. 요한은 이러한 배경에서 촛대와 감람나무를 본다.[296) 요한이 언급한 두 증인, 두 촛대, 두 감람나무는 모두 '교회 공동체'를 가리킨다. 증인 앞에 붙은 '두' 즉 '2'라는 숫자는 증인의 수이다(신 17:6; 19:15). 따라서 '두 증인'은 '증언하는 교회'를 가리킨다. 두 증인이 굵은 베옷을 입었다는 것은 교회의 사역의 속성을 말한다. 굵은 베옷은 회개 시에 입는 옷이다(왕하 1:8; 렘 4:8; 욜 1:13). 종합해 볼 때 두 증인은 세상을 향해서 회개를 촉구하는 교회이다.

---

296) 박수암, 151–152.

9. 요한계시록 12장 신천지 해석 해부하기

1) 해를 입은 여자와 아이 (계 12:1~6)

① 신천지 주장

요한이 보니 하늘에 큰 이적이 나타났는데, 해를 입고 발 아래는 달이 있고 머리에 열두 별의 면류관을 쓴 여자(약칭 '해, 달, 별을 가진 여자') 가 아이를 해산하려고 애써 부르짖는다고 하였다. 이 하늘은 1장의 일곱 별이 있는 일곱 금 촛대 교회이며, 13장 6절의 하늘 장막이다. 해, 달, 별은 선민을 상징하므로(창 37:9~10), 그 선민 가족이 거하는 장막은 하늘이다. 그러므로 해, 달, 별을 가진 여자는 선민 장막의 목자를 가리킨다. 그리고 이 여자에게서 태어나는 아이는 영적으로 난 것이며, 장차 철장(鐵杖)으로 만국을 다스릴 남자이다.[297]

하늘에 또 다른 이적을 보이니, 일곱 머리와 열 뿔 가진 붉은 용이 그 꼬리로 하늘 별 삼분의 일을 끌어다가 땅에 던지고, 해산하려는 여자 앞에서 그가 낳은 아이를 삼키려 한다고 했다. 이 용은 사단이며, 용에게 속한 일곱 머리와 열 뿔은 13장의 장막에 들어와 그 성도들과 싸워 이기고 자기들의 이름으로 성도들의 이마에 표한 침입자요 멸망자이다. 아이는 태어나자마자 하나님 보좌 앞으로 올려가고, 여자는 광야로 도망가서 1,260일을 지낸다.[298]

---

297) 이만희, 『천지창조』, 220.
298) 위의 책, 220-221.

'해를 입은 여자와 아이'에 대한 신천지의 주장을 정리하면 다음과 같다.

* 하늘에 해를 입고 발아래에는 달이 있고 머리에 열두 별 면류관을 쓴 여자가 나타났다.
* 여자는 아이를 해산하려고 부르짖고 있다.
* 여자에게서 난 아이는 영적으로 태어난 아이이며 만국을 철장으로 다스릴 남자이다.
* 하늘의 또 다른 장면에서 일곱 머리와 열 뿔 가진 붉은 용이 나타났다.
* 붉은 용은 꼬리로 하늘 별 삼분의 일을 끌어다가 땅에 던질 수 있는 위력을 가지고 있다.
* 붉은 용은 여자가 아이를 낳으면 삼키려고 여자 앞에서 기다리고 있다.
* 붉은 용은 사탄이며 이 용에게 속한 일곱 머리 열 뿔은 장막성전에 들어온 멸망자들이다.
* 여자가 낳은 아이는 하나님의 보호를 받고, 여자는 광야로 도망가서 1,260일을 지낸다.

② 성경적 해석

해를 입은 여자와 아이 환상은 이만희와 유재열과 청지기교육원을 보여주는 환상이다(?)

이만희 씨는 요한계시록 12장에서도 자기 자신과 유재열 장막성전을 중심으로 해석한다. 여자는 유재열 씨, 여자가 낳은 아이는 이만희 씨, 붉은 용은 사탄, 일곱 머리 열 뿔은 기성교단의 청지기교육원으로 해석한다. 이만희 씨는 여자가 낳은 '아이'를 자기 자신과 동일시하며, 이 아이가 자라서 철장으로 전 세계를 다스릴 남자가 된다고 주장한다. 이 아이의 존재는 사탄이 이 아이가 태어나면 죽이려고 하는 데서 드러난다. 아이가 태어나면 사탄의 세력이 무너지기 때문이다. 그러나 하나님이 아이를 무사히 태어나게 하고 하나님 보좌로 데리고 온다. 이만희 씨는 이 장면을 자기 자신이 그동안 온갖 음모와 역경 속에서도 살아남아 지금 현재의 자리에 있으며, 장차 자기가 세계를 다스리게 되는 장면으로 해석한다. 이만희 씨는 아이의 출생을 저지하지 못해 화가 난 붉은 용이 자기 수하 세력인 일곱 머리 열 뿔 짐승을 통해 여자를 더욱 괴롭게 하는 장면을 청지기교육원이 유재열 장막성전에 침투한 사건에 대입한다. 그리고 멸망자들이 장막성전에 침투해 거짓교리를 전파한 것을 가리켜 이마에 표를 받게 한 것과 연결한다. 이때 여자가 광야로 도망가서 1,260일을 보호받는 장면을 가리켜 유재열 씨가 미국으로 가서 신학공부를 마치고 돌아온 3년 반에 대입한다.

해를 입은 여자 환상은 지상의 교회가 당하고 있는 고난의 배경과 그리고 궁극적인 승리를 동시에 보여준다.

"해를 입은 여자"(12:1)는 하나님의 백성으로서 교회 공동체를 상징한다. 성경에서 '여자'는 유대민족(사 54:3~6; 렘 3:6~10; 호 2:14~16) 혹은 교회(마 25:1~13; 막 2:19; 엡 5:29; 고후 11:2; 계 19:7)를 상징하는 용어로 사용된다. 성경은 교회의 순결함을 상징하는 표상으로 '여자'를 교회로 나타낸다.[299] 여자가 잉태한 "아이"(12:2)는 예수님을 가리킨다. 아이로 번역된 '가스트리'(γαστρί)는 자궁이란 뜻으로, 여자가 자궁 속에 아이를 수태하고 있는 상태를 생생하게 묘사한다. 이것은 실지로 뱃속에 있는 아이를 가리키는 표현으로, 이 아이를 누군가를 상징하는 인물로 대체시킬 수 없다. 예수님은 구약 교회가

---

299) 위의 책, 163.

해산하는 것과 같은 고통으로 낳은 메시아였다(사 26:17, 18; 66:7; 미 4:10; 5:3).[300]

여자가 아이를 낳으면 집어 삼키기 위해서 기다리고 있는 '붉은 용'은 꼬리로 별 삼분의 일을 감아서 집어 던질 수 있을 만큼 위력적이다. 붉은 용은 사탄이다(12:9). 이 붉은 용이 여자가 아이를 해산하면 삼키려고 하는 장면 (12:3~4)은 예수 탄생 시에 그를 죽이려고 했던 헤롯의 흉계를 나타낸다.[301] 그러나 메시아는 무사히 탄생되고, 하늘로 승천한다. 요한은 예수님의 이 승천 사건을 중간 과정을 거치지 않고, 곧바로 탄생과 연결시킨다. 왜냐하면 예수님의 생애, 죽음, 부활 속에, 모든 승리적인 역사가 내포되어 있기 때문에, 성공적으로 지상의 사명을 완수하고 승천하셨다고 기록한 것이다.

여자가 광야로 도망가서 일천 이백 육십 일 동안 하나님께서 예비하신 곳에 있게 되는 장면(12:6)은 지상의 교회가 당한 무수한 박해를 하나님의 특별하신 배려로 이겨내게 될 것을 보여준다.[302] 여자가 보호받는 장면은 유재열 씨의 미국 유학과는 상관없다. S고등학교 기계체조 선수였다가 2학년 때 중퇴한 유재열 씨[303]가 미국 신학대학을 졸업했다는 주장은 대단히 황당하다. 유재열 씨는 1980년도에 미국으로 이민을 갔다.[304]

요한계시록 12장은 지상에서 고난당하고 있는 현재의 교회의 모습을 상징한다. 그리고 그 고난의 배경과 원인이 예수님의 출생 때부터 기인되었다는 사실을 보여준다. 아이와 여자가 하나님의 절대적인 보호하심 속에서 붉은 용으로부터 무사할 수 있었듯이, 현재의 교회도 하

---

300) 위의 책, 163.
301) 위의 책, 164.
302) 위의 책, 165-166.
303) 탁명환, 「기독교 이단 연구」, 342.
304) 탁명환, 「한국의 신흥종교 기독교편 3권」, 85.

나님의 보호 속에 있음을 보여준다.

2) 미가엘과 붉은 용의 전투 (계 12:7~12)

① 신천지 주장

> 여자가 도망간 후 하늘에 전쟁이 있어 미가엘과 그의 사자들이 용과
> 그의 사자들과 맞서 싸운다. 미가엘의 사자들은 천사들이며, 용의 사
> 자들은 악령들이다. 영계에서 이 두 소속의 영들이 싸우자, 육계에서
> 도 아이와 그의 형제들이 멸망자들과 대항한다. 그 결과 미가엘의 사
> 자들과 그 아이와 형제들이 승리하고, 용과 멸망자들이 패하여 하늘
> 에서 쫓겨난다. …용이 하늘에서 쫓겨난 이후 하나님의 구원과 능력
> 과 나라와 그리스도의 권세가 이루어진다. 이 하나님 나라는 요한계
> 시록 7장과 14장에 기록된 영적 새 이스라엘의 열두 지파로 실현된
> 다.[305]

'미가엘과 붉은 용의 전투'에 관한 신천지의 주장을 정리하면 다음과
같다.

＊여자가 광야로 도망간 후 영계에서는 미가엘과 붉은 용의 전쟁이 벌
  어졌다.
＊동시에 육계에서도 아이와 그 형제들이 멸망자들과 싸운다.
＊하늘의 전쟁에서 천사들이 승리하고 땅에서는 아이와 그 형제들이
  멸망자들을 물리친다.

---

305) 이만희, 『천지창조』, 221.

＊이 승리 이후에 영적 새 이스라엘이 실현된다.

＊영적 새 이스라엘 설립에 관하여는 요한계시록 7장과 14장에 기록되어 있다.

② 성경적 해석

미가엘이 사탄과 싸워 이겼듯이 이만희 씨도 멸망자와 싸워 이기고 신천지를 세웠다(?)

이만희 씨는 요한계시록 12:7~12 해석에서도 자기 경험을 소재로 이야기를 전개한다. 유재열 씨(여자)가 미국으로 공부하러 간 뒤, 영계에서는 미가엘과 붉은 용의 전투가 시작되었고, 육계에서도 아이(이만희)와 그 형제들이 멸망자(기성교단의 목회자와 청지기교육원)에 대항하여 싸웠다고 주장한다. 결과 영계의 붉은 용과 육계의 멸망자들이 패하여 쫓겨났고, 이 사건 이후에 신천지, 영적 새 이스라엘의 열두 지파가 창립되었다고 한다. 이만희 씨는 미가엘이 붉은 용을 이긴 장면을 자신이 승리한 이야기로 간주한다.

미가엘이 붉은 용과의 천상의 전투에서 승리한 환상은 지상 교회의 승리를 보증해 준다.

요한계시록 12:7~12에는 영계와 육계를 구분하지 않는다. 용이 하늘에서 쫓겨난 이후 요한계시록 7장과 14장에 기록된 영적 새 이스라엘의 열두 지파, 신천지가 설립되었다는 주장도 근거가 없다. 본문의 의미를 반영하지 않은 허위적인 해석이다. 하늘에서 미가엘 천사와 붉은 용이 영적 전쟁을 벌이는 중에 이만희 씨도 땅에서 멸망자들과 일전을 벌였고, 영계에서 천사들이 승리한 것처럼 땅에서도 자기와 형제들이 멸망자들을 이겼다는 내용도 성경에 나타나 있지 않다. 본문에는 이만희 씨가 주장하는 육계의 전투 장면은 등장하지 않는다.

미가엘은 유다서 1:9에 의하면 '천사장 미가엘'로 호칭된다. 그는 천사들의 수장으로 전쟁의 천사이며(단 10:13, 21; 12:1) 인자 같은 이를 도와 사탄을 대적하는(단 20:21) 존재로 나온다.[306] 미가엘 천사장이 천상에서 그의 군대와 더불어 용과 싸우는 모습은 조금도 어색하지 않다. 미가엘과 싸우는 붉은 용, 사탄은 이미 요한이 요한계시록에서 여러 번 언급했다. 붉은 용은 '사탄'(2:9, 13, 24; 3:9; 12:9) 혹은 '마귀'(2:10; 12:9)이다. 이 천상의 전쟁은 미가엘과 용의 실질적인 전쟁이었으며 상징으로 대체될 수 없다.

요한계시록 12:7~12은 앞의 환상의 신학적 의미를 보여주는 환상이다. 천사장 미가엘이 하늘에서 사탄과 싸워 이겼고, 그로인해 사탄은 더 이상 하늘에서 있을 곳을 얻지 못하고 쫓겨난다. 사탄의 이러한 패배는 예수님께서 십자가에서 승리하신 그 승리를 보여준다. 이 사탄에 대한 승리는 교회의 승리의 보증이 된다. 비록 교회는 로마 제국에 의해 환란을 받고 있지만, 미가엘의 승리로 인해, 사탄은 더 이상 교회를 굴복시킬 수 없으며, 교회를 통한 예수 그리스도의 구속 사역을 중단시킬 수 없다. 요한은 사탄이 패배한 이 소식을 전하면서 교회의 궁극적인 승리에 대한 전망을 독자들과 함께 나누고 있다.

---

306) 박수암, 167.

10. 요한계시록 13장 신천지 해석 해부하기

1) 바다에서 올라온 짐승 (계 13:1~10)

① 신천지 주장

요한이 보니 바다에서 일곱 머리와 열 뿔 가진 짐승이 나오는데, 그 짐승은 표범, 곰, 사자와 같은 모습을 하고 있고, 용에게 능력과 보좌를 받았다고 한다. 본장의 바다는 세상, 짐승은 멸망자, 용은 사단을 가리킨다. 그리고 짐승의 일곱 머리는 일곱 우두머리 목자, 열 뿔은 그들에게 속한 열 명의 권세자를 말한다. 이들은 초림 때 예루살렘 선민의 영을 멸망시킨 서기관들, 바리새인들(마 23:33)과 같은 영을 소유한 자요, 사단의 무리 니골라당이며(계 2:9, 15), 귀신의 나라 바벨론의 목자들이다(계 17:1~5).[307]

'바다에서 올라온 짐승'에 대한 신천지의 주장을 정리하면 다음과 같다.

＊바다에서 올라온 일곱 머리 열 뿔 가진 짐승은 붉은 용에게 능력을 받았다.
＊일곱 머리는 일곱 우두머리 목자들, 열 뿔은 그들에게 속한 열 명의 권세자이다.
＊일곱 목자와 열 명의 권세자는 예수님 초림 때 서기관, 바리새인과 같은 영을 소유했다.
＊일곱 목자와 열 명의 권세자는 니골라당이며 귀신의 나라 바벨론의

---

307) 이만희, 『천지창조』, 225.

목자들이다.

② 성경적 해석

요한계시록 13:1~10에는 바다에서 한 짐승이 올라오는데 그 모습은 요한계시록 12장의 붉은 용과 비슷하다. 일곱 머리와 열 뿔을 가졌기 때문이다. 이 뿔에는 열 개의 왕관이 있고, 하나님을 모독하는 이름이 있다(13:1) 이 짐승은 표범과 비슷하고 그 발은 곰의 발 같고 그 입은 사자의 입같이 생겼다(13:2). 붉은 용은 바다에서 올라온 이 짐승에게 자기 힘과 왕위의 권세를 준다(13:2). 이 짐승은 머리에 치명상을 입고 죽은 것 같았는데 다시 산 짐승이었다(13:3) 요한은 이 짐승이 하나님을 모독하고 성도들을 괴롭히고 전 세계를 다스리는 권세를 가졌음을 보았다(13:6).

바다에서 올라온 짐승은 기성교단에서 파송한 일곱 목사와 열 장로이다(?)

이만희 씨는 이 짐승의 실체에 대해서 자기만의 해석 방법으로 설명한다. 그는 이 짐승에게 있는 일곱 개의 머리는 일곱 목사를 가리키며, 열 뿔은 이 목사들에게 소속된 열 명의 권세자라고 해석한다. 이만희 씨는「천국 비밀 계시록의 진상」에서 이들의 직책을 밝히기도 한다.

> 열 뿔에 열 면류관은 멸망자의 조직 가운데 있는 열 장로의 명예를 말하고 머리마다에 있는 참람된 이름은 각기 즐겨 받아들인 그 조직과 감투 자리를 말한다. 구체적으로 말하면, 이 멸망자의 집단이 첫 장막을 삼키기 위해 구성된 조직에는 스스로 만들어 봄직한 참람된 감투가 있다. 원장, 부원장, 사무총장, 총무국장, 서무국장, 전임강사

소장 등 일곱 사람 모두 이 같은 직분을 가지고 언약으로 펼친 예비

제단인 첫 장막을 삼키는 일을 자행한 것이다.[308]

이만희 씨는 '바다에서 올라온 짐승'의 일곱 머리의 실상은 일곱 직책을 가진 사람들이고 열 뿔의 실상은 그 조직의 열 명의 장로이며, 이들이 길 예비 제단인 유재열 장막성전을 삼켰다고 한다.

일곱 머리는 일곱 명의 목사가 아닌 여덟 명의 목사였고, 열 뿔은 열 명의 장로가 아닌 열 두 명의 장로였다.

당시 교단에서 유재열 장막성전의 정화를 위해 파송한 목사는 오평호 목사(총무국장), 탁성환 목사(원장), 김정두 목사(부원장), 한의택 목사(서무국장), 김봉관 목사(사무국장), 원세호 목사(전임강사), 백동섭 목사(총회장), 탁명환 소장(후원) 등 여덟 명이었다.[309] 이만희 씨가 이 명단을 몰랐을 리 없었을 텐데 왜 여덟을 일곱으로 축소했을까? 열 뿔에 해당되는 장로도 열 명이 아닌 열 두 사람이었다. 그 이름은 원용신, 고재철, 김정수, 변정린, 박수은, 김선화, 김성은, 김재안, 정규호, 라병준, 조태형, 김창호 등이었다.[310] 이만희 씨는 왜 열 두 사람을 열 사람으로 축소했을까? 혹시 여덟 명의 목사를 바다에서 올라온 짐승의 일곱(7) 머리에 의도적으로 맞추었던 것은 아닐까? 그리고 열두 장로를 이 짐승의 열(10) 뿔에 의도적으로 짜 맞추었던 것은 아닐까?

사실 유재열 장막성전은, 이 침입자들이 들어오기 전, 이미 유재열 교주가 사기죄로 구속되면서 와해되어 있었다.[311] 장막성전이 무너지

---

308) 이만희, 『천국의 비밀 계시록의 진상』, 196.
309) 한창덕, 『한 권으로 끝내는 신천지 비판』 (서울: 새물결플러스, 2013), 530.
310) 위의 책, 531.
311) 김건남. 김병희, 260.

게 된 결정적 원인, '유재열 교주 구속'은 어떻게 일어나게 된 걸까? 과연 고소인이 누구일까? 고 탁명환 소장은 당시에 유 교주가 구속되도록 고소한 고소인은 이만희 씨를 비롯한 신도들이었다고 밝히고 있다.[312] 결국 교주가 구속되도록 고소하고 장막성전이 무너지게 했던 장본인은 이만희 씨다. 그런 점에서 멸망자는 청지기 교육원이 아니라 사실상 이만희 씨 자신이라고 할 수 있다.

바다에서 올라온 짐승은 로마 제국의 황제를 상징한다.

요한계시록 13:1에 등장하는 바다에서 올라온 일곱 머리 열 뿔 달린 짐승은 누구일까? 이 짐승은 머리 일곱 개와 열 뿔이 달려있다. 앞의 붉은 용과 흡사하다. 이것은 붉은 용의 권력을 대행한다는 의미이다. '열 뿔'은 로마를 지원하는 분봉 왕들을, '일곱 머리'는 교회의 완벽한 대적이라는 의미에서 로마의 모든 왕들을 의미한다. 각 머리들에는 신성을 모독하는 이름들이 있었다. 로마의 황제들은 자신들을 가리켜 '신'이라 호칭하도록 했다. 네로는 로마의 화폐에서 '세상의 구주'로 호칭되었고, 도미시안은 '우리 주 하나님'으로 숭배되었다. 요한은 이 짐승의 모습을 "표범과 비슷하고, 그 발은 곰의 발 같고, 그 입은 사자의 입"(13:2)으로 묘사했다. 이 짐승들은 다니엘 7장의 셋째 짐승까지의 특징을 모두 소유하고 있다. 이 짐승들은 바벨론 제국, 메데 파사 제국, 헬라 제국을 상징하는데, 바다에서 올라온 짐승은 이들의 장점을 모든 소유하고 있는 막강한 제국을 상징한다. 이 짐승은 자신을 하나님으로 숭배하도록 강요하는 당시의 로마 제국 황제를 상징한다.[313]

---

312) 탁명환,『한국의 신흥종교 기독교편 3권』, p.83
313) 박수암, 174-175.

2) 땅에서 올라온 짐승 (계 13:11~18)

① 신천지 주장

> 한편, 땅에서 올라온 짐승은 바다에서 올라온 짐승과 하나가 되어 장막 성전을 무너뜨린다. 그러나 이 둘의 소속은 서로 다르다. 바다에서 올라온 짐승은 세상(바다)에서 장막으로 들어왔으나, 땅에서 올라온 짐승은 이미 장막 성전(땅)에 있었다. 영적인 측면에서 볼 때, 땅에서 올라온 하나님의 뜻을 어기고 이방 신을 섬긴 솔로몬과 같은 자이다. 또한 이방 모압 왕 발락을 가르쳐 이스라엘 선민 앞에 올무를 놓게 한 발람(민 23~24)과 같은 거짓 선지자이다. 땅에서 올라온 짐승의 이름의 수 육백육십육은 솔로몬이 이방에게 받은 세입금(歲入金)의 중수(重數) 육백육십육 달란트(왕상 10:14)를 빙자한 것으로, 사단의 비진리(의 분량)을 나타낸다.[314]

'땅에서 올라온 짐승'에 대한 신천지의 주장을 정리하면 다음과 같다.

* 땅에서 올라온 짐승은 장막성전 출신이다.
* 땅에서 올라온 짐승은 바다에서 올라온 짐승과 하나 되어 장막성전을 무너뜨린다.
* 땅에서 올라온 짐승은 솔로몬 같고, 발람과 같은 거짓 선지자이다.
* 땅에서 올라온 짐승의 이름의 수는 육백육십육이다.
* 육백육십육은 솔로몬이 다른 나라에서 받은 세입금이며, 이것은 사탄의 비진리의 분량을 의미한다.

---

314) 이만희, 『천지창조』, 226–227.

② 성경적 해석

요한계시록 13장에 등장하는 두 짐승 중 하나는 '땅에서 올라온 짐승'이다. 요한은 이 짐승에게 두 뿔이 있고, 이 짐승이 붉은 용처럼 말하는 것을 듣는다(13:11). 이 짐승은 바다에서 올라온 짐승의 권한을 대행하고, 바다에서 올라온 짐승의 신상을 만들고, 이 짐승에게 경배하게 하고, 경배하지 않는 사람들을 죽인다. 땅에서 올라온 이 짐승은 이적을 일으키고, 사람들의 이마에 표 받게 하고, 표가 없는 사람들은 매매를 못하게 한다(13:12~17). 그 표의 이름은 육백육십육이다(13:18).

땅에서 올라온 짐승은 오평호 목사인가?

이만희 씨는 땅에서 올라온 짐승에 대해서도 자기 경험을 중심으로 해석한다. 이만희 씨는 이 짐승이 누구인지 몇 가지 단서를 제공한다. 우선 유재열 장막성전 출신이라는 점, 바다에서 올라온 짐승 교단의 일곱 목사와 열 장로와 합세한 점, 솔로몬처럼 지혜가 출중한 점, 발락처럼 교활한 점 등이다. 이 단서를 토대로 이 '짐승'으로 추정할 수 있는 한 사람이 있다. 이에 대한 「신탄」의 증언을 확인해보자.

> 1978년 9월, 가을 바람이 소슬하게 불던 어느 날, 장막 성전에 낯선 불청객이 방문한다. 그는 외국에서 카톨릭 신학대학과 장로교 신학대학을 마친 석학으로서 신부와 목사 자격을 갖춘 인물이었다. 5개 국어를 구사할 수 있는 해박한 지식의 소유자로 보기 드문 엘리트 성직자로 알려졌다.…어린 종 삼손은 그를 신임한 나머지 1980년 3월 14일 드디어 이 교회를 치리하는 전권을 그에게 위임한다. …그의 배후에는 막강한 기성 세력이 도사리고 있었고, 그 세력을 등에 업

고 멸망의 역사를 간교하게 사이비 종교의 정화라는 허울 좋은 명분을 내세워 장막을 흡수 병합할 계획을 실천해 나간 것이다. 먼저 이 배후 세력은 교계의 쟁쟁한 당회장 목사 4인으로 노회를 구성했다가 나중엔 7인으로 총회를 구성한 후 청지기교육원이라는 새로운 조직을 만들어 냈다(갈 4장). …1980년 9월 언약으로 펼쳤던 장막성전이 기어코 뭉그러지는 운명의 날이 온 것이다. 천사들의 대표 삼손을 비롯하여 전 제직이 기성 교단의 일곱 당회장에 의해 총 사퇴당하니 묵시의 말씀은 일곱 인으로 봉함되기 이른다. …장막 성전 간판을 내리고 갈아붙인 이삭교회의 간판 아래에 당회장의 자리에 오른 오 모 씨는 보수 교단의 교법을 끌어들여 장막성전을 철저히 기성교회화해 갔다. 1980년 10월 28일 삼손은 그에게 강대상까지 비워주고 신학 공부를 위해 도미하였고 실권을 장악한 그는 장막 성전의 모든 제도와 조직을 에누리 없는 기성교회 스타일로 바꾸어 나간다.[315]

여기서 '오 모 씨'는 오평호 목사를 가리킨다. 이만희 씨는 이 오평호 목사를 땅에서 올라온 짐승으로, 그리고 장막성전을 멸망시킨 '멸망자'로 확증한다. 이러므로 이만희 씨의 요한계시록의 해석의 실상에 등장하는 세 사람의 이름이 다 공개되었다. 그 이름은 유재열(배도자), 오평호(멸망자), 이만희(구원자)이다. 이만희 씨의 요한계시록의 실상이란 이 세 사람이 중심이 된 이야기이다. 과연 요한이 2천 년 전 밧모섬에서 본 환상이 이 세 사람 이야기였을까? 이것이 사실이라면 지금까지 요한계시록을 읽었던 전 세계의 독자들은 그동안 헛된 가르침만 받아왔다고 단정 지을 수 있다. 새 하늘과 새 땅이라는 구속 역사의 완성을 위해 나아가는 요한계시록을 한낱 장막성전을 중심에 놓고 벌어지는 이 세

---

315) 김건남, 김병희, 261-263.

사람의 이야기로 한정하는 것은, 성경을 우롱하는 것과 다름없다.

땅에서 올라온 짐승은 로마 제국의 황제 숭배를 조장했던 사제들을 상징한다.
이 짐승은 첫 번째 바다에서 올라온 짐승 곧 로마 제국의 황제의 권세를 위임받아 능동적으로 그 권세를 사용하고, 바다에서 올라온 짐승에게 경배하도록 하는 역할을 한다(13:12). 이 짐승이 장려하는 황제 숭배는 A.D 29년 소아시아 버가모에서 처음으로 시작되었다. 이 짐승은 기적을 행하는 것으로 묘사되어 있다(13:13~14). 당시 로마의 사제들은 복술의 속임수로 거짓 이적을 만들었다. 이 짐승은 칼에 상했다가 살아난 짐승을 위해 형상을 만들라고 한다(13:14). 칼에 상했다가 살아난 짐승은 네로의 재현인 도미시안 황제를 가리킨다. 이 도미시안은 자신을 신화화했던 왕이었다. 당시 로마의 사제들은 도미시안 황제의 형상을 만들도록 장려했다. 이는 당시 사제들이 얼마나 황제에 종속되어 있는 지를 잘 보여준다. 이 짐승은 사람들에게 표를 받도록 조장한다(13:16). 이 표는 짐승의 이름, 혹은 그 이름의 수로써, 당시 황제 숭배를 한 자들에게 주었던 참가 확인서를 배경으로 한다. 이 표는 본래 당시 상업적 문서에 붙는 것으로 황제의 이름과 날짜를 찍은 인(印)을 가리킨다. 당시 로마는 황제 숭배를 강화하기 위해 경제 제재라는 무기를 사용했다. 이 표는 당시 사회적, 경제적 생활에 필수적인 것이었다(13:17). 이 표는 생존과 직결된 것으로 타협보다는 죽음을 택하는 자만이 이 표를 거절할 수 있었다.[316]
요한계시록에서 첫째 짐승인 바다에서 올라온 짐승은 로마의 황제를 상징하며, 둘째 짐승인 땅에서 올라온 짐승은 황제 숭배를 조장하는 로마의 사제들을 상징한다. 요한은 로마의 황제와 로마의 사제들의 위

316) 박수암. 180-183

협 속에 살아갔던 1세기의 교회들에게, 그 배후에 붉은 용 사탄이 있음을 보여주고 있다.

육백육십육(666)은 오평호 씨의 지식의 분량이 아니라 사탄의 삼위일체의 수이다.

이만희 씨는 짐승의 숫자이자 이름인 "육백육십육"(13:18)을 가리켜 사탄 곧 오평호 목사의 지식의 분량으로 해석한다. 이만희 씨는 이에 대해 「천국 비밀 요한계시록의 실상」에서 다음과 같이 주장한다.

> 짐승의 이름 육백육십육은 솔로몬과 어떠한 관계가 있는가? 솔로몬은 금 육백육십육 달란트를 해마다 이방에서 세금으로 거둬들였다 (대하 9:13). 본문의 육백육십육은 솔로몬이 받은 세입금의 무게에서 따온 것으로 '땅에서 올라온 짐승이 소유하고 있는 지식의 분량'을 나타낸다.[317]

이만희 씨는 솔로몬이 각국으로 받은 세입금의 무게인 육백육십육 달란트를 실제가 아닌 사탄의 비진리의 분량을 나타내는 상징으로 해석한다. 여기에서 이만희 씨의 맹점 하나가 드러난다. 역사서인 열왕기서에 나오는 숫자는 '상징'으로 해석하고, 예언서인 요한계시록에 나오는 숫자는 '실제'로 해석한다는 점이다. 이것은 이만희 씨가 「천지창조」 29에서 강조한 성경 해석 원칙을 스스로 파괴하고 있는 것이다. 이만희 씨는 구약 성경 중 "역사서"는 상징적 해석에서 제외되어야 한다고 주장했다.

요한계시록 13:18과 열왕기상 10:14에는 동일하게 "육백육십육"이란

---

317) 이만희, 「천국 비밀 요한계시록의 실상」, 291.

숫자가 나오지만 전혀 다른 배경과 문맥에서, 전혀 다른 의미로 사용되어진 숫자이다. 이 두 성경에 등장하는 육백육십육을 동일시하는 해석은 정말 기이하다. 더군다나 솔로몬이 해마다 각국으로부터 거두어들인 세금은 육백육십육 달란트를 훨씬 초과한다(왕상 10:15; 역대하 9:14). 성경의 역사적 배경과 문맥에 대한 연구 없이 생김새가 같은 단어끼리 연결하여, 비약하는 해석이 얼마나 우스운 결과를 낳는지 보여준다.

요한계시록 13:18의 "육백육십육(666)"은 상징적인 숫자이다. '육(6)'은 완전수 '칠(7)'에서 하나 모자라는 불완전 숫자이다. 이 불완전한 숫자 세 개가 모인 "육백육십육"은 사탄의 삼위일체의 수이다. 사탄은 언제나 모자라고 실패한다. 그것은 '실패 실패 실패'를 의미한다. 황제 숭배를 강요하는 로마 제국은 세계 최강의 막강한 세력이지만, 결코 그리스도를 이기지 못하게 된다는 의미이다.[318]

---

318) 박수암, 183–184.

11. 요한계시록 14장 신천지 해석 해부하기

1) 십사만 사천이 부르는 새 노래 (계 14:1~5)

① 신천지 주장

> 13장에는 짐승의 이름으로 표 받은 자들에 관해 기록되어 있고 14장
> 에는 하나님과 예수님의 이름으로 인 맞은 자들에 관해 소개되어 있
> 다. 배도, 멸망, 구원의 순리대로 하늘 장막 성도가 배도하여 이방 짐
> 승에게 멸망당한 후 하나님의 인을 맞은 14만 4천이 시온산에 모이
> 게 된다.[319]

> 초림 예수님께서 구약의 예언이 이루어진 것을 증거하시는 말씀은
> 당대의 사람들에게는 새 노래였고, 종말에는 신약 성경의 예언의 실
> 상으로 이루어진 것을 증거하는 말씀이 새 노래이다. 본장의 새 노래
> 를 시온산에서만 배울 수 있는 이유는 요한계시록을 포함한 신약의
> 예언이 성취된 것을 본 증인, 예수님께서 펼치신 책을 받아먹은 목자
> 가(계 10장) 시온산에 있기 때문이다.[320]

'십사만 사천이 부르는 새 노래'에 대한 신천지의 주장을 정리하면 다음과 같다.

＊요한계시록 13장에서는 짐승에게 표 받은 자들이 나오고 14장에서

319) 이만희, 『천지창조』, 229.
320) 위의 책, 231.

는 하나님께 인 맞은 자들이 등장한다.

＊배멸구 순서에 따라 장막성전 성도가 먼저 배도한 후에 구원받은 십 사만 사천이 모인다.

＊초림 때 새 노래는 구약의 예언이 이루어진 것을 증거하는 말씀이 다.

＊재림 때 새 노래는 신약의 예언이 실상으로 이루어진 것을 증거하는 말씀이다.

＊새 노래를 시온산에서 배울 수 있는 이유는 신약을 성취한 증인이 그곳에 있기 때문이다.

② 성경적 해석

요한계시록 14:1~5은 어린 양이 십사만 사천과 함께 시온산에서 새 노래를 부르는 장면이 묘사되어 있다. 이만희 씨는 "시온산", "십사만 사천" "새 노래"를 모두 신천지 중심으로 해석한다.

요한계시록 13장과 14장은 유재열 장막성전과 신천지를 대비하지 않는다.

이만희 씨는 요한계시록 13장과 14장을 시간의 연속 관계로 생각한 다. 요한이 13장에서 유재열 장막성전이 멸망당하는 모습을 기록 한 뒤, 14장에서 신천지 모습을 기록한 것이라고 주장한다. 요한계시록 14장은 11장부터 시작되어 13장까지 오면서 주제가 된 고난의 교회에 서 탈피하여, 승리한 천상의 교회의 모습을 보여준다. 13장과 14장은 시간의 전후관계를 나타내지 않을 뿐 아니라 유재열 장막성전과 신천 지를 대비하지 않는다.

십사만 사천은 신천지 신도가 아닌 땅의 환란을 이겨내고 천상에 선 하나님의 백성이다.

이만희 씨는 요한계시록 14:1의 시온산을 신천지와 동일시한다. 시온산은 솔로몬이 시온산에 예루살렘 성전을 세운 후, 예루살렘과 동의어로써 사용되었지만, 신약에 와서는 묵시적 의미가 가미되어 지상의 예루살렘이 아닌, 하늘의 신령한 예루살렘을 가리키는 용어가 된다(히 12:22; 벧전 2:6; 계 14:1).[321] 시온산에 선 십사만 사천은 하나님에게 인 맞은 신천지 신도가 아니다. 요한은 요한계시록 7장에서 환란 가운데서도 보호를 받는 하나님의 백성, 십사만 사천에 대한 이야기를 천사로부터 들었다. 그리고 요한계시록 14장에서는 그들을 직접 보고 있다. 그들은 지금 땅의 모든 환란을 이겨내고, 어린 양과 더불어 하늘에서 영광스러운 장면으로 서 있다. 그들은 붉은 용이 고용한 두 짐승의 위협 앞에서도, 황제 숭배 강요와 짐승의 표 받기를 거절하고, 승리한 하나님의 백성들이다. 요한은 이들을 가리켜 십사만 사천이라 명명한다.

새 노래는 이만희 씨의 실상 계시가 아니라 하나님의 백성이 부르는 구원의 노래이다.

이 구속받은 십사만 사천이 '새 노래'를 부른다(14:3). 새 노래를 부르는 주체는 신천지 신도가 아닌 승리한 하나님의 백성들이다. 그들이 부르는 것은 노래이다. 이 노래는 신약의 예언이 실상으로 이루어진 것을 증거하는 이만희 씨의 말씀이 아니다. '부르다'로 번역된 '아두신'(ᾄδουσιν)은 실지로 노래를 부르고 있는 모습을 생생하게 표현한다. 이 노래는 요한계시록 5:9의 새 노래로써, 지금은 어린 양의 피로 구속함 받은 하나님의 백성들이 부르고 있다.

---

321) 박수암, 186.

2) 알곡 추수와 심판 받는 포도 (계 14:14~20)

① 신천지 주장

> 본장 14절에서 16절까지는 알곡 성도를 추수하는 내용이며, 17절에서 20절까지는 들 포도가 성 밖에서 심판을 받는 내용이다(요 5:24~29 참고). 들 포도는 요한계시록 13장과 16장에 나오는 배도자들과 멸망자들이다. 누구든지 13장의 짐승에게 표 받고 경배한 이들은 세세토록 불과 유황으로 고난 받는다.[322]

'알곡 추수와 심판받는 포도'에 대한 신천지의 주장을 정리하면 다음과 같다.

＊요한계시록 14:14~20은 알곡 성도를 추수하는 내용이며, 들 포도가 심판받는 내용이다
＊심판받는 들 포도는 배도자와 멸망자이며, 이들은 세세토록 불과 유황으로 고난당한다.

② 성경적 해석

요한은 낫을 든 인자 같은 이가 무르익은 곡식을 베어 추수하는 장면을 본다(14:14~16). 또 천사가 포도송이를 베어 진노의 큰 포도주틀 속에 넣어 짓밟자 피가 흘러나와 말굴레에까지 닿았고 약 천육백 스다

---

322) 이만희, 『천지창조』, 232.

디온까지 흘러가는 장면을 본다(14:17~20).

심판받는 대상은 배도자와 멸망자가 아니라 황제 숭배에 동참한 자들이다.

이만희 씨는 이 두 환상도 신천지의 기존 틀 속에서 해석한다. 천사가 추수하는 알곡은 신천지 신도이며, 심판받는 포도는 배도한 유재열 장막성전과 그들을 삼켜버린 멸망자들이라고 해석한다. 멸망자는 오평호 목사를 중심으로 한 청지기교육원이라고 주장한다.

요한계시록 14:6~20의 핵심은 짐승의 표를 받은 자들에 대한 심판에 있다. 즉 황제 숭배에 동참한 자들에 대한 심판이다. 셋째 천사는 짐승을 숭배하고 그 표를 받은 자들은 무서운 진노를 각오하라고 외친다(14:9). 여기서 짐승의 표를 받은 사람들은 유재열 장막성전이 아니라 황제 숭배에 굴복한 자들이다. 이들은 황제 숭배에 동참함으로, 로마 제국 하에서는 별 다른 어려움 없이 살았다. 하지만 최후의 심판 때에는 짓이겨지는 포도처럼 심판받는다. 그러나 로마 제국의 회유를 거절하고 끝까지 절개를 지킨 하나님의 백성들은 고난과 핍박을 받았으며, 심지어 죽임을 당하는 경우도 있었지만 결국은 알곡으로서의 충분한 보상과 안식이 주어진다. 이 본문에서는 이만희 씨의 주장과는 달리 짐승의 표를 준 자, 멸망자들에 대한 심판은 다루지 않는다.

12. 요한계시록 15장 신천지 해석 해부하기

1) 짐승을 이긴 자들 (계 15:1~4)

① 신천지 주장

> 짐승과 그의 우상과 그의 이름의 수를 이기고 벗어난 자들은 유리바다 가에 서서 하나님의 거문고를 가지고 모세의 노래와 어린 양의 노래를 부른다. 본장의 이긴 자들은 12장에서 본, 만국을 다스릴 남자와 그의 형제들이다.···하나님의 거문고는 성경책을, 모세의 노래는 구약 성경의 말씀을, 어린 양의 노래는 신약 성경의 말씀을 가리킨다. 그리고 노래를 부른다는 것은 성경 말씀을 해설한다는 뜻이다.[323]

'짐승을 이긴 자들'에 대한 신천지의 주장을 정리하면 다음과 같다.

＊짐승과 우상을 이긴 자들이 유리바다 가에서 모세의 노래와 어린 양의 노래를 부른다.
＊거문고는 성경을, 모세의 노래는 구약 성경을, 어린 양의 노래는 신약 성경을 가리킨다.
＊노래를 부른다는 것은 성경을 해설한다는 뜻이다.
＊유리바다 가에서 노래를 부르고 있는 이긴 자들은 만국을 다스릴 남자의 형제들이다.

---

323) 위의 책, 234.

② 성경적 해석

요한은 불이 섞인 유리바다와 같은 것을 보았는데, 거기에는 짐승과 짐승의 형상과 짐승의 수를 이긴 사람들이, 거문고를 들고, 모세의 노래와 어린 양의 노래를 부르고 있다(15:2~3).

유리바다 가에 서 있는 사람들은 신천지 신도들이 아니라 황제 숭배를 거절한 자들이다.

이만희 씨는 유리바다 가에 서서 노래를 부르고 있는 사람들을 가리켜, 만국을 다스릴 남자의 형제들이라고 주장한다. 만국을 다스릴 남자는 요한계시록 12장에서 여자가 낳은 아이이다. 이만희 씨는 요한계시록 12장 해석에서 이 아이를 자기와 동일시했고 만국을 다스릴 권세도 자기가 소유하고 있는 것으로 해석했다. 유리바다 가에서 노래를 부르고 있는 자들은 다름 아닌 신천지 신도라는 주장이다.

요한계시록 15장에서도 신천지 중심의 해석은 집요하게 이어진다. 여자가 낳은 아이는 예수님을 상징하며, 만국을 다스릴 권세도 예수님에게 부가된 권세이다. 그렇다면 유리바다 가에 서 있는 자들이 신천지 신도들일까? 불이 섞인 유리바다에 서 있는 사람들은 "짐승과 그의 우상과 그의 이름의 수를 이기고 벗어난 자들"(15:2)을 가리킨다. 이들은 짐승과 그의 우상에게 경배하지 않고, 생존을 담보로 한 짐승의 표 받기를 요구하는 강압을 단호히 거절한 자들이다. 여기서 '이기고'로 번역된 '니콘타스'(νικῶντας)는 '짐승과 그의 우상과 그 이름의 수'로부터 계속 이기고 있는 상태를 가리킨다. 그들은 유리바다에 서기 직전까지, 황제 숭배를 강요하는 로마 제국의 압박 앞에서 계속해서 승리하고 또 승리했던 사람들이다.

불이 섞인 유리바다는 성경책이 아니라 홍해 바다를 상징적으로 변환한 것이다

이만희 씨는 「천국 비밀 요한계시록 실상」에서 불이 섞인 유리바다를 '하나님 말씀'이라고 해석한다.

> 모세가 만든 물두멍은 수족을 씻어 깨끗케 하는 도구였으나 영계 하
> 나님의 유리바다는 우리 속사람을 씻어 정결케 하는 '하나님의 말씀'
> 이다.[324]

이만희 씨는 물두멍의 물은 손을 씻어 정결하게 하는 것이고, 유리바다도 속사람을 씻어 정결케 하는 것이므로, 이 둘을 하나님의 말씀이라 해석한다. 바다와 물을 연결하고, 그 물의 이미지를 이용해서 '정결'이란 단어를 끄집어낸 후 비약하여 '하나님 말씀'이라고 주장하는 것이다. 이런 식의 논리라면 유리바다를 기도, 찬양, 예배, 봉사, 성령 충만이라고 주장해도 무방하다. 왜냐하면 기도와 찬양과 예배와 봉사와 성령 충만을 통해서도 속사람이 정결케 될 수 있기 때문이다.

유리바다는 실질적인 유리바다가 아니라 '유리바다처럼 보이는 그어떤 것'을 의미한다. 불이 섞인 유리바다(15:2)는 홍해를 상징적으로 변환한 것이다.[325] 홍해와 관련된다는 점은 요한계시록 15:3~4에 언급된 찬양이 하나님의 종 모세의 노래라는 점에서 확연히 드러난다. 말하자면 불이 섞인 유리바다에서 부르는 노래는 이스라엘 백성이 홍해를 건넌 후 불렀던 감격적인 모세의 노래를 상기시킨다(출 15:1~18). 요한은 불이 섞인 유리바다는 두 짐승의 핍박 가운데서 승리한 하나님의 백성을, 애굽의 바로의 핍박 가운데서 승리한 이스라엘 백성에 대

---

324) 이만희, 「천국 비밀 요한계시록의 실상」, 324.
325) 박수암, 202.

입하여 묘사하고 있다.

거문고는 성경책이 아니라 거문고이다.

이만희 씨는 불이 섞인 유리바다 가에서 하나님의 백성들이 노래를 부를 때 탔던 거문고를 성경책으로 해석한다. 요한이 본서를 기록할 때 성경책을 굳이 거문고로 표기해서 독자들에게 의미 없는 혼란을 야기 시킬 필요가 있었을까? 요한이 성경책을 성경책이라 하지 못하고 거문고로 묘사해야 할 특별한 이유가 있었던 것일까? 거문고는 요한계시록에서 총 4회 등장한다(5:8; 14:2; 18:22). 이 중에 거문고를 성경책으로 해석할 수 있는 구절은 단 하나도 없다. 이만희 씨 해석이 옳다면 요한계시록 18:21~22에서 한 가지 재미있는 일이 생긴다.

> 21 이에 한 힘센 천사가 큰 맷돌 같은 돌을 들어 바다에 던져 이르
> 되 큰 성 바벨론이 이같이 비참하게 던져져 결코 다시 보이지 아니
> 하리로다. 22 또 거문고 타는 자와 풍류하는 자와 통소 부는 자와 나
> 팔 부는 자들의 소리가 결코 다시 네 안에서 들리지 아니하고…(계
> 18:21~22).

로마도 옛 바벨론 제국처럼 멸망하게 되는데, 멸망당한 국가에는 영원히 침묵만 흐르게 된다는 내용이다. 그 때는 악기 소리도 들리지 않는다. 거문고 소리, 통소 소리, 나팔 소리를 들을 수 없다. 이 나열된 악기 종류에 느닷없이 '성경책'이 들어가면 어떠할까? 요한은 분명히 거문고를 연주하는 사람을 보았고, 거문고 소리를 들었다. '거문고'로 번역된 '키타라이스'(κιθάρας)는 현악기 기타(guitar)의 어원이 되는 단어이다. 거문고는 성경책이 아닌 거문고이다.

모세의 노래와 어린 양의 노래는 구약과 신약이 아니라 하나님의 경이로운 구원 행위에 대한 찬양이다.

이만희 씨는 모세의 노래는 구약 성경을, 어린 양의 노래는 신약 성경을 가리킨다고 해석한다. 하지만 '모세의 노래'와 '어린 양의 노래'는 두 개의 노래가 아닌 하나의 노래이다.[326] 모세의 노래는 홍해를 건넌 후 이스라엘 백성과 모세가 함께 불렀던 노래(출 15:1~18)로 그 내용은 하나님의 경이로운 구원 행위에 대한 찬양이다. 그런 의미에서 어린양 구원 행위를 드러내는 데 있어서 모세의 노래보다 더 적절한 노래는 없다. 이스라엘 백성은 하나님의 은혜로 홍해를 건넌 후, 새로운 삶을 시작했듯이, 하나님의 교회 공동체는 어린양 대속 죽음을 믿음으로, 용과 짐승의 바다를 건넌 후, 새로운 삶을 시작하게 된다. 하나님의 경이로운 구원 행위에 대한 찬양이란 의미에서 모세의 노래와 어린양 노래는 같은 노래이다. 요한이 유리바다에서 들은 노래는, 별개의 노래가 아닌 어린 양을 찬양하는 하나의 노래였다. 요한계시록 15:3에서 노래로 번역된 오덴(ᾠδὴν)은 결코 성경책으로 대체할 수 없다.

2) 증거 장막 성전 (계 15:5~8)

① 신천지 주장

이긴 자들이 모인 유리바다 가에는 증거 장막 성전이 열린다(5절). 만국은 이긴 자들이 신·구약 성경 말씀과 계시록의 실상을 증거하는 곳으로 와서, 그 곳에 계신 하나님께 경배하는 것이 마땅하다. … 13장의 장막은 짐승에게 멸망 받아 없어지는 처음 하늘이요, 그 후에

---

326) 위의 책, 203.

이긴 자들이 주축이 되어 새로이 창조된 둘째 장막 성전은 새 하늘이
다.[327]

'증거 장막 성전'에 관한 신천지의 주장을 정리하면 다음과 같다.

＊증거 장막 성전은 이긴 자들이 모인 유리바다 가에서 열렸다.
＊증거 장막 성전은 신구약 성경과 요한계시록의 실상을 가르치는 곳
  이다.
＊증거 장막 성전으로 만국이 와서 하나님을 경배해야 한다.
＊요한계시록 13장의 장막은 멸망하여 없어지는 처음 하늘에 해당된
  다.
＊요한계시록 15장의 장막은 새로 창조된, 이긴 자들이 중심 되는 새
  하늘이다.

② 성경적 해석

요한계시록 15:5의 증거 장막 성전이 이만희 씨가 경기도 안양시 비산동 283-
13에 세운 장막 성전인가?

　이만희 씨는 요한계시록 15:5의 "또 이 일 후에 내가 보니 하늘에 증
거 장막의 성전이 열리며"를 신천지 존재의 결정적인 근거로 제시한
다. 그는 이긴 자들이 서 있는 유리바다 가에, 열린 '증거 장막 성전'을
오늘날 '신천지 증거 장막 성전'과 동일시한다. 그리고 요한계시록 13
장 사건에서 유재열 장막성전이 없어졌기 때문에 요한계시록 15장에
서 신천지 증거 장막성전이 세워졌다고 주장한다. 1980년 10월 장막성

---

327) 이만희, 『천지창조』, 234-235.

전의 교주 유재열 씨는 미국으로 이민가고 1981년 오평호 목사가 대신 장막 성전을 맡았을 때, 이만희 씨는 자기 추종자들과 함께 경기도 안양 시 비산동 283-13에 신천지 장막 성전을 세우게 된다.[328] 이만희 씨는 1980년 10월, 자기에게 일어난 이 일을 요한계시록 15:5에 꿰맞춘다.

요한계시록 15:5의 증거장막성전과 신천지 증거장막성전에서의 '증거'는 다른 용어이다.

요한계시록 15:5의 '하늘의 증거 장막의 성전'이 '신천지예수교 증거 장막성전'을 가리키는 용어일까? '나오스 테스 스케너스 투 마르튀리 우'(ναὸς τῆς σκηνῆς τοῦ μαρτυρίου)를 직역하면 '성전 곧 증거의 장막' 이 된다. 말하자면 모세의 장막이 곧 성전이라는 뜻이다. 솔로몬이 예 루살렘 성전을 건축하기 전, 성전의 역할을 모세의 장막이 대신했기 때문이다. 그러면 왜 이 장막을 '증거 장막'이라 불렀을까?(민 17:7; 18:2). '증거'라는 단어를 붙인 이유는 장막 안에 있는 두 증거 돌판(십 계명의 두 돌비)이 있기 때문이다(출 32:10. 신 10:5). 그렇다면 '신천 지예수교 증거장막성전'에서 '증거'도 십계명을 의미하는 것일까? 신천 지는 이 '증거'에 대해 「진리의 전당 주제별 요약 해설」에서 다음과 같 은 주장을 한다.

> 왜 교명을 신천지예수교 증거장막성전이라고 호칭하는가? 신천지(新 天地)란 계시록 21장의 새 하늘과 새 땅을 말한 것이며, 예수교란 신 천지의 교주가 예수임을 말한 것이며, 증거장막이란 신약이 이루어 지는 것을 증거하는 곳을 말하는 것이며… [329]

328) 탁명환, 『기독교 이단 연구』, 349-358.
329) 『진리의 전당 주제별 요약 해설』, 116.

「진리의 전당 주제별 요약 해설 V」에서도 동일한 주장을 한다.

> 신천지예수교 증거장막성전은 어떤 것이며, 이 성전의 성도가 될 자
> 격은 어떤 것인가? …계시록 15장의 증거장막 성전도 계시록이 성취
> 됨으로 있게 된다. 선천인 계시록 6장과 13장의 하늘장막과 마태복
> 음 24장에 예루살렘 성전이 멸망 받아 무너지고 만국 교회들도 무너
> 졌으므로, 이를 보고 증거하는 곳이 증거장막이며… [330]

신천지의 사명이 실상을 '증거'하는 것이기에 신천지를 '증거장막성
전'이라고 호칭하게 되었다는 것이다. 그렇다면 신천지예수교 증거장
막성전에서 '증거'와 '성전 곧 증거의 장막'의 '증거'는 다른 의미이다.
따라서 요한계시록 15:5의 '성전 곧 증거의 장막'이라는 용어가 신천
지의 '증거장막성전'의 명칭이 될 수 없다. 문맥의 의미는 도외시한 채
'성전'이라는 글자와 '증거'라는 글자와 '장막'이라는 글자에 매달려 이
것을 신천지 '증거장막성전'과 동의어라고 주장하는 것은 황당한 동일
시이다. 이만희 씨는 자기주장에 도움이 될 만한 글자만 보이면, 그것
이 문맥 속에서 어떤 의미를 내포하고 있는지는 연구하지 않고, 곧 바
로 연결고리를 만든 후 비약한다. 하나님의 말씀을 이렇게 자기중심적
으로 이용하는 사람이 과연 '신앙'을 가지고 있다고 볼 수 있을까? 요
한계시록 15:6에서는 하늘에 있는 '성전 곧 증거의 장막'이 열린 뒤 일
곱 대접 재앙을 진행시킬 일곱 천사가 나온다. 재앙을 집행할 천사가
하늘의 열린 증거 장막에서 나왔다는 사실은 이 마지막 종말적 심판도
궁극적으로 하나님에게서 비롯된다는 사실을 보여준다.

---

330) 「진리의 전당 주제별 요약 해설 V」, 279–280.

새 하늘과 새 땅은 유재열 씨와 이만희 씨의 장막성전과 무관하다.

　이만희 씨는 붕괴된 유재열 장막성전을 '처음 하늘'(21:1)과 동일시하고, 신천지 증거장막성전을 '새 하늘'(21:1)과 동일시한다. 요한계시록 21장의 '새 하늘과 새 땅'은 하나님께서 창세기 1장에서 처음 세계를 창조하신 목적이 성취되는, 전 지구적, 전 우주적 사건을 의미하는 용어이다. 이런 새 하늘과 새 땅을 신천지와 동일시하는 것은 성경을 우롱하는 처사이다.

13. 요한계시록 16장 신천지 해석 해부하기

1) 처음 네 개의 대접 재앙 (계 16:1∼9)

① 신천지 주장

첫 째 천사가 대접을 땅에 쏟으니 악하고 독한 헌데가 13장의 짐승에게 표 받고 그 우상에게 경배한 자들에게 났다. …하나님의 진노가 담긴 말씀을 그들에게 쏟은 결과, 아담 같이 하나님을 버리고 짐승 곧 뱀의 악(惡)과 독(毒)을 받은 선민의 흠이 드러난다.[331]

둘째 천사가 대접을 바다에 쏟자 바닷물이 피가 되고 바다 가운데 사는 피조물이 죽는다. …하나님의 말씀으로 세상 교리를 심판하여 그 교리가 생명이 없는 비진리임을 드러낸다는 뜻이다. 멸망자(짐승)의 설교를 듣던 성도(물고기와 생물들)들은 이제 더 이상 비진리로 드러난 거짓 교리를 듣지 못하게 된다.[332]

셋째 천사가 대접을 강과 물 근원에 쏟으니 피가 된다. 그 피를 성도들과 선지자들의 피를 흘리게 한 자가 마시게 된다. 강과 물 근원은 짐승에게 속한 전도자와 거짓 목자를 말하며, 물이 피가 되게 한다는 것은 그들의 교리가 생명력이 없는 짐승의 거짓 교리임을 드러낸 것이다.[333]

---

331) 이만희, 『천지창조』, 236–237.
332) 위의 책, 237.
333) 위의 책, 237–238.

넷째 천사가 대접을 해에 쏟으니 해가 권세를 받아 사람들을 불로 태운다. 이 해는 용(사단)에게 보좌와 권세를 받고 용의 말을 대언하는 짐승 곧 거짓 목자들의 머리된 자이다.…이 재앙 또한 8장의 해 곧 선민 장막의 목자에게 멸망자가 침해(侵害)를 입혀 진리의 빛을 비추지 못하게 한 일에 대해 하나님께서 갚아 주시는 것이요, 9장과 같이 다섯 달 동안 선민을 괴롭게 한 일에 대해 내리는 하나님의 진노이다.[334]

'처음 네 개의 대접 재앙'에 대한 신천지의 주장을 정리하면 다음과 같다.

* 첫째 천사가 대접을 쏟자, 피부병이 생긴 것은 선민의 흠이 드러났다는 것이다.
* 둘째 천사가 대접을 쏟자, 바다가 피가 되는 것은 멸망자가 비진리로 드러났다는 것이다.
* 셋째 천사가 대접을 쏟자, 강이 피가 된 것은 짐승의 교리가 비진리로 드러났다는 것이다.
* 넷째 천사가 대접을 쏟자, 해가 사람을 태우는 것은 하나님이 멸망자에게 보응하신 것이다.

② 성경적 해석

처음 네 개의 대접 재앙의 대상도 유재열 씨와 오평호 씨인가?

---

334) 위의 책, 238.

요한계시록의 모든 심판을 유재열 장막성전과 오평호 목사에게 적용하는 이만희 씨의 해석은 일곱 대접 재앙에서도 계속 된다. 그는 첫 번째 대접 재앙에서 선민의 흠이 드러났다는 것은 과거 유재열 장막성전의 행적이 세상에 드러난 것으로 해석한다. 두 번째 대접 재앙에서 바다가 피가 되고, 바다 생물이 죽은 것은 장막성전 강단에서 행한 오평호 목사의 설교가 비진리로 드러난 일로 해석한다. 세 번째 대접 재앙에서 강과 물이 피가 된 것은 유재열 장막성전을 침해한 기성교회의 교리가 비진리로 드러난 일로 해석한다. 네 번째 대접 재앙에서 태양이 사람을 태우는 것은 하나님께서 멸망자 오평호 목사에게 보응한 것으로 해석한다.

처음 네 개의 대접 재앙의 대상은 하나님을 대적하는 세상이다.

처음 네 개의 대접 재앙의 대상은 '땅'이다(16:1~2). 여기서 '땅'(γῆν)은 일곱 천사가 보냄을 받은 곳, 세상 전부를 가리킨다. '세상'은 하나님과 어린양과 그를 경배하는 교회에 대한 일체의 적대적인 세력을 상징한다. '세상'은 본 장에서 언급된 땅(16:2)과 바다(16:4)와 강과 물(16:4)과 해(16:8)를 모두 포함한다. "땅에 쏟으라"는 하나님의 명령은 세상으로 대변되는 로마 제국 전체를 향한 심판을 함축하고 있다. 로마는 당시 세상의 전부이며 대표였다. 처음 네 개의 대접 재앙은 요한계시록의 마지막 재앙으로 하늘, 태양, 땅, 바다, 강이 모두 멸망하게 된다. 이것은 세상 자체의 붕괴를 의미한다. 하나님께서 애굽에 재앙을 내린 것과 마찬가지로 창조주에 대항하는 로마 제국을 포함한 세상에 재앙을 내리고 있다.[335] 이 네 개의 대접 재앙의 대상을 유재열 장막성전과 오평호 목사와 기성 교회로 삼는 이만희 씨의 해석은 무지의

---

335) M. 유진 보링, 251.

극단을 보여준다. 요한계시록에 등장하는 모든 재앙의 대상을 특정인과 특정 종파로 국한하는 것은 저급하기 짝이 없다.

2) 다섯째 대접 재앙: 흑암 재앙 (계 16:10~11)

① 신천지 주장

> 다섯째 천사가 대접을 짐승의 보좌에 쏟으니 그 나라가 어두워지고 사람들이 아파서 하나님을 훼방한다. 그 나라가 어두워진다는 것은, 하나님의 진노의 말씀으로 멸망자들을 심판하니 그들의 교리가 거짓으로 드러나서 더 이상 진리(빛)라고 주장할 수 없다는 뜻이다.[336]

'다섯째 대접 재앙'에 대한 신천지의 주장을 정리하면 다음과 같다.

* 다섯째 천사가 대접을 쏟자, 나라가 어두워졌다.
* 다섯째 대접 재앙으로 사람들이 아파하지만 하나님을 더욱 훼방한다.
* 다섯째 대접 재앙으로 멸망자의 교리가 거짓으로 판명 나게 되었다.

② 성경적 해석

첫째 대접 재앙부터 넷째 대접 재앙까지는 천사들이 각 대접을 땅과 바다와 강 그리고 하늘에 쏟았지만 다섯째 천사는 대접을 짐승의 보좌에 쏟았다. 그러자 나라가 어두워졌고 사람들은 고통과 아픔과 종기로 인해 하나님을 모독하고 회개하지 않는다(16:10~11).

---

336) 이만희, 『천지창조』, 238.

다섯째 대접 심판의 대상은 오평호 목사가 아니라 로마 제국이다.

이만희 씨는 이 다섯째 대접 재앙의 결과, 멸망자들이 더 이상 자신들의 교리를 진리라고 주장하지 못하게 되었다고 해석한다. 또한 아픔과 종기는 장막성전의 신도들이 자신들이 거짓 교리를 받았음을 알게 되어 생긴 마음의 근심과 상처라고 해석한다.[337] 이만희 씨는 이 다섯째 대접 재앙의 대상도 유재열 씨와 오평호 목사에게 초점을 맞춘다. 천사가 대접을 쏟아부은 "짐승의 왕좌"(16:10)는 당시 로마 제국의 정치권력을 상징한다. 대접이 쏟아지자 어두움이 짐승의 나라를 온통 뒤덮었다. 요한은 이 재앙을 통해 하나님을 대적했던 세계 최강의 권력도 하나님 앞에서는 무력한 존재인 것을 나타낸다. 이 재앙은 애굽에 임한 아홉 번째 재앙을 연상시킨다(출 10:21~29). 흑암이 온 천지를 뒤덮은 가운데, 사람들은 고통과 종기 때문에 아파서 하나님을 저주한다. '종기'로 번역된 '헬콘'(ἑλκῶν)은 곪은 상처, 헌데, 종양 등 사람이나 동물에게 생기는 피부병을 가리킨다. 누가복음 16:21에서 종기로 인해 생긴 나사로의 헌데를 개들이 와서 핥았는데 그 헌데가 '헬케'(ἕλκη)로 번역되어 있다. 종기가 장막성전 신도들의 마음의 근심이나 상처로 해석될 가능성은 없다.

3) 여섯째 대접 재앙: 유브라데와 아마겟돈(계 16:12~16)

① 신천지 주장

여섯째 천사가 대접을 큰 강 유브라데에 쏟으니 강물이 말라서 동방에 오는 왕들의 길이 예비된다. …본장의 유브라데 강은 악령이 들어

---

337) 이만희, 『천국 비밀 요한계시록의 실상』, 349.

쓰는 멸망자 즉 일곱 머리와 열 뿔 가진 짐승이며 또한 그들의 활동 본부이다. 유브라데 강물이 말랐다는 것은, 강물과 같은 그들의 교리가 멸망자들의 마음과 입에서 더 이상 나오지 않는다는 뜻이다…. 유브라데 강물이 마르자, 즉 멸망자들의 교리가 사라지자, 증거의 말씀이 구원의 처소(증거장막성전)로 나오는 길이 된다. 하나님께서 홍해의 물을 말리고 길이 되게 하여 이스라엘 백성들이 애굽에서 나오게 하신 것처럼, 하나님의 성도들이 멸망자의 소굴에서 증거의 말씀의 길로 나오게 된다. …한편 개구리 같은 세 더러운 영이 용의 입과 짐승의 입과 거짓 선지자의 입에서 나오니 저희는 귀신의 영이라 한다. 이것은 악령이 거짓 목자들 속에 있다가 나오는 것이다. …이 귀신의 영들이 거짓 선지자의 입에서 나와 천하 임금들(목자들)에게 가서 하나님의 큰 날에 있을 전쟁을 위해 아마겟돈으로 모은다고 한다. 아마겟돈은 바벨론 목자들이 자신들과 싸워 이긴 승리자들을 치려고 모이는 영적 전쟁터이다. …이 전쟁의 결과, 귀신의 나라 바벨론이 패하고(계 18장) 사단은 무저갱에 갇히게 된다(계 20장).[338]

'여섯 째 대접 재앙'에 대한 신천지의 주장을 정리하면 다음과 같다.

＊여섯째 천사가 대접을 유브라데 강에 쏟자, 강물이 말라 동방 왕들이 오는 길이 트였다.
＊유브라데 강은 일곱 머리 열 뿔 가진 짐승의 활동 본부이다.
＊유브라데 강물이 말랐다는 것은 일곱 머리 열 뿔 가진 짐승의 교리가 사라졌다는 뜻이다.
＊짐승의 교리가 사라지면서 신천지 증거의 말씀이 나오는 길이 열렸다.

---

338) 이만희, 『천지창조』, 239-240.

＊짐승의 교리가 사라지자 사람들이 멸망자의 소굴에서 나와 신천지
　로 들어오게 되었다.

＊악령 곧 개구리 같은 더러운 영들이 목사들에게 들어가서, 그들을
　아마겟돈으로 모은다.

＊아마겟돈은 목사들이 신천지의 이긴 자를 치려고 모인 영적 전쟁터
　이다.

＊아마겟돈 전쟁의 결과 그들은 이긴 자에게 패하여 무저갱에 갇히게
　된다.

② 성경적 해석

유브라데는 오평호 목사의 활동 본부이며 아마겟돈이 이만희 씨를 공격하기
위한 곳인가?

　이만희 씨는 유브라데 강물이 마른 것(16:12)을 오평호 목사와 청지
기교육원의 교리들이 엉터리로 판명 나서 사라진 것을 가리키고, 동방
의 왕들의 길이 예비된 것(16:12)을 신천지로 들어오는 길이 열린 것
으로 해석한다. 그리고 이스라엘 백성이 애굽을 탈출하듯, 장막성전의
신도들이 대거 멸망자에게서 벗어나 신천지로 유입되는 것으로 해석
한다. 이만희 씨는 짐승에게서 나온 개구리 같은 더러운 세 영이 온 세
계의 왕들을 전쟁을 위해 아마겟돈으로 모으는 장면(16:12~16)에 대
해서도 나름의 해석을 한다. 이는 짐승에게서 나온 악령들이 목사들
속에 들어가 이긴 승리자(이만희)를 치기 위해 영적 전쟁터인 아마겟
돈으로 소집한 것으로 해석한다. 그 전쟁의 결과 자신에게 패배한 자
들은 요한계시록 20:3의 무저갱에 갇히게 된다고 한다.

유브라데와 아마겟돈은 로마 제국의 멸망과 연관된 장소이다.

요한은 파르티아 제국의 거점이었던 유브라데 강을 활용함으로 재앙의 공포를 강화한다. 실지로 파르티아 군대는 B.C 53년과 A.D 62년에 유브라데 강을 건너 로마를 침공하여 대승을 거둔 적이 있었다. 당시 로마 제국 내에 죽은 네로가 부활하여 파르티아 군대를 거느리고 다시 로마를 침공하여 로마를 멸망시킨다는 풍문이 널리 유포되어 있었다. 유브라데 강이 말랐다는 것은 파르티아 군대가 건너올 수 있는 길이 트였다는 것을 보여준다. 이것은 로마 제국의 멸망의 시작을 알리는 것이다. 유브라데 강물이 마른 것과 오평호 목사와 청지기교육원의 교리가 사라진 것과는 하등 상관없다. 더군다나 신천지로 유입되는 새가족과도 무관하다.

이어서 '아마겟돈'에 대한 그림이 펼쳐진다. 짐승에게서 나온 개구리 같은 악령들이 파르티아 군대를 포함한 동방의 임금들을 아마겟돈으로 불러 모은다(16:16). 목적은 '전쟁'을 위해서이다(16:14). 이 장면은 가까운 미래에 일어날 로마 제국에 대항하는 최후의 일전에 대한 묘사이다. 이 후에 요한은 요한계시록 16:17~21에서 실질적인 로마 제국의 멸망에 대해 묘사한다. 로마의 종말은 당시 교회가 경험할 수 있는 종말 사건이었다. 요한은 '아마겟돈'을 종말 사건의 절정이 이루어지는 장소로 묘사한 것이다.[339] 아마겟돈은 악령들이 목사들을 이끌고 이만희 씨를 치기 위해 소집된 장소가 아니다.

---

339) M. 유진 보링, 253–255.

4) 일곱째 대접 재앙: 바벨론의 멸망 (계 16:17∼21)

① 신천지 주장

> 일곱 째 천사가 대접을 공기 가운데 쏟으니, 큰 성이 세 갈래로 갈라지고 무게가 한 달란트나 되는 우박이 사람들에게 내린다. 공기는 풍문(風聞)을 말한다. 배도자와 멸망자의 행위를 풍문으로 알리니 모든 교회가 알게 된다. 그 결과 무너지는 큰 성은 멸망자들의 처소이며, 그 이름은 바벨론이다(계 18:2). 멸망자들이 하나님의 심판을 받자, 그들에게 속한 장막 성도들이 세 갈래로 나누어진다. 하나는 본래 자신들이 있던 장막 성전에 남고, 다른 하나는 증거 장막 성전으로 가고, 나머지 하나는 바벨론으로 가니, 세 갈래로 흩어지게 된 것이다.[340]

'일곱 대접 재앙'에 대한 신천지의 주장을 정리하면 다음과 같다.

* 일곱째 천사가 대접을 쏟으니 큰 성이 세 갈래로 갈라지고 한 달란트의 우박이 쏟아졌다.
* 무너지는 큰 성의 이름은 바벨론이며, 바벨론은 멸망자들의 처소이다.
* 일곱째 천사가 대접을 쏟은 공기는 풍문을 말한다.
* 풍문의 내용은 배도자와 멸망자의 행실이며, 이것을 모든 교회가 알게 된다.
* 멸망자의 처소가 무너지자, 장막성전은 세 갈래로 갈라진다.

---

340) 이만희, 『천지창조』, 240-241.

② 성경적 해석

일곱 대접 재앙을 내린 심판자는 이만희 씨이며, 그 결과 멸망자의 처소가 무너졌다(?)

이만희 씨는 일곱 째 천사가 대접을 쏟자 지진이 일어나고 큰 성 바벨론이 세 갈래로 갈라지게 된 것을 가리켜, 멸망자 안에 속했던 세 사람이 흩어진 것으로 해석한다. 「천국비밀 요한계시록의 실상」에서는 이를 가리켜 장막성전의 출신의 세 사람이 각각 배도자와 멸망자와 구원자의 처소로 갈라지게 된 것이라고 주장한다.[341]

이만희 씨는 천사가 대접을 쏟은 공간인 '공기'를 풍문으로 해석하고, 그 풍문이 퍼져 배도와 멸망의 진상이 세상에 알려지게 되고, 이때 사람들이 받았던 충격과 마음의 동요를 "큰 지진"(16:21)으로 간주한다.[342]

이만희 씨는 심판을 상징하는 우박을 자기와 동일시하고, 우박을 맞아 고통당하는 대상을 배도자와 멸망자로 간주한다. 우박이 이만희 씨를 상징한다고 주장하는 이유는 우박의 무게와 이만희 씨의 몸무게가 같기 때문이라고 한다. 이만희 씨는 「천국 비밀 요한계시록의 실상」에서 다음과 같이 주장한다.

> 이 우박의 무게 한 달란트는 진노의 말씀을 담은 목자의 몸무게를 가리킨다. 영적인 우박에 대해서는 이미 앞에서 자세히 말하였으므로 설명을 생략한다. 그러므로 백 근짜리 '우박'이 하늘로부터 사람들에게 내린다는 본문 말씀은 초림 예수님(요 5:19~22)처럼 '하나님께서

---

341) 이만희, 「천국 비밀 요한계시록의 실상」, 359.
342) 위의 책 358.

> 심판권을 받은 목자(증인)'가 증거장막 성전에서 나와 배도자와 멸망
> 자의 악한 행위를 쳐서 증거한다는 뜻이다.[343]

일곱 대접 재앙의 심판자는 하나님이며 큰 성 바벨론의 멸망은 로마 제국의
멸망을 의미한다.

일곱 대접 재앙의 결과 멸망의 처소인 오평호 목사와 그 무리들이 멸
망했다는 의미가 무엇인지 궁금하다. 오평호 목사는 1981년도에 장
막성전을 인수하여 계속해서 운영해 나가고 있었다. 그리고 이만희 씨
는 장막성전이 와해된 후 자기를 따르는 추종자들과 함께 경기도 안양
에 새로운 신천지 장막 성전을 세웠다. 이만희 씨가 오평호 목사를 이
겼다는 내용과 그 성격이 무엇인지 알 길이 없다.

"공기"로 번역된 '아에라'(ἀέρα)는 공중, 혹은 대기라는 뜻이다. 공기
가 풍문으로 해석될 수 있는 가능성은 전혀 없다. 이만희 씨는 '지진'을
가리켜 배도자와 멸망자를 따르던 사람들이, 그 풍문을 듣고 마음에
일어나는 동요라고 하지만 지진으로 번역된 '세이모스'(σεισμός)는 문
자 그대로 지진이다. 마태복음 28:2에서 여자들이 예수님을 무덤을 보
려고 갔을 때 일어난 지진이 '세이모스'였다.

우박의 무게와 이만희 씨의 몸무게가 같으므로 자기를 우박과 동일
시하는 그의 주장은 기이하기까지 하다. "큰 우박이 하늘로부터 사람들
에게 내리매"에서 '내리매'로 번역된 '카타바이네이'(καταβαίνει)는 하늘
로부터 우박이 연속적으로 떨어지고 있는 모습을 생생하게 보여준다.
우박은 문자 그대로의 우박이다. 이 우박의 무게는 36kg이다(공동번역
참고). 당시 이만희 씨의 몸무게가 36kg이었는지는 잘 모르겠다. 이만
희 씨는 성경 본문의 의미가 무엇인지 파악하려는 시도조차 하는지 모

---

343) 위의 책, 360.

르겠다.

　요한은 이 마지막 재앙에서 지진으로 인해 큰 성 바벨론이 무너지고 각 산과 섬이 제자리를 옮겨지고 큰 우박이 떨어지고, 사람들이 아우성치는 아비규환의 현장을 보여준다. 하나님께서 거만한 인간의 큰 성인 바벨론의 불의와 반역을 잊지 않고 심판하신 것이다. 큰 성 바벨론은 로마 제국을 가리킨다. 우박은 구약에서 하나님의 대적을 벌하는 도구이다(수 10:11; 겔 38:18~22). 이러한 대 재앙에도 불구하고 그들은 황제 숭배 사상을 버리지 못하고 끝까지 하나님께 대적한다(16:21). 이 장면은 애굽의 바로 왕을 연상케 한다.[344]

　요한은 이 재앙 장면을 통해서 로마는 영원할 수 없으며, 영원할 수 있는 분은 오직 보좌에 계신 하나님 한 분 밖에 없음을 보여준다.

344) M. 유진 보링, 255-256.

14. 요한계시록 17~18장 신천지 해석 해부하기

1) 음녀 (계 17:1~6)

① 신천지 주장

> 심판받을 음녀는 거짓 목자의 우두머리이다. 이 여자가 타고 있는 일곱 머리와 열 뿔 가진 짐승은 12장과 13장의 하늘 장막에 들어가서 성도들을 멸망시킨 용의 무리이다. …본문에 기록된 땅의 임금들은 세상에 속한 목자들이다(벧전 2:9, 계 17:9~10 참고). 이들이 음녀와 더불어 음행했다는 것은 음녀를 따라 마귀와 교제했다는 말이다. 땅에 거하는 자들은 교인들을 말하며, 그들이 마시고 취한 음행의 포도주는 음녀와 임금들이 마귀에게 받은 교리를 가리킨다. …음녀가 치장한 옷과 보석은 자신을 그럴듯하게 포장하고 있는 지식과 교리를 말하고, 손에 든 금잔은 주석(註釋)책을 가리킨다. …누구든지 음녀의 손에 있는 금잔에 담긴 음행의 포도주(선악과: 독사의 독)를 마시는 사람은 짐승의 소속이 되어 지옥 형벌을 면치 못한다.[345]

'음녀'에 대한 신천지의 주장을 정리하면 다음과 같다.

＊음녀는 거짓 목자의 우두머리이다.
＊음녀가 타고 있는 일곱 머리 열 뿔 가진 짐승은 선민 장막에 들어간 용의 무리들이다.
＊음녀와 더불어 음행한 땅의 임금들은 교인들이다.

---

345) 이만희, 『천지창조』, 242-244.

＊음녀가 주는 포도주는 거짓 교리이며, 이것을 마시고 교인들이 취해 있다.

＊음녀가 치장한 옷과 보석은 그의 지식과 교리이며, 음녀가 들고 있는 금잔은 주석책이다.

② 성경적 해석

일곱 대접 재앙에서 파괴된 바벨론에 대해서 요한계시록 17장과 18장은 보다 상세하게, 그리고 다각도로 조명한다. 17장은 바벨론이 무엇인지 보여준다. 18장은 바벨론의 멸망을 더 상세히 보여준다. 요한은 먼저 요한계시록 17:1~6에서 바벨론으로 상징되는 '음녀'의 존재를 알려줌으로 시작한다. 음녀는 땅의 임금들과 음행한 여자였고, 땅에 사는 사람들도 음녀가 주는 포도주에 취해 있다(17:2). 음녀는 하나님을 모독하는 이름이 몸에 적혀 있는, 일곱 머리 열 뿔 달린 붉은 짐승을 타고 있고(17:3), 자주색과 붉은 색 옷을 걸치고, 각종 보석으로 치장하고, 그 이마에는 큰 바벨론의 어미라는 비밀스러운 이름이 적혀있다(17:4~5). 이 음녀는 순교자들의 피에 취해있다(17:6).

음녀는 탁성환 목사를 가리키는가?

이만희 씨는 이 음녀가 거짓 목자의 우두머리이며, 음녀가 주는 포도주는 거짓 교리이며, 교인들이 이 거짓 교리에 취해있으며, 음녀가 걸치고 있는 옷과 각종 보석은 거짓 목자의 지식과 교리이며, 음녀가 들고 있는 금잔은 주석책으로 해석한다. 그리고 음녀가 타고 있는 일곱 머리 열 뿔 달린 짐승은 유재열 장막성전에 침투한 용의 무리라고 주장한다. 이만희 씨는 음녀가 누구인지에 대해 「천국의 비밀 계시록의 진상」에서 자세히 암시한다.

> 음녀와 짐승의 관계는, 같은 조직이며 음녀인 목회자 연수원 또는 사
> 이비 종교 정화를 위하여 스스로 조직한 일곱 머리 집단의 최고위 인
> 사와 그 머리 중 하나이다. …이미 언급한대로 음녀는 원장으로서 일
> 곱 머리의 두목이다.[346)]

여기서 음녀는 청지기교육원의 원장 탁성환 목사를 가리킨다고 이만
희 씨는 주장한다.[347)] 이만희 씨는 요한계시록 17장의 모든 부정적인
요소들을 유재열 장막성전에 남아 있었던 신도들을 계몽시킨 청지기
교육원에 집요하게 대입하는 패턴을 그대로 반복하고 있다. 과연 음녀
가 탁성환 목사인가?

음녀는 로마 제국을 상징한다.

음녀가 타고 있는 '일곱 머리와 열 뿔 가진 짐승'은 요한계시록 13:1
의 바다에서 올라온 짐승과 같은 모습을 하고 있다. 요한계시록 12장
해부하기에서 밝혔듯이 이 짐승은 로마 제국의 황제를 상징한다. 이
음녀는 이 황제를 타고 있다. 음녀의 이마에는 '큰 바벨론'이라는 비밀
스러운 이름이 적혀있다(16:5). 이 이름을 통해서 음녀의 정체가 드러
난다. 그녀는 '큰 바벨론의 어미'였다. 즉 여러 바벨론을 속국으로 거느
리는 큰 바벨론이다. 요한계시록에서 바벨론은 로마를 가리키는 상징
적 이름으로 사용된다(14:8; 16:19). 바벨론의 어미로 상징되는 음녀
는 로마를 가리킨다.[348)] 로마는 기독교를 박해해서 많은 순교자의 피를

---

346) 이만희, 「천국 비밀 계시록의 진상」, 260–266.
347) 한창덕, 530.
348) 박수암, 220.

흘리게 했고, 그것으로 환희를 느꼈다(17:5). 이것이 결국 로마 제국이 멸망의 길로 갈 수밖에 없는 이유가 된다.

2) 음녀가 탄 짐승 (계 17:7~18)

① 신천지 주장

> 7절에서 13절까지의 내용은 음녀가 앉은 일곱 머리와 열 뿔과 여덟째 왕이 출현하는 과정을 알린 것이다. 일곱 머리를 일곱 산 또는 일곱 왕이라고 하였으니 일곱 교단(산)의 일곱 목자(왕)를 말한다. 전에 있었다가 무저갱에서 올라온 짐승을 여덟째 왕이라고 한 것은, 그가 바다에서 들어온 일곱 목자 중 하나는 아니지만 그들과 하나가 된 자로서 마지막 실권을 잡기 때문이다.[349]

'음녀가 탄 짐승'에 대한 신천지의 주장을 정리하면 다음과 같다.

* 일곱 머리 열 뿔 달린 짐승의 '일곱 머리'는 일곱 교단에서 온 일곱 목사를 뜻한다.
* 일곱 머리 열 뿔 달린 짐승은 여덟째 왕이다.
* 일곱 머리 열 뿔 달린 짐승은 장막성전에 들어와 마지막에 실권을 잡은 여덟 번째 왕이다.

② 성경적 해석

---

349) 이만희, 『천지창조』, 243-244.

음녀가 타고 있는 짐승은 오평호 목사를 가리키는가?

요한은 요한계시록 17:7~18에서 음녀가 타고 있는 짐승이 누구인지에 대해 천사의 해설을 인용한다. 이 짐승은 전에는 있었지만, 지금은 없고, 그러나 장차 다시 나타나지만 또 멸망할, 여덟 번째 왕이다 (17:8~11). 천사의 해설을 통해서 한 가지 확인 가능한 것은 이 짐승이 '왕'을 가리킨다는 사실이다. 하지만 이만희 씨는 이 짐승을 오평호 목사라고 단정한다. 「천국의 비밀 계시록의 진상」에서 이에 대해서 다음과 같이 이야기한다.

> 이 일곱 사람 가운데 한 사람은 첫 장막의 간판을 기성교단의 이름으로 갈아 치운 후에 이 제단을 맡는 당회장이 되었다. 그가 신흥 종교 정화 헌장 및 그들의 교리에 입각하여 목회를 맡아 오던 중 심각한 문제에 봉착하기에 이른다. 그것은 삼손(언약을 받은 일곱 천사 중의 대표인물 곧 교주)과의 교리 차에서 발생하는 불신과 반감이었다. 그는 목회를 맡은 지 수 개월도 못되어 심한 갈등에 시달리게 되었고 시일이 경과할수록 문제의 심각도가 더해가자 견딜 수 없는 정신적인 고통을 당하다가 급기야는 단에 서서 말씀을 가르칠 수 없는 지경에 이른다. 그는 그의 측근들에게 자기의 고민을 털어놓고 하소연 하다가, 삼손을 불러와 상의하기로 결심한 것이다. 12장에서 밝혔듯이 삼손은 당시 그에게 교권을 넘겨주고 해외에 가서 신학을 연수하고 있었다. 일시 귀국한 삼손은 성도들을 설득하였다. 자신이 세운 목자이니 그에게 순종하여 달라는 부탁이 그것이다. 교주의 설득을 받은 성도들이 그의 말을 추종하여 지지하게 된 것이다. 사도 요한은 이 같은 일련의 사건을 환상 가운데서 미리 보고 머리 하나가 상하여

죽게 되었다가 나으매 회생한 것으로 기록한 것이다.[350]

이만희 씨는 오평호 목사가 장막성전을 인수하여 목회하던 중 신도들에게 신임을 잃었다가 다시 회복되었던 일을 가리켜 "머리 하나가 상하여 죽게 된 것 같더니 그 죽게 되었던 상처가 나으매"(13:3)로 해석한다. 이만희 씨는 오평호 목사가 장막성전에 들어온 청지기교육원의 일곱 목사를 제치고 마지막 실권을 잡고 "여덟 번째 왕"(17:11)이 되었다고 주장한다.

음녀가 타고 있는 짐승은 도미시안 황제를 상징한다.

요한계시록 17장의 음녀가 타고 있는 짐승은 누구인가? 이 짐승은 전에 있었다가 지금은 없으나 장차 다시 나타날 자이다(17:8). 이 구절은 '네로 재생설'을 배경으로 한다. 당시 로마에는 도미시안 황제에 대해, 자살한 네로가 다시 환생한 인물로 여기는 사람들이 많았고, 그런 소문이 나돌았다. 사람들이 놀라워한 이유는 죽었다고 믿었는데 다시 살아있는 것을 보았기 때문이다. "전에 있었다가 지금 없어진 짐승은 여덟째 왕이니 일곱 중에 속한 자라 그가 멸망으로 들어가리라"(17:11)는 구절도 8절과 표현 구조가 같다. 여기서 요한이 강조하는 것은 로마의 멸망이 멀지 않았고, 그 멸망 전에 네로와 같은 새로운 괴물, 곧 여덟 번째 왕이 나타나리라는 것이다. 이 여덟째 왕은 제2의 네로라 할 수 있는 도미시안 황제를 가리킨다. 요한은 음녀로 상징되는 로마와 일곱 머리 열 뿔 짐승으로 상징되는 도미시안 황제가 당시 기독교를 핍박했던 존재임을 보여준다. 이들은 순교자들의 피를 애주가처럼 즐겼다(17:5).

---

350) 이만희, 『천국의 비밀 계시록의 진상』, 197-198.

3) 바벨론의 멸망 (계 18:1~20)

① 신천지 주장

요한이 들으니, 하늘에서 소리가 나서 "내 백성아, 거기서 나와 그의 죄에 참예하지 말고 그의 받을 재앙들도 받지 말라."고 한다(4절). … 예수님께서는 요한을 통해 바벨론에 잡혀 있는 성도들을 거기서 나오게 하신다.[351]

음녀와 함께 음행하고 사치하던 땅의 왕들이 바벨론 성에 불이 붙어 연기가 나는 것을 보고 울며, 땅의 상고들도 그 상품을 다시 사는 자가 없어 울며 애통해 한다(9~11절). 이는 하나님께서 말씀의 불로 음녀를 심판하니, 음녀와 하나된 목자(임금)들과, 음녀를 의지하여 부자가 된 전도자(상고)들이 슬퍼한다는 뜻이다. 땅의 상고들이 팔았던 상품들은 그들의 교리와 교법과 교권을 말한다. 또한 음녀가 받은 심판으로 선장과 선객들과 선인(船人)들 그리고 바다에서 일하는 자들도 울며 애통해한다. 여기서 바다는 세상, 선장은 목자, 선객들은 교인들을 말하며, 선인은 교회에서 일하는 사역자들과 중진들, 배는 교회를 가리킨다. 이들이 바벨론이 심판받는 것을 보고 애통해하는 이유는 역시 바벨론의 상품과 주석으로 치부했기 때문이다.[352]

하나님께서 바벨론을 심판하심으로써 순교자들의 원한을 갚아주셨다. …심판받은 바벨론은 다시는 이 세상에 보이지 않는다. 따라서

---

351) 이만희, 『천지창조』, 246.
352) 위의 책, 246-247.

더 이상은 바벨론의 등불 빛도, 세공업자도 보이지 않고, 거문고 소리와 나팔 소리와 맷돌 소리도 들을 수 없다. 이것은 바벨론 교리가 사라졌다는 말이다.[353]

'바벨론의 멸망'에 대한 신천지의 주장을 정리하면 다음과 같다.

＊예수님은 요한에게 바벨론에 잡혀 있는 성도들을 구출하게 한다.
＊바벨론 성이 불이 붙은 것을 보고 땅의 왕들과 상고들이 울며 애통해 한다.
＊땅의 왕들은 교회 목사를 가리키고, 땅의 상고는 교회 전도사를 가리킨다.
＊땅의 상고들이 팔았던 상품들은 목사와 전도사들이 팔았던 교리와 교법과 교권이다.
＊바벨론이 멸망당하였으므로 부자가 된 목사와 전도사들은 더 이상 교리를 못 팔게 되었다.
＊선장은 목사를 가리키고, 선객은 교인을 가리키고, 선인은 교회 직원을 가리킨다.
　＊목사와 교회 직원들이 울며 애통한 이유는 바벨론 상품과 주석으로 치부했기 때문이다.
　＊바벨론이 심판받음으로 순교자들의 원한이 갚아졌다.

② 성경적 해석

하나님은 이만희 씨에게 한국 교회 성도들을 구출하라고 명령하지 않았다.

---

353) 위의 책, 247.

이만희 씨는 바벨론의 멸망을 유재열 장막성전의 붕괴와 동일시하다가 느닷없이 한국 교회 멸망 이야기로 전환한다. 요한은 하나님께서 음녀 바벨론에 속해 있는 백성들에게 "탈출하라"고 명하시는 소리를 듣는다(18:4). 그런데 이만희 씨는 이 소리를 한국 교회에 포로되어 있는 성도들을 구하라고 자기를 부르시는 하나님의 소리로 듣는다. 어떻게 2천 년 전 로마의 시민과 오늘날 한국 교회 성도들을 동일인으로 볼 수 있는가? 이만희 씨의 주장은 시공간의 개념이 결여된, 아무렇게나 지껄이는 듯한 인상을 준다. 이는 온당한 정신을 가진 사람의 해석이라고 보기 어렵다. 하나님께서 요한을 그렇게 부르시지도 않았지만, 설령 그렇다 치더라도 이만희 씨가 요한의 자리에 끼어들어올 이유가 없다. 하나님께서 로마 시민에게 탈출을 명한 이유는 황제 숭배에 동참해 있다가 로마와 함께 멸망 받는 일이 없도록 하기 위해서이다.

유재열 장막성전 멸망으로 교리 장사를 못하게 된 사람들은 장막성전 사람들이다.

이만희 씨는 바벨론 성이 멸망당하는 장면을 보고 통곡한 땅의 왕들과 상고들을 가리켜 더 이상 교리 장사를 못하게 된 오늘날 한국 교회의 목회자라고 해석한다. 당시 한국 교회가 과천 청계산 기슭에서 시작한 유재열 장막성전의 존재를 얼마나 알고 있었을까? 혹 알고 있었다 하더라도 그러한 존재들이 사라진 것(바벨론의 멸망)을 슬퍼하기는커녕 대단히 환영할 일로 여겼을 것이다.

유재열 장막성전의 붕괴와 기성교회 목회자가 교리 장사를 못하게 된 것이 무슨 연관이 있는가? 오히려 바벨론 성이 무너짐으로 인해, 교리 장사를 못하게 된 사람들은 유재열 장막성전의 지도자들이었다. 당시 유재열씨와 그 주변 지도자들에 대해 증언하는 고 탁명환 소장은

「한국의 신흥종교」에서 다음과 같이 보고한다.

1967년 2월 경북 청도 출신 이만희가 장막성전에 들어가 재산을 다
털리고 사기를 당했다고 주장하면서 이탈해 버렸으며 1971년 9월 7
일 이만희에 의해 40여개의 항목의 비행 혐의로 고소를 당하여 유
재열 교주와 미카엘천사로 불리는 김창도가 법정에 서기도 했다. 이
만희는 장막성전을 이탈하여 안양교회를 세우고〈요한계시록 실상〉
〈신탄〉등의 책자를 내고 장막성전 별파로써 기성교회에 도전하고 있
다.[354]

평화시장에서 섬유 도매상을 하던 장모씨는 700만원〈현재 약 1억원
상당〉을 들여 집회 장소까지 마련하고 교단의 발전을 꾀했으나 교주
(유재열)를 비롯한 간부들의 비리(非理)를 목격하고 환멸을 느껴 탈
퇴해 버렸다.[355]
몇 년전 모 수사기관에서 장막성전 교주를 비롯한 천사들의 여신도
들에 대한 간음 문제를 위시하여 재산탈취(헌금이라는 명목으로) 재
산 횡령 및 유용(교주의 사택 건축, 서울 마장동에 은하수 싸롱을 교
주의 이모로 하여금 경영케 한다는 의혹), 교주의 병역 문제, 신도들
에 대한 폭력 행위 등 다각도의 수사를 벌렸으나 확증(물증)이 없어
서 매듭을 짓지 못한 것으로 알려지고 있으나 계속해서 그 귀추를 주
목하고 있는 줄 안다.[356]

수많은 신도들이 말세 심판(1969년 11월)의 환란을 위해서 (유재열)

---

354) 탁명환, 「한국의 신흥 종교 기독교 편 3권」, 83.
355) 위의 책, 83.
356) 위의 책, 84.

장막성전에 몰려들었으나 심판설은 공수표가 되어 버렸고 입주자들
은 있는 재산을 다 털어 먹고 지금은 비참한 생활을 하고 있다.[357]

이러한 유재열 장막성전이 1981년 9월 붉은 용(?)에 의해 무너진 일
을 두고 애통한 사람들은 더 이상 교리 장사를 못하게 된 유재열 장막
성전의 지도자들이었다.

로마의 상인들이 팔았던 상품들은 기성교회의 교리가 아닌 실지 상품들이다.

땅의 상인들이 팔았던 상품들이 기성교회의 교리와 교법을 말하는
것일까? 요한은 상인들이 팔았던 상품의 목록을 요한계시록 18:12~13
에 나열하고 있다. 금, 은, 보석, 진주, 세마포, 자주 옷감, 비단, 붉은
옷감, 향목, 상아 그릇, 값진 나무, 구리, 철, 대리석으로 만든 각종 그
릇, 계피, 향료, 향, 향유, 유향, 포도주, 감람유, 고운 밀가루, 밀, 소,
양, 말, 수레, 노예 곧 사람의 영혼이다. 요한이 왜 이런 물품들을 소상
히 열거했을까? 당시 로마가 얼마나 향락과 사치에 젖어 있었는지를
보여주기 위함이다. 로마는 이런 부와 향락을 유지하기 위해 각처에서
이런 물품들을 수입했다. 영국 해협에서 갠지스강까지 각 지방은 이런
물품들의 창고가 되어 있었다.[358] 요한계시록은 로마가 멸망당하는 이
유 중 하나를 이런 부와 사치와 향락 때문이었음을 전한다.

**기성교회의 가르침이 음녀의 교리인지, 신천지 교리가 음녀의 교리인지는 곧
드러난다.**

기성교회가 가르치는 말씀이 과연 '음녀의 교리'인가? 하지만 어느

---

357) 위의 책, 84.
358) 박수암, 232–233.

쪽이 음녀의 교리인지 잠시 후면 밝혀지리라 생각된다. 이 땅에서 죽지 않고 영원히 산다고 주장하며, 하루하루 노쇠해가는 몸으로 신천지를 이끌고 있는 교주의 운명에 의해 그것은 곧, 저절로 밝혀지리라 생각된다.

로마 제국의 멸망의 원인은 속국들에게 죄악을 전염시키고, 하나님의 백성들의 피를 흘리게 한 죄 때문이다.

요한계시록 17장과 18장은 바벨론의 멸망을 여러 각도에서 상세하게 설명하고 있다. 바벨론이 멸망당할 수밖에 없는 가장 큰 이유는 '음행' 때문이었다. 바벨론은 자기만 음행할 뿐 아니라 남까지도 음행하게 했다. 로마는 자신만 하나님께 반역한 것이 아니라, 모든 속국들에게 황제 숭배를 강요하며 하나님께 반역하도록 했다. 이를 받아들인 모든 속국들은 로마와 경제적인 동맹을 맺을 수 있었고, 상호 교역을 통해 큰 이익을 챙겼다. 바벨론으로 표현되는 로마가 멸망당하는 이유 중 하나는 자신의 죄악에만 그치지 않고 무수한 자기 속국들에게까지 죄악을 전염시켰기 때문이다. 그리고 황제 숭배에 동참하지 않은 거룩한 하나님의 백성의 피를 흘리게 하였기 때문이다(16:2, 6).

15. 요한계시록 19장 신천지 해석 해부하기

1) 어린 양의 혼인잔치 (계 19:1~10)

① 신천지 주장

> 이 결혼은 예수님의 성령이 성도의 마음에 임하여 영육이 하나 되는 것을 말한다. 이 일을 가리켜 예수님께서는 "누구든지 내 음성을 듣고 문을 열면 내가 그에게로 들어가 그로 더불어 먹고 그는 나로 더불어 먹으리라(계 3:20)."고 하셨다. 다시 한번 말하지만 성도가 알아야 할 것은 어린 양의 혼인 잔치는 반드시 18장에서 바벨론을 심판한 후에 베풀어진다는 사실이다.[359]

> 어린 양의 혼인 잔치는 하나님과 예수님께서 임하신 증거장막 성전에서(계 15:5) 하나님의 소와 살진 짐승을 잡아 놓은 후에 베풀어진다(마 22:1~14, 계 19:18). 그 소는 배도한 하나님의 종들이며, 살진 짐승은 하나님의 성도를 멸망시킨 자들을 가리킨다.[360]

'어린 양의 혼인 잔치'에 대한 신천지의 주장을 정리하면 다음과 같다.

＊어린 양과의 혼인식은 성령이 성도에게 임하는 영육이 하나 되는 사건을 말한다.

＊영육이 하나 되는 잔치에 대해서 예수님은 요한계시록 3:20에서 말

---

359) 이만희, 『천지창조』, 250.
360) 위의 책, 250.

씀하셨다.

＊어린 양과의 혼인 잔치는 증거장막 성전에서 이루어진다.

＊어린 양과 혼인 잔치에 나오는 음식은 소와 살진 짐승이다.

＊소는 일곱 금 촛대 교회의 배도한 종들이고, 살진 짐승은 이들을 멸
망시킨 멸망자이다.

② 성경적 해석

요한계시록 16~18장은 하나님의 심판을 받아 멸망당한 바벨론을 보
여주며 요한계시록 19장은 그 사실을 배경으로 하늘에서 벌어지는 기
쁨의 잔치 장면을 보여준다.

어린 양의 혼인 잔치와 영육합일설은 무관하다.

이만희 씨는 요한계시록 19장에서도 신천지 중심의 해석을 집요하게
이어나간다. 그는 "어린 양의 혼인 잔치"를 하늘의 성령들이 신천지 신
도에게 임하는 영육이 하나 되는 잔치라고 주장하며, 요한계시록 3:20
을 근거로 제시한다. 이 구절은 차지도 덥지도 아니한 라오디게아 교
회에게 예수님을 더 이상 문 밖에 세워 두지 말 것을 촉구하는 성령의
말씀이다. 만약 마음의 문을 열어 문 밖에 서신 예수님을 받아들이면
그의 임재를 경험하게 될 것을 약속하신 말씀이다. 이 구절과 신천지
의 혼인잔치 즉 영육합일과는 무관하다.

**어린 양의 혼인 잔치 상에 올라온 "소"는 유재열 씨이고 "살진 짐승"은 오평호
목사인가?**

이만희 씨는 어린 양의 혼인 잔치 상에 오른 메뉴는 마태복음 22:4

의 소와 살진 짐승인데, 소는 배도한 유재열 씨, 살진 짐승은 오평호 목사를 가리킨다고 해석한다. 그러나 요한계시록 19장의 혼인 잔치 상에는 그러한 메뉴가 없다. 요한계시록 19:18은 장차 재림하시는 예수님에 의해 그를 대적했던 모든 자들이 처할 운명을 보여준다. 그 날에 대적자들의 '살' 즉 모든 시체는 공중을 날고 있는 새들에게 먹히는 비참한 운명에 처해지게 될 것을 보여준다. 요한계시록 19:18의 '살'은 마태복음 22:4의 소와 짐승의 고깃살이 아니다. 더군다나 잔치 상에 오른 소와 짐승을 유재열 씨와 오평호 목사로 해석하는 것은, 이성을 잃어버린 사람의 해석으로밖에 볼 수 없다.

어린 양의 혼인 잔치는 교회가 어린 양과 영원한 사랑의 교제를 가지게 된다는 상징적 표상이다

과연 신천지에서 거행되는 혼인 잔치에 동참하기 위해서는 신천지 신도가 되어야 하는 것일까? 하지만 어린 양의 혼인 잔치는 어떤 공간을 지정하지 않는다. 혼인은 구약성경에서 하나님과 그의 백성간의 밀접한 관계를 나타내는 하나의 표상이다(호 2:19~20; 사 54:5; 렘 3:14). 신약에서도 바울은 자신의 임무가 교회를 정결한 처녀로 그리스도와 혼인 시키는 일이라고 했다(고후 11:2), 그리스도와 교회의 관계를 남편과 아내의 관계로 묘사했다(엡 5:32). 여기서의 혼인 잔치는 어떤 공간에서 이루어지는 실지 결혼식이 아닌 구속받은 공동체가 어린 양과 영원한 사랑의 교제를 가지게 된다는 상징적 표상이다.[361]

요한은 예수님을 신랑으로, 구속받은 공동체를 신부로 그려내고 있다. 신랑을 위해 준비된 신부의 모습은 요한계시록 21:2의 신부가 남편을 위해 단장한 거룩한 성 새 예루살렘에서 드러난다. 신랑의 아내

---

361) 박수암, 239–240.

는 거룩한 성 예루살렘 곧 교회이다. 이만희 씨가 성경을 하나님의 말씀으로 읽는다면 절대로 이런 결론을 내리지 않을 것이다.

2) 백마 탄 자 (계 19:11~21)

① 신천지 주장

요한은 하늘이 열려 있는 것을 보았는데 '충신과 진실'이라는 이름을 가진 자가 백마를 타고 군대를 이끌었다고 한다(11절). 그 탄자는 '하나님의 말씀'이라 칭하는 피 뿌린 옷을 입고 있었으며(13절), 그 옷과 다리에는 '만왕의 왕이요 만주의 주'라는 이름이 기록되어 있었다(16절). 이로 보건데, 백마를 탄자는 예수님이시다. 그리고 백마를 타고 그를 따르는 하늘 군대는 천천만만의 천사의 계열들이다. 시편 103편 21절에서는 천사들을 천군(千軍)이라고 하였다. 영은 육체를 그 부리는 말로 택하여 역사한다. 재림 예수님께서는 3장 12절의 '이긴 자'를 말로 삼아 함께 역사하신다(계 6:2 참고).[362]

예수님께서는 이 만국을 다스릴 철장을 니골라당과 싸워 이기는 자에게 주겠다고 약속하셨다(계 2:26). 그러므로 마지막 때는 예수님께서는 약속하신 목자를 통해 만국을 통치하신다는 것을 알 수 있다.[363]

'백마 탄 자'에 대한 신천지의 주장을 정리하면 다음과 같다.

---

362) 이만희, 『천지창조』, 252.
363) 위의 책, 252.

* 요한은 충신과 진실이라는 이름을 가진 자가 백마를 타고 오는 것을 보았다.

* 백마 탄 자는 피 뿌린 옷을 입었고, 옷과 다리에는 만왕의 왕, 만주의 주라는 이름이 있다.

* 백마는 영이며, 백마 탄 자는 예수님이다.

* 재림 예수님은 요한계시록 3:12의 이긴 자를 말로 삼아 역사한다.

* 예수님은 니골라당과 싸워 이기는 자에게 만국을 다스릴 권세를 준다고 했다.

② 성경적 해석

이만희 씨가 재림 예수인가?

요한계시록 19:11~21에는 백마를 타고 재림하시는 예수님의 모습이 묘사되어 있다. 여기서 이만희 씨는 백마를 가리켜 영(천사)이라고 주장하며, 영으로 재림하는 예수님의 모습을 만들어낸다. 그리고 '영은 육체를 들어 역사한다.'는 신천지의 전제를 접목해서 영으로 오시는 예수님이 어떤 한 육체를 들어 쓰실 것을 암시한다. 그리고 요한계시록 3:12을 예수님께서 이긴 자를 말(horse)로 삼아 역사하겠다고 약속한 증거라고 제시하며 이긴 자가 재림 예수라는 결론을 내린다. 이만희 씨는 성경적인 증거라는 것들을 열심히 제시하며 마침내 자기가 이 시대의 재림 예수라는 결론을 내린다. 그렇다면 그가 제시하는 증거가 그의 주장을 충실히 뒷받침할 수 있을까? 이만희 씨는 시편 103:21을 근거로 제시하며 백마를 가리켜 천사라고 해석한다. 그러나 "그에게 수종들며 그의 뜻을 행하는 모든 천군이여 여호와를 송축하라"에서 말을 천사라고 해석할 만한 단서가 보이지 않는다. 왜냐하면 '말'이라는 글자 자체가 없기 때문이다. 시편 103편 전체에서도 '말'은 보이지 않는다. 성경 전체를 통틀어 말을 가리켜 영(천사)이라고 해석할 만한 구절은 없다.

요한계시록 3:12에서는 이긴 자를 말로 삼아 역사한다는 내용이 있을까? 이 구절은 예수님께서 빌라델비아 교회에 주신 상급의 내용이다. 이기는 자 곧 신앙을 지키는 자에게는 하나님의 성전 기둥을 삼을 것이며, 하늘의 거룩한 이름을 수여하겠다는 내용이다. '이기는 자'는 이만희 씨가 아니며 계속 이겨 나가야 할 사명을 부여받은 빌라델비아 교인을 가리킨다. 이 구절에도 '말'이라는 단어가 나오지 않으며, 사람을 말로 삼아 역사한다는 의미도 없다. 이만희 씨는 시편 103:21과 요한계시록 3:12을 임의대로 해석한 것이다. 성경이 예수님의 재림을 언급할 때 누구의 몸을 빌리거나, 누구의 도움을 받아서 재림한다고 말하지 않는다. 예수님께서 재림하실 때는 스스로 재림하실 것이다.

백마 타신 예수님은 심판주로서의 메시아 상을 보여준다.

요한계시록 19:11의 백마 타고 오시는 예수님의 모습은 심판주로 오시는 메시아 상을 보여준다. 데살로니가후서 1:7~10에서도 예수님을 멸망의 형벌을 가지고 오시는 심판주로 나타낸다. 요한은 예수님을 공의로 싸우며, 만국을 치고, 철장으로 다스리고, 진노의 포도주 틀을 밟고, 아무에게도 속지 않는 불꽃같은 눈을 가지신 분으로 묘사한다 (19:11~15). 예수님은 장차 심판주로서 재림하신다.

16. 요한계시록 20장 신천지 해석 해부하기

1) 용의 결박 (계 20:1~3)

① 신천지 주장

> 천사가 용을 잡은 쇠사슬은 약속된 진리의 말씀이요, 무저갱(눅 8:31)은 마귀가 나온 음부 곧 지옥이요, 바벨론(귀신의 처소=옥, 계 18:2 난하주)이며, 무저갱의 열쇠는 사단을 가두기도 하고 풀어 놓을 수 있는 지혜이다. 본장의 용은 창세기 3장에 출현한 옛 뱀이요 마귀요 사단이다. 이 용은 아담 때부터 줄곧 공중 권세를 잡고 만물 위에서 왕 노릇 해왔다. 그러나 본장 성취 때에 이르러 자기가 나온 무저갱에(계 9:1) 다시 잡혀 갇히고 천 년 동안 거기에 있게 된다(계 20:1~3).[364]

'용의 결박'에 대한 신천지의 주장을 정리하면 다음과 같다.

* 천사가 용을 잡아 무저갱을 열어 가두게 되는데 그 용을 묶은 쇠사슬은 진리의 말씀이다.
* 무저갱을 열었던 열쇠는 사탄을 가두게도 하고 풀어놓게도 할 수 있는 지혜이다.
* 무저갱은 지옥을 말한다.
* 용은 사탄이며, 공중 권세 잡은 자로서 지금까지 만물 위에 왕 노릇 해왔다.

---

364) 이만희, 『천지창조』, 255.

*용은 무저갱에 갇혀 천 년 동안 있게 된다.

② 성경적 해석

요한계시록 20장은 천년왕국, 전 천년설, 후 천년설의 기초가 되는 장으로 많은 성서 연구가들이 관심을 가지는 장이다. 요한계시록 20장은 그 외에 최후의 대 심판, 인류 최후의 전쟁과 같은 중요한 주제에 대해서도 다루고 있다.

이만희 씨의 말씀처럼 사탄을 무저갱에 가둔 때가 1984년 3월 14일 신천지 창립일인가?

요한은 한 천사가 무저갱의 열쇠와 쇠사슬을 들고 내려와서 사탄을 잡아 묶고 천년동안 무저갱에 가두는 장면을 본다(20:1~3). 이만희 씨는 이 장면에 등장하는 쇠사슬은 신천지의 진리의 말씀이며, 무저갱을 열었던 열쇠를 진리의 소유자의 지혜로 해석한다. 「천국 비밀 요한계시록의 실상」에서는 이 사탄이 무저갱에 갇힌 연도와 날짜를 1984년 3월 14일, 신천지 창립일이라고 주장한다.[365]

용이 결박당하여 무저갱에 갇히는 모습은 예수 그리스도의 궁극적인 승리를 보여준다.

천사는 사탄을 꼼짝 못하도록 결박한 뒤에 무저갱에 넣는다. 무저갱은 깊은 동굴로서 문이 있고, 이 문은 열 수도 있고(9:2), 잠글 수도 있고(20:3), 인봉할 수도 있다(20:3). 요한계시록이 묘사하는 무저갱의 모습과 열쇠는 연결되어 있다. 열쇠는 결코 이만희 씨의 말씀과 지혜가

---

365) 이만희, 「천국 비밀 요한계시록의 실상」, 438.

될 수 없다.

사탄이 무저갱에 갇히게 된 날이 신천지 창립일 1984년 3월 14일이라면, 2984년 3월 14일 즈음에 그 사탄이 풀려나게 된다. 그것은 그때 지켜볼 일이다.

사탄이 결박당하여 무저갱에 던져지는 장면은, 당시 고난받는 교회에게는 로마 황제를 신성시하는 로마 제국과 그것을 경배하라고 위협하는 세력들이 영원히 사라지는 장면이 된다. 용의 하수인 두 짐승은 이미 유황불에 들어갔고(19:20), 우두머리마저 사라진 것이다. 이 장면을 통해, 당시의 소아시아 교회는 로마의 권세가 절대적이었다 할지라도 그것은 일시적이고, 하나님의 승인 아래에 이루어진 것임을 알게 된다. 악이 궁극적으로 파멸되는 이 역사적 종말의 장면을 통해서 고난받는 교회는 소망을 얻게 되고, 그 너머에 있는 하나님 나라를 바라보게 된다.

용이 쇠사슬에 묶이고 무저갱에 갇히는 모습은 그 영역이 매우 제한되어 있음을 나타낸다. 이는 예수님의 초림과 관계가 있다. '초림'은 예수 그리스도의 성육신 후, 보좌에 오르기까지의 모든 기간을 말한다. 이 기간 안에 있었던 십자가와 부활 사건은 용에게는 가장 치명적인 사건이었다. 그러나 이러한 사실은 실제적이었지만 눈에 보이지 않고 숨겨져 있다. 눈에 보이지 않았던 그것을, 요한은 결박당해 무저갱에 갇히는 용의 모습을 통해서 보여주고 있다. 요한은 이 장면을 통해서 궁극적인 예수 그리스도의 승리의 기쁜 소식을 전해주며 성도들을 소망 가운데 나아가도록 한다.

2) 첫째 부활 (계 20:4~10)

① 신천지 주장

예수님을 증거하고 하나님의 말씀을 전하다가 목 베인 영혼들과 13
장의 짐승과 그의 우상에게 경배하지도 아니하고 이마와 손에 그의
표를 받지 아니한 자들(계 14:1~5, 15:2~5)이 살아서 그리스도로 더
불어 천 년 동안 왕 노릇하니 이는 첫째 부활이다. 이 첫째 부활에 참
예하는 자들은 둘째 사망의 해를 받지 아니하고 하나님과 그리스도
의 제사장이 되어 천 년 동안 그리스도와 더불어 왕 노릇한다.[366]

'첫째 부활'에 대한 신천지의 주장을 정리하면 다음과 같다.

＊목 베인 순교자들의 영혼과 요한계시록 13장의 짐승과 그의 우상에게
　경배하지 않고 표 받지 않은 자들이 합일하는 것이 첫째 부활이다.
＊첫째 부활에 참여한 합일체들은 둘째 사망의 해를 받지 않고 천 년
　동안 왕 노릇한다.

② 성경적 해석

영과 육이 합일하는 것이 첫째 부활이다(?)

　신천지의 영육합일설은 요한계시록 20:4을 근거로 한다. 이만희 씨
는 순교자들의 영이 짐승과 그의 우상에게 경배하지 않고 표 받지 않은
자들의 육체와 합일하여 하나가 되는 것을 첫째 부활이라고 해석한다.

---

366) 이만희, 『천지창조』, 256.

순교자들과 짐승과 그의 우상에게 경배하지 않고 표 받지 않은 자들은 동일인이다.

요한계시록 20:4의 순교자들과 짐승에게 경배하지 않고 표 받지 않은 자들은 동일인들이다. 이는 「공동번역」과 「새번역」성경으로 보면 확연이 구분된다.

> 나는 또 많은 높은 좌석과 그 위에 앉아 있는 사람들을 보았습니다. 그들은 심판할 권한을 받은 사람들이었습니다. 또 예수께서 계시하신 진리와 하느님의 말씀을 전파했다고 해서 목을 잘린 사람들의 영혼을 보았습니다. 그들은 그 짐승이나 그의 우상에게 절을 하지 않고 이마와 손에 낙인을 받지 않은 사람들입니다. 그들은 살아나서 그리스도와 함께 천 년 동안 왕노릇을 하였습니다(계 20:4, 공동번역).

> 내가 또 보좌들을 보니, 그 위에 사람들이 앉아 있었는데, 그들은 심판할 권세를 받은 사람들이었습니다. 또 나는, 예수의 증언과 하나님의 말씀 때문에 목이 베인 사람들의 영혼을 보았습니다. 그들은 그 짐승이나 그 짐승 우상에게 절하지 않고, 그들의 이마와 손에 그 짐승의 표를 받지 않은 사람들입니다. 그들은 살아나서, 그리스도와 함께 천 년 동안 다스렸습니다(계 20:4, 새번역).

짐승에게 경배하지 않고 표 받지 않은 자들이 곧 순교자들이다. 굳이 이 둘을 구분하자면 이 순교자들은 황제 숭배를 거부해서 죽은 자를 포함한 모든 순교자를 가리킨다. 그러나 "짐승과 그의 우상에게 경배하지 아니하고 그들의 이마와 손에 그의 표를 받지 아니한 자들"

은 황제 숭배를 거부해서 순교한 자들이다.[367] 이 모든 순교자들은 보좌에 앉아서 그리스도와 더불어 왕 노릇하는 권세를 받는다. 요한계시록 20:4~5에는 신천지의 영육합일설과 첫째 부활과는 무관하다. 첫째 부활은 순교자들이 다시 사는 것을 말한다. 이미 주 안에서 죽은 이들은 그리스도의 재림 시에 다시 "신령한 몸"으로 부활한다(고전 15:42~54). 이들이 그리스도와 더불어 왕 노릇한다.

3) 생명책 (계 20:11~15)

① 신천지 주장

> 심판을 베풀 때 책들이 펼쳐져 있다고 한다. 그 책들은 성경 66권과 생명책이다. 죽은 자들은 자기 행위에 따라 책에 기록된 대로 심판을 받아 천국과 지옥으로 가게 된다. 이들은 첫째 부활에 참예하지 못한 5절의 죽은 자들과 천년 왕국 시대 중에 성안으로 들어오지 못하고 천년성 밖에서 죽은 모든 영들이다. 그러나 천년성 안에 있는 첫째 부활자들은 복되고 거룩한 자이기에 심판받는 일이 없다. …그러므로 주 재림 때에는 이긴 자가 인도하는 열두 지파에 이름이 등록되는 것이 생명책에 녹명되는 것과 같다.[368]

'생명책'에 대한 신천지의 주장을 정리하면 다음과 같다.

＊요한계시록 20:11~15에서 죽은 자들 앞에 놓여있는 책들은 성경 66

---

367) 박수암, 252-253.
368) 이만희, 『천지창조』, 260.

권과 생명책이다.

* 죽은 자들은 자기 행위에 따라 책에 기록된 대로 심판받아 천국과 지옥으로 나뉜다.

* 5절의 죽은 자들은 비신천지인들이고 영육합일된 신천지인들은 심판받지 않는다.

* 신천지에 이름이 있는 것이 곧 생명책에 이름이 기록된 것이다.

② 성경적 해석

요한은 최후의 심판 장면을 목격한다. 하나님의 보좌 앞에 사람들이 모여 있고, 그 앞에는 여러 책들이 놓여 있는데, 그 중에 한 권은 '생명책'이다(20:12). 요한은 이 책에 이름이 기록되어 있지 않은 자들이 불못에 던져지는 광경을 본다(20:15).

최후의 심판의 대상은 모든 인류이고 신천지 신도라고 제외되지 않는다.

이만희 씨는 보좌 앞에 심판받기 위해 서 있는 사람들은 모두 비신천지인들이라고 해석한다. 왜냐하면 이 최후의 심판은 '첫째 부활'이 일어난 이후의 일이므로, 영육합일이 이루어진 존재들은 심판에서 제외된다는 것이다.

보좌 앞에 서 있는 "큰 자나 작은 자"(20:12)는 도대체 누구일까? 「개역한글」 성경에서는 "무론대소"로 되어 있고, 「개역개정」에서는 "작은 자, 큰 자"(τοῖς μικροῖς καὶ τοῖς μεγάλοις)로 되어 있다. 이 용어는 요한이 요한계시록에서 즐겨 사용했던, 인류 전체를 지칭하는 전문 술어이다(11:18; 13:16; 19:5, 18). 하나님 보좌 앞에 심판받기 위해 서 있는 사람들은 신천지 신도를 포함한 인류 모두를 가리킨다.

신천지 교적부가 하늘나라 생명책인가?

이만희 씨는 심판받을 대상들 앞에 놓여있는 '생명책' 이외의 다른 책을 성경 66권이라고 해석한다. 하지만 "책들"(20:12)로 번역된 '비블리아'(βιβλία)를 성경 66권이라는 주장은 지극히 자의적이다. 성경이 침묵하고 있을 때는 조용히 입을 닫고 있는 편이 낫다. 그렇다면 생명책이 과연 '신천지 교적부'일까? 과연 신천지 교적부에 이름이 없는 자는 불 못에 던져지는가? 빌립보서 4:2~3에서 바울은 '생명책'에 이름이 기록되어 있어야 할 사람들을 소개한다. 그 이름은 유오디아, 순두게, 글레멘드였다. 이들은 복음을 위해 바울과 함께 멍에를 메었던 그리스도의 일꾼들이었다. 이만희 씨의 논리대로라면 이들도 불 못에 던져져야 한다.

생명책이 신천지 교적부이며, 이 책에 이름이 없는 자는 지옥에 간다는 주장은 1984년 3월 14일 이전 세대에 살았던 모든 성도들을 지옥자식이라는 오명을 뒤집어씌우는 것과 같다. 자기집단의 사람들을 관리하기 위해 만든 교적부를 생명책과 동일시하고, 이 교적부에 이름이 없는 자는 모두 불 못에 던져진다는 신천지의 믿음은 집단 망상에 빠져 있는 전형이라 볼 수 있다.

생명책은 창세전부터 하나님의 은혜의 법칙에 따라 구원받은 자의 이름이 기록되어 있다.

요한은 이 장면을 통해 역사의 마지막 날에 있을 대 심판의 장면을 보여준다. 이 심판이 시작되는 곳은 보좌이다. 그리스도에 대한 신앙고백에 충실하면 죽음이라는 판결이 내려지는 로마 법정과 전혀 다른, 잘못된 결정이 하나도 없는 완벽한 판결이 이루어지는 보좌 앞의 법정이다. 왜냐하면 보좌에 계신 전지전능하신 분이 구별하시기 때문이다.

이 심판 장면을 읽는 모든 독자들은 자신의 책임이 무엇보다 중요함을 깨닫게 된다. 왜냐하면 보좌 앞에 인간의 행위가 기록되어 있는 책들이 펼쳐져 있기 때문이다. 또 하나의 책인 '생명책'은 은혜의 책이다. 이 책에는 세상이 창조되기 전부터 하나님의 은혜의 법칙에 따라 구원받은 이름이 기록되어 있다(13:8; 17:8). 이는 우리의 구원을 궁극적으로 책임져 주시는 분은 하나님이라는 사실을 나타낸다. 요한은 우리가 우리의 행위에 대해 책임을 져야 하지만, 구원에 관해 책임을 져주시는 분은 하나님이심을 보여준다.

17. 요한계시록 21~22장 신천지 해석 해부하기

1) 새 하늘과 새 땅 (계 21:1)

① 신천지 주장

> 본장에 기록된 처음 하늘과 처음 땅은 예수님 초림 이후에 창조한 기독교 세계 곧 영적 이스라엘을 말하며, 새 하늘과 새 땅은 예수님 재림 때 창조하는 영적 새 이스라엘을 가리킨다.[369] 이번에는 없어지는 바다에 대해 알아보자. 이 바다는 용(사단)이 주관하는 일곱 머리와 열 뿔 가진 짐승의 무리가 나온 세상을 말한다. …'바다가 다시 있지 않다'고 하는 것은 많은 물로 비유된 멸망자들이(계 17:1, 3, 15) 하늘 장막에 들어갔다가(계 13장) 세상으로 쫓겨나서 흩어진 것을 의미한다(계 12장).[370]

 '새 하늘과 새 땅'에 대한 신천지의 주장을 정리하면 다음과 같다.

＊처음 하늘과 처음 땅은 기독교 세계 곧 '영적 이스라엘'이다.
＊새 하늘과 새 땅은 '영적 새 이스라엘'이다.
＊없어지는 바다는 일곱 머리 열 뿔 가진 짐승이 나온 세상이다.
＊"바다가 다시 있지 않다"는 말은 멸망자들이 장막에서 쫓겨나 세상으로 간 것을 말한다.

---

369) 위의 책, 262-263.
370) 위의 책, 263.

② 성경적 해석

새 하늘과 새 땅은 신천지이고, 처음 하늘과 처음 땅은 유재열 장막성전이다(?)

이만희 씨는 요한계시록의 결론부인 21~22장 해석에서도 지금까지 반복했던 패턴을 유지한다. 이만희 씨는 요한계시록 21:1을 해석하면서 새 하늘과 새 땅은 신천지를 가리키고, 처음 하늘과 처음 땅은 유재열 장막성전을 가리키고, 없어지는 바다는 멸망자가 나온 세상을 가리킨다고 해석한다. 그리고 "바다도 다시 있지 않더라"는 표현은 장막성전에 들어온 멸망자들이 쫓겨나는 것이라고 한다. 이만희 씨의 끝없는 자기중심적 해석은 요한계시록 21장 해석에서도 멈추지 않는다. 요한계시록의 세 인물 유재열, 오평호, 이만희를 중심으로 하는 해석은 요한계시록이 마무리되는 상황 속에서도 등장한다.

새 하늘과 새 땅은 하나님께서 새롭게 창조하신 세계이다.

요한계시록 21장은 현 우주와 현 역사의 종결이자 동시에 새로운 세계를 시작하는 이중성을 지닌 요한계시록의 결론 부분이며 요한계시록의 절정 중의 절정이다. 그 서막을 새 하늘과 새 땅의 도래에 대한 묘사로 시작한다. 새 하늘과 새 땅에서 '새로운' 즉 '카이논'(καινòν)은 질적 측면에서 '새로움'을 뜻하는 형용사이다. 질적으로 이전 것과 비교할 수 없는 새로운 면모를 지닌 어떤 것을 나타낼 때 사용된다. 처음 하늘과 처음 땅 자체가 자취를 감춘 것이 아니고 그것이 가지고 있었던 성격이나 본질만 사라지고, 그것에 이전과 비교할 수 없는 새로운 성격과 본질이 덧입혀졌다는 것이다. 새 하늘과 새 땅 이전의 세계와 역사의 의의가 사라진 것이 아니라 여전히 중요하다. 하나님께서 처음 하늘과 처음 땅을 버리신 것이 아니고 그것을 새롭게 하신다.

새 하늘과 새 땅이 창조된 것은 구원받은 백성들 곧 "거룩한 성 새 예루살렘"(21:10)을 위해, 하나님께서 새롭게 창조하신 세계이다. 새 하늘과 새 땅은 하나님이 구속 계획의 완성으로, 창세기 1장에서 처음 세계를 창조하신 목적이 성취되는 사건이다. 이것은 전 지구적, 전 우주적 사건이다. 그러한 새 하늘과 새 땅을 가리켜 신천지라는 집단으로 제한하는 것은 창조주 하나님을 우롱하는 것이다.

2) 거룩한 성 새 예루살렘 (계 21:2~8)

① 신천지 주장

> 하늘에서 내려오는 거룩한 성 새 예루살렘은 무엇인가? 여기에서 하늘은 하늘 영계를 말하며, 거룩한 성은 하나님과 예수님과 순교한 영들로 구성된 영계의 천국을 말한다. …영계에서 하나님의 장막(새 예루살렘)이 새로 창조되었으므로, 마지막 때 이 땅에도 하나님의 첫 장막이 멸망당한(계 13장) 후 둘째 장막인 증거장막 성전이 세워진다(계 15:5). 하나님의 뜻이 하늘 영계에서 이루어진 것 같이 이 땅에도 그대로 이루어지는 것이다(마 6:10). 그러면 영계의 천국은 어디로 오는가? 처음 하늘과 처음 땅이 없어진 후 새 하늘과 새 땅(신천지)에 임한다.[371]

'거룩한 성 새 예루살렘'에 대한 신천지의 주장은 다음과 같다.

＊하늘에서 내려오는 거룩한 예루살렘 성은 하나님과 예수님과 순교

---

371) 위의 책. 263-264.

한 영들이 있는 천국이다.

＊영계에서 하나님의 장막(거룩한 성 예루살렘)이 창조되었듯이 땅에서도 증거장막이 세워진다.

＊요한계시록 21:2은 하늘의 거룩한 예루살렘 성이 신천지에 내려오는 장면이다.

② 성경적 해석

거룩한 성 새 예루살렘이 신천지에 내려온다(?)

이만희 씨는 요한계시록 21:2~8 해석도 별 다른 내용 없이 기존 주장의 되풀이 정도에서 그치고 있다. 그는 요한계시록 21:2의 장면을 영계의 천국인 거룩한 성 새 예루살렘이 육계의 신천지에 임하는 사건으로 해석한다.

거룩한 성 새 예루살렘은 승리한 하나님의 백성, 교회를 의미한다.

과연 요한이 본 하늘에서 내려오는 거룩한 예루살렘 성이 천국이며, 이 천국이 신천지에 임하는 것일까? 요한계시록 19:7에는 하나님의 백성을 어린 양의 예비 신부로 묘사한다. 그런데 이러한 동일한 결혼식과 관계된 회화적 묘사가 요한계시록 21:2의 '거룩한 성 새 예루살렘'과 '그 준비한 것이 신부가 남편을 위하여 단장한 것 같더라'는 표현이다. 이 표현에서 신랑은 어린 양이며, 신부는 하나님의 백성이다. 거룩한 성 새 예루살렘의 실체는 어린 양의 신부 곧 하나님의 백성을 의미한다. 거룩한 성 새 예루살렘은 용과 두 짐승의 회유와 박해를 이겨낸 최종적으로 승리한 교회 공동체이다.

요한은 요한계시록을 통해서 다양한 교회의 모습들을 제시한다.

셀 수 없는 큰 무리(7:9~17), 십사만 사천(7:1~8; 14:1~15), 두 증인 (11:3~13), 여인(12장), 신부(19:7~9)는 모두 교회를 나타내는 상징들이다. 요한은 이 다양한 교회에 대한 이미지를 "거룩한 성 새 예루살렘"으로 응축한다. 이 거룩한 성 새 예루살렘의 면모는 요한계시록 21:9~22:5에 구체적으로 묘사되어 있는데 그것은 패망한 성 바벨론과 극명한 대조를 이룬다. 예루살렘 성은 영계의 천국이 아니다. 당연히 이것이 육계의 신천지에 내려오는 일도 없다.

3) 생명나무 (계 22:1~5)

① 신천지 주장

> 보좌에서 흐르는 수정같이 맑은 생명수는 무엇인가? 그것은 흠이 없이 완전하며 생명력 있는 하나님의 말씀을 가리킨다(신 32:1~2, 암 8:11 참고). 이 생명수가 흐르는 강은 하나님의 말씀을 전하는 제자들의 마음을 말한다. …따라서 하나님과 예수님의 보좌도, 생명수도, 생명수 강도 신천지에 있게 된다.[372]

> 생명나무는 생명의 씨 즉 하나님의 말씀(눅 8:11, 요 1:1~4, 마 13:31~32 참고)으로 거듭난 사람을 가리킨다. 요한복음 15장 1~8절 말씀을 보면, 생명나무 가지는 열두 제자 즉 열두 지파를 의미하고, 달마다 맺히는 열두 가지 열매는 열두 제자를 통해 열두 지파로 전도된 성도들을 말한다. 14장의 열두 지파 처음 익은 열매 14만 4천 명도 본장의 생명나무 열매이다. 그리고 만국을 소성하는 생명나무 잎

---

372) 위의 책, 271–272.

은 생명수 말씀으로 전도하는 전도자를 가리킨다.…영계의 거룩한 성과 같은 조직을 이룬 우리 신천지는 생명의 씨(눅 8:11)로 거듭나서 (벧전 1:23) 생명나무가 되었고, 열두 가지 곧 열두 지파를 창조하여 달마다 열두 가지 열매를 맺고 있다.[373]

'생명나무'에 대한 신천지의 주장을 정리하면 다음과 같다.

＊보좌에 흐르는 생명수는 신천지의 말씀이며, 생명수가 흐르는 강은 전도자의 마음이다.
＊생명나무는 하나님의 말씀으로 거듭난 사람이다.
＊생명나무 가지는 신천지의 열두 지파이며, 열두 열매는 신천지로 전도된 사람들이다.
＊생명나무 잎사귀는 신천지의 전도자들이다.
＊신천지는 생명나무이며, 열두 지파(열두 가지)는 달마다 전도하여 생명나무 열매를 맺고 있다.

② 성경적 해석

요한계시록 22장의 새 예루살렘에 대한 묘사는 현 신천지를 가리킨다(?)

이만희 씨는 요한계시록 22장의 새 예루살렘의 묘사 가운데 등장하는 생명수, 생명수 강, 생명나무, 생명나무 열매, 생명나무 잎사귀 모두는 현재의 신천지를 가리킨다고 해석한다. 보좌에 흐르는 생명수는 신천지의 말씀이며, 생명수가 흐르는 강은 신천지 전도자의 마음이며, 생명나무는 하나님의 말씀으로 거듭난 신천지 신도이며, 생명나무 가

---

373) 위의 책, 272.

지는 신천지의 열두 지파이며, 생명나무 열두 열매는 신천지로 전도된 사람이며, 생명나무 잎사귀는 신천지의 전도자를 말한다며, 이 모든 것을 신천지의 정체성을 확보하는 데 사용한다. 그 노력은 정말 가상하다. 그러한 장황한 설명에도 불구하고 새 예루살렘의 모습 안에는 현재의 신천지가 없다.

새 예루살렘은 에덴동산을 본래 모습대로 회복하시는 하나님의 새 창조의 역사를 보여준다.

본문은 재림 때에 온전하게 성취될, 창조 세계의 회복이라는 관점을 제공하는 미래적 사건이다. 요한은 그것을 에덴동산의 회복을 통해서 생생하게 묘사한다. 에덴동산의 이미지는 새 예루살렘의 이미지에 들어있다. 에덴에서 흘러 나와 흐르는 강이 있었듯이(창 2:9~10). 새 예루살렘에도 수정같이 맑은 강이 하나님과 어린 양의 보좌로부터 흘러내린다(22:1). 에덴동산에도 생명나무 열매(창 2:9)가 있었듯이 새 예루살렘에도 생명수를 공급받는 생명나무가 있고, 열두 가지 열매가 있다(22:2). 타락한 인간에게 금지되었던 생명나무 열매는 오히려 대로상에 자리 잡고 있어 사람의 손길을 기다린다. 에덴동산을 모티프로 활용한 에스겔 47:12의 치료에 사용될 잎사귀도 새 예루살렘에 있다(22:2). 요한은 창세기의 에덴 모티프와 에스겔의 성전 모티프를 활용해 새 예루살렘을 생생하게 묘사한다.[374] 이것을 통해 선하게 창조되었던 에덴동산을 그 본래의 모습대로 회복하시는 하나님의 새 창조의 역사를 보여준다. 새 예루살렘은 옛 에덴에서 잃어버렸던 생명이 온전히 회복된 새 에덴이다. 새 에덴의 생명은 승리한 교회가 종말에 풍성히 누리게 된다. 이것이 요한계시록 21~22장의 결말이며 성경 전체의

---

374) M. 유진 보링, 309–311.

결론이다. 이만희 씨는 전체 성경의 대미를 장식하는 부분을 신천지의 내부 현황을 보여주는 장면으로 해석한다. 이만희 씨는 신천지 신도들에게 창세기에서 요한계시록에 이르기까지 모든 성경은 신천지 중심으로 펼쳐지는 이야기라고 가르친다. 이것이 결국 그들을 자아도취적 공상과 망상에 빠진 집단으로 만든 결과를 초래한다.

제5부

신천지 주제별 강해 해부하기

제5부 신천지 주제별 강해 해부하기

1. 씨 뿌리는 비유

1) 두 가지 씨 뿌리는 비유

① 신천지 주장

지금으로부터 약 2,600년 전에 하나님께서 선지자 예레미야를 통해 예언하시기를, 두 가지 씨 즉 사람의 씨와 짐승의 씨를 이스라엘 집과 유다 집에 뿌릴 날이 있을 것이라고 하셨다(렘 31:27). 이 예언은 약 600년 후 예수님께서 이 땅에 오셨을 때 이루어졌다(마 13:24~25).[375]

마귀의 씨가 뿌려진 곳도 교회 안이다. 사단의 교리가 교회 안에 뿌려지고 있다는 것을 성경이 증거하고 있으므로, 하나님의 참된 자녀는 지각(知覺)을 사용하여 이 둘을 분별해야 한다.[376]

하나님의 씨로 난 사람은 하나님의 자녀가 되고, 마귀의 씨로 난 사

---

375) 이만희, 『천지창조』, 288.
376) 위의 책, 298.

람은 마귀의 자식이 된다. 그리고 하나님의 씨로 난 알곡 성도는 추수 때 천국 곳간으로 추수되어간다. 그 천국 곳간은 새 노래를 부르는 시온산이다.[377]

'두 가지 씨 뿌리는 비유'에 대한 신천지의 주장을 정리하면 다음과 같다.

＊예레미야는 장차 사람의 씨와 짐승의 씨를 이스라엘과 유다 집에 뿌린다고 예언했다.
＊예레미야의 예언은 마태복음 13:24~25의 두 가지 씨 뿌리는 비유에서 성취되었다.
＊마귀의 씨는 교회 안에 뿌려졌고, 하나님의 씨는 시온산(신천지)에 뿌려졌다.

② 성경적 해석

예레미야 31:27과 마태복음 13:24~25은 예언과 성취의 관계가 아닌 별개의 구절이다.
　이만희 씨는 예레미야 31:27의 예언이 마태복음 13:24~25에서 성취되었다고 주장한다. 이 두 구절을 비교 분석해 보자.

　　여호와의 말씀이니라 보라 내가 사람의 씨와 짐승의 씨를 이스라엘 집과 유다 집에 뿌릴 날이 이르리니(렘 31:27).

---

377) 위의 책, 300.

예레미야는 포로 귀환 후 유다 백성의 회복에 대한 하나님의 약속을 예언했다. 그 중에서 예레미야 31:27은 황폐화된 고국으로 귀환한 유다 백성들의 생업이 장차 풍성하게 될 것을 예언하는 부분이다. 폐허가 된 그 땅이 다시 활기가 넘치게 되는데, 마치 '사람 씨'와 '짐승 씨'를 뿌려 놓은 것처럼. 다시 인구가 증가하고, 가축의 수가 불어나게 된다는 예언이다. 그 결과 주민도 없고 짐승도 살지 않았던 유다 성읍들과 예루살렘 거리에는 다시 즐거운 소리들이 울려 퍼지게 된다(렘 33:10). 여기서 '짐승'으로 번역된 '빼에마'(בְּהֵמָה)는 말 그대로 가축을 의미한다. 하나님께서 여섯째 날 창조하신 가축(창 1:24)과 동일한 히브리어 단어이다.

다음은 이만희 씨가 예레미야의 예언이 성취되었다고 주장하는 마태복음 13:24~25를 살펴보자.

> 24 예수께서 그들 앞에 또 비유를 들어 이르시되 천국은 좋은 씨를
> 제 밭에 뿌린 사람과 같으니25 사람들이 잘 때에 그 원수가 와서 곡
> 식 가운데 가라지를 덧뿌리고 갔더니(마 13:24~25).

본문은 일명 알곡과 가라지 비유이다. 예수님은 이 비유를 직접 해석해 주셨다. '좋은 씨'는 '천국의 아들'을 가리키며, '원수가 뿌린 가라지'는 '악한 자의 아들'을 가리킨다(마 13:38). 여기서 '씨'는 사람을 상징한다. 좋은 씨는 천국의 아들, 나쁜 씨는 악한 자의 아들이다. 마태복음의 씨와 예레미야의 씨는 별개의 씨이다. 마태복음의 씨는 '인간' 자체를 가리키지만 예레미야의 씨는 사람과 가축이 번성할 것을 상징적으로 표현한 것이다. 두 구절의 공통점이 있다면 '씨'라는 글자 외에 아무 것도 없다. 두 '씨'는 전혀 다른 문맥에서, 전혀 다른 의미로 사용되

었다. 예레미야 31:27과 마태복음 13:24~25은 예언과 성취의 관계가 될 수 없는 별개의 구절이다.

두 가지 씨 뿌리는 비유에서 알곡은 신천지 신도이며, 가라지는 기성교회 성도인가?

이만희 씨는 좋은 씨는 알곡 성도들이 모여 있는 신천지에 뿌려졌으며, 나쁜 씨는 기성교회 안에 뿌려졌다고 주장한다. 기성교회의 성도들은 모두 마귀의 씨를 받은 마귀의 자식들이라는 것이다. 특히 그는 자기를 이단으로 몰고 가는 기성교회 목회자들을 예수님 당시의 서기관과 바리새인과 동일시하며, 마귀의 자녀라는 오명을 씌운다.[378] 이만희 씨는 성경 자체의 뜻을 파악하려는 것보다 신천지의 특권을 강화하는데 해석의 초점을 둔다. 여기에는 그의 두 가지 감정이 엿보인다. 피해 의식과 자아도취이다. 그는 예수님을 이단으로 규정하고 그에게 나아가는 사람들을 막았던 바리새인들을, 현재 자신을 이단으로 규정하고 있는 기성교회 목회자들에게 투영한다. 이는 피해 의식이다. 동시에 그는 2천 년 동안 뿌려진 좋은 씨는 신천지에 뿌려졌으며, 신천지 신도들은 추수 때 하늘 곳간에 들어가는 알곡 성도들이 된다고 한다. 자아도취에 빠져있는 모습이다.

두 가지 씨 뿌리는 비유는 세상에 의인과 악인이 공존하지만 마지막 때에는 심판이 있음을 말한다.

예수님께서 알곡과 가라지 비유에 대해 직접 해설하신 말씀을 들어보자.

---

378) 위의 책, 299.

36 이에 예수께서 무리를 떠나사 집에 들어가시니 제자들이 나아와 이르되 밭의 가라지의 비유를 우리에게 설명하여 주소서. 37 대답하여 이르시되 좋은 씨를 뿌리는 이는 인자요 38 밭은 세상이요 좋은 씨는 천국의 아들들이요 가라지는 악한 자의 아들들이요 39 가라지를 뿌린 원수는 마귀요 추수 때는 세상 끝이요 추수꾼은 천사들이니 40 그런즉 가라지를 거두어 불에 사르는 것 같이 세상 끝에도 그러하리라(마 13:36~40).

예수님은 밭은 '세상', 좋은 씨는 '천국의 아들들', 가라지는 '악한 자의 아들들'이라고 직접 해설하셨다(13:37). '아들'에 해당하는 '휘오이'(υἱοί)는 법적 용어로 상속권이 있는 아들을 가리킨다. 천국의 아들들은 장차 하나님께서 아들에게 물려주는 기업을 상속받게 될 사람이다. 반대로 악한 자의 아들들은 마귀가 물려 줄 유업을 상속받는다. 이 세상에는 두 종류의 사람, 천국의 아들(알곡)과 악한 자들의 아들(가라지)이 공존하고 있다. 하지만 세상 끝에는 상황이 달라진다. 천국의 아들들은 아버지 나라에서 해 같이 빛나게 되고(13:43), 악한 자의 아들들은 풀무불에서 고통받게 된다(13:40). 알곡과 가라지 비유를 통해서 알리시고자 하는 예수님의 메시지는 바로 이것이다. 세상에서는 의인과 악인이 공존하지만 마지막 때에는 심판이 있다는 것이다. 이만희 씨의 비유 풀이의 실상이란, 신천지와 약속한 목자의 권위를 절대화하고, 기성교회와 목회자들을 매도하는 것 외에는 아무것도 없다.

2) 네 가지 씨 뿌리는 비유

① 신천지 주장

> 말씀의 씨가 뿌려지는 밭은 사람의 마음이다(고전 3:9, 16) 하나
> 님의 씨인 말씀이 뿌려지는 밭은 네 종류가 있다(마 13:18~23, 막
> 4:15~20). 네 가지 밭이 있다는 것은 말씀을 받아들이는 사람의 마
> 음이 네 가지가 있다는 뜻이다.[379]

> 하나님께서 약속하신 씨의 열매를 사람의 마음에 심어 결실하였으므
> 로, 추수 때는 그 씨가 결실한 사람 곧 알곡 성도를 추수하는 것이다.
> 이 때 사람의 육체는 두고 그 사람의 내면만 가져가는 것이 아니다.
> 하나님의 말씀으로 새로운 피조물이 된 그 사람의 육과 영을 함께 추
> 수하는 것이다. …약속하신 이 추수는 씨를 뿌린지 약 2천 년 만에
> 오늘날 신천지에서 이루어지고 있다.[380]

　'네 가지 씨 뿌리는 비유'에 대한 신천지의 주장을 정리하면 다음과
같다.

＊네 가지 씨 뿌리는 비유에서 네 밭은 네 종류의 마음을 말한다.
＊추수 때는 알곡 성도만 추수하며 그 알곡 성도는 모두 신천지에 있
　다.
＊추수는 영만 추수하는 것이 아니라 영육을 함께 추수한다.

---

379) 위의 책, 291.
380) 위의 책, 294-295.

② 성경적 해석

이만희 씨는 씨앗은 하나님 말씀을 가리키고, 네 종류의 밭을 네 종류의 마음이라고 해석한다. 이 부분은 크게 문제 삼을 만한 내용이 없다. 하지만 이만희 씨는 「천국 비밀 요한계시록의 실상」에서 네 가지 씨 뿌리는 비유의 결론을 다음과 같이 말한다.

> 알곡 성도들이 추수되어 가는 곳은 본장 1절에서 본 하나님과 예수님께서 임하신 시온산이다. 추수 때는 곳간으로 추수되어 가는 것이 하나님의 뜻이다. 추수 때 밭(교회)에 그대로 남아 있는 자는 가라지 단으로 묶이는 자가 된다. 가라지를 묶는 자는 추수되어 가지 못하게 막는 목자들이다. 이들은 불과 유황으로 타는 못에 들어가게 되리니 그 죄는 약속한 말씀을 믿지 않은 데 있다(요 16:8~11). 목자라 해서 예외는 아니다.[381]

이만희 씨의 비유의 풀이의 실상은 신천지 찬양 혹은 기성교회 매도 외에 아무 것도 없다.

네 가지 씨 뿌리는 비유의 결론에서 역시 신천지의 색채가 드러난다. 기성교회 목사들은 불과 유황으로 타는 못에 들어가게 되는데, 그 이유는 사람들을 신천지로 가는 것을 방해한 죄와 이만희 씨의 가르침을 믿지 않은 죄 때문이다. 이만희 씨의 비유 풀이는 항상 같은 결론으로 귀결된다. 신천지의 특권을 강화하거나, 기성교회를 매도하거나 둘 중 하나이다. 이는 다른 비유 해석에서도 동일하다. 알곡과 가라지 비유(마 13:36~40)에서도 지옥 불에 들어가는 자는 기성교회의 목회

---

381) 이만희, 「천국 비밀 요한계시록의 실상」, 312.

자이고, 추수되어 가는 알곡 성도는 신천지 신도이다. 겨자씨 비유(마 13:31~32)에서 장차 하나님의 성령들은 신천지에만 임하게 된다.[382] 누룩의 비유(눅 13:20~21)에서 누룩은 바리새인과 동일시되는 현재의 기성교회 목회자이다.[383] 감추인 보화 비유(마 13:44)에서 보화는 이만희 씨의 말씀이다.[384] 진주 장사의 비유에서 진주는 이만희 씨의 진리의 말씀이다.[385] 고기 잡는 비유(마 13:47~51)에서 그물에 걸리지 않는 기성 교인들은 지옥에서 슬피 울며 이를 간다.[386] 천국의 제자 된 서기관 비유(마 13:52)에서 천국 서기관은 신구약 성경을 자유자재로 가르치는 이만희 씨이다.[387] 탕자의 비유(눅15:11~32)에서 맏아들은 이만희 씨를 이단으로 정죄하는 위선적인 기성교회 목회자이다.[388] 천국 혼인 잔치 비유(눅 14:16~24)에서 잔치에 응하지 않은 사람들은 기성교회 목회자이며, 잔치에 초대받은 사람들은 신천지 신도이다.[389] 양과 염소의 비유(마 25:32~46)에서 염소는 기성교회 목자이며 양은 신천지의 약속의 목자이다.[390]

이만희 씨는 이뿐 아니라 거의 대다수 비유 풀이의 결론도 자기 자신이나 신천지의 특권을 강조하거나, 아니면 기성교회에 대한 매도로 끝맺는다. 그러다 보니 기성교회 성도 중에 자기가 출석하는 교회에 대해 조금이라도 부정적 사고를 가진 사람이 이러한 비유 풀이를 접하게 되고, 여기에 장시간 노출되면 기성교회에 대해 극도의 혐오감을 가지게 되고, 비유 풀이가 끝날 때가 되면 기성교회는 사탄의 조종을 받고

---

382) 이만희, 『예수 그리스도의 행전』 (서울: 도서출판 신천지, 2006), 119.
383) 위의 책, 120.
384) 위의 책, 120~121.
385) 위의 책, 122.
386) 위의 책, 122~123.
387) 위의 책, 123.
388) 위의 책, 165.
389) 위의 책, 167.
390) 이만희, 『천지창조』, 306~310.

있는 악의 집단으로 세뇌된다. 이처럼 신천지의 비유 풀이 과정은 처음 가졌던 교회관을 완전히 제거하며 기성교회에 대한 극단적인 혐오감을 심어주는 단계이다. 이렇게 코뚜레가 꿰지게 되면, 그 다음에는 무슨 말을 해도 다 수용하게 된다.

예수님은 천국 비유를 통해서 천국을 가르쳐 주셨다.

마태복음 13장에는 예수님의 천국 비유가 집중되어 있다. 비유를 말씀하실 때마다 반복되는 패턴은 "천국은 마치…와 같으니"(마 13:24, 31, 33, 44, 45, 47)이다. 이 천국 비유를 말씀하신 목적은 예수님께서 오심으로 시작된 천국의 현재적 도래와 그 성격, 그 가치와 성장, 나아가 그 나라가 요구하는 희생 등에 관한 것이었다. 과연 이러한 천국 비유를 자기를 신격화하고, 자기를 반대하는 사람들을 매도하는 용도로 사용하는 것이 예수님의 의도에 부합되는 것일까? 2천 년 동안 감추어졌던 천국 비유를, 마침내 통달하여 내놓은 실상 해석이 과연 이런 것이었을까? 그 '실상'을 대단한 것인양 선전했지만 알고 보면 이 두 가지 결론 외에 별로 남는 게 없다.

2. 하나님의 계명과 사람의 계명

① 신천지 주장

유전(遺傳)은 말 그대로 오랜 기간 동안 대대로 이어져 내려온 전통
이다. 저들은 하나님의 계명을 더 엄밀하게 지킨다는 명분 아래 세세
한 규례들을 만들어 대대로 지켜왔다.[391]

이상과 같은 일이 오늘날 이 시대에는 없겠는가? 성경에 없는 내용,
성경에 기록된 하나님의 계명에 반대 되는 교훈, 사람들이 만든 예법
혹은 교리 등등, 오랜 세월 이어져 내려온 것(유전)이니까 하나님의
계명인지 사람의 계명인지 분간도 하지 못하고 지키는 것들이 많이
있을 것이다.…예수님 초림 때는 제사장(祭司長)들이 있었고 오늘날
은 목사(牧師)들이 있다.[392]

성령은 모든 것 곧 하나님의 깊은 것(비밀)이라도 통달한다 하였다
(고전 2:10). 사도 바울도 세상에서 배운 것을 다 버리고 오직 계시를
받아 가르쳤다(갈 1:11~12). 이와 같이 우리 신천지는 성령과 함께
계시의 말씀으로 예언과 실상을 육하원칙에 입각하여 증거하고 있
다.[393]

'하나님의 계명과 사람의 계명'에 대한 신천지의 주장을 정리하면 다
음과 같다.

---

391) 위의 책, 320.
392) 위의 책, 323~324
393) 위의 책, 325.

＊장로들의 유전은 세세한 규례들로 오랜 기간 내려온 전통이다.

＊오늘날 교회와 목사들은 성경에 없는 내용, 하나님의 계명에 반대되는 교훈을 가르친다.

＊오늘날 교회의 예법, 교리들은 오랜 기간 내려오는 전통이다.

＊오늘날 목사들은 초림 때 유대 종교지도자와 제사장과 같다.

＊오늘날 신천지는 모든 것을 통달하게 하는 성령과 함께 예언과 실상을 가르치고 있다.

② 성경적 해석

기독교의 교리는 유대교의 전통과 같은가?

이만희 씨는 기독교 교리를 예수님 당시의 장로들의 '전통'과 동일시하고, 오늘날 목회자를 예수님 당시의 사두개파와 바리새파와 같은 통속의 사람들로 규정한다. 도대체 어떤 근거와 규범을 가지고 이런 동일시를 하는 것일까?

기독교의 교리는 성경으로부터 온 것이다.

'유전' 혹은 '전통'으로 번역된 '파라도신'(παράδοσιν)은 성경에는 기록되지 않은, 조상 때부터 입에서 입으로 전해 내려오는 옛 어른들의 가르침이다. 문제는 바리새인들은 성경보다 이 조상들의 가르침에 더 큰 권위를 부여했다는 것이다. 마태복음 15:2에 바리새인들이 제자들에게 식사 전에 손을 씻지 않는다고 면박을 주었을 때의 '식사 전 손 씻는 행위'는 성경에 없는 장로들의 전통이었다(마 15:3). 이만희 씨가 지적한대로 장로의 유전은 '사람의 계명'임에 틀림없다. 그렇다면 오늘날 기독교 교리가 성경과 무관한, 이런 유대교적 장로의 전통과 같은 것일까? 과연 오늘날 교리가 오래전부터, 입에서 입으로 전승되어온, 성경과 상관없는 구전 같은 것일까?

　기독교의 교리는 성경으로부터 형성된 것으로, 구전이나 인간의 창작이 아니다. 기독교 교리란 교회가 믿고 있는, 성경 속에 계시된 진리들을 누구나 알 수 있도록 논리적으로, 체계적으로, 일관성 있게 정리한 것을 가리킨다. 예를 들면 하나님께서 6일간 세상 만물을 조성하신 창세기 1장 기사를 통해서 교회는 하나님을 '창조주 하나님'으로 정의한다. 교회는 하나님께서 세상을 구원하기 위해 자신의 외아들을 보내신 복음서를 통해서 하나님을 사랑의 하나님으로 정의한다. 하나님에 관한 이러한 정의들이 곧 신론(神論)을 형성한다. 기독교의 교리는 성경으로부터 온 것이다. 기독교의 교리는 조상들로부터 전수되어온 유대교의 전통이나 유전이 아니다.

신천지의 교리는 통일교 출신의 저자가 쓴 「신탄」에서 나왔다.

　필자는 본서를 집필하기 위해 이만희 씨가 직접 쓴 「천지창조」, 「요한계시록의 실상」, 「요한계시록의 진상」, 「성도와 천국」, 「예수 그리스도의 행전」을 오랜 시간 동안 탐구해 온 결과, 이들 모두는 신천지 교리서였음을 발견할 수 있었다. 이 모두는 신천지가 믿고 있는 내용들을 주제별로 서술한 것들이었다. 「천지창조」가 주 텍스트였다. 나머지 책들은 제목만 약간씩 달랐을 뿐 「천지창조」와 동일한 내용으로 구성되어 있었다. 그런데 놀라운 사실은 「천지창조」는 통일교 출신의 김건남, 김병희의 저서 「신탄」을 대부분 베껴 썼다는 사실도 확인할 수 있었다.[394] 어쨌든 교리를 가지고 있다는 점에서는 기독교나 신천지가 별

---

394) 신탄은 1985년 출간되었고 천지창조는 2007년 출간되었다. 「천지창조」와 「신탄」은 목차에서부터 내용에 이르기 까지 거의 같다.

다를 게 없다. 문제는 그 교리가 옳은가, 성경적인가에 있다.

기독교의 가르침이 인간의 계명인지 신천지의 가르침이 하나님의 계명인지는 곧 밝혀진다.

이만희 씨가 왜 기성교회의 가르침은 사람의 계명이며, 어떻게 2천 년 전 유대 땅의 제사장들과 오늘날 목회자가 같은 부류인지, 그렇게 판단하게 되었던 근거는 무엇인지 묻고 싶다.

지난 2천 년 동안 전 세계에 수많은 신학대학이 설립되었고, 수많은 '신학과'가 개설되었다. 수많은 신학자와 목회자들이 배출되었고, 수많은 논문과 저서들이 나왔고, 지금도 계속되고 있다. 이와 같은 일은 130년의 한국 교회 역사 속에서도 동일하게 일어났다. 이만희 씨는 그 수많은 논문과 저서 중, 단 한편의 논문, 단 한권의 책이라도 탐구해 보았는지? 그동안 얼마나 많은 목회자를 상대해 보았는지? 무슨 기준으로 그 모두를 인간의 계명이요, 거짓 목자로 단정 짓는지? 개역 한글 성경 하나에만 의존하는 것도 모자라, 발음이 같은 단어들만을 여기 저기 끌어와 연결고리 삼는 식의 성경 해석은 어떻게 하나님의 계명이 되는지? 실상이라는 권위의 수단을 만들어 놓고, 자기 개인의 경험을 마치 하나님의 계시와 동일시하는 해석은 어떻게 하나님의 계명이 되는지? 자기가 자기 스스로에게 '보혜사 성령', '재림 예수', '만국을 통치하는 자'로 호칭하는 것은 무슨 근거로 하나님의 계명이 되는지 묻고 싶다. 하지만 어느 것이 하나님의 계명이며, 어느 것이 사람의 계명인지는, 하루하루 노쇠해가는 몸으로 황혼을 준비하는 교주를 영생불사의 존재로 받들고 있는 신천지가 가장 먼저 알게 되리라 생각된다.

3. 정통과 이단

① 신천지 주장

성경에서 말하는 정통과 이단은 무엇인가? 정통은 하나님과 하나된 자요 이단은 마귀와 하나된 자이다. …정통은 하나님의 씨 즉 하나님의 말씀을 받은 자이며, 이단은 마귀의 씨 즉 마귀의 말을 받은 자이다(눅8:11, 마13:24~30, 마13:36~43 참고).[395]

지금도 유대인은 유대교가 정통이라 믿고 있고, 가톨릭교와 개신교는 유대인들처럼 각자 자신이 정통이라 말하고 있다. 같은 개신교 안에서도 수많은 교단이 앞을 다투어 자기들이 정통 중의 정통이라 주장하고 있으니, 과연 진정한 정통은 어디에 있단 말인가[396]

하나님께서 함께 하셨던 정통이었다 할지라도 하나님께서 떠나신 곳은 더 이상 정통이 아니고 이단이다. 신흥교단(新興敎團)이라 할지라도 하나님께서 찾아가시고 하나님의 말씀이 나오면 그곳이 정통이다.[397]

우리 신천지는 마귀와 싸워 진리로 이기고 성경에 약속한 대로 열두 지파를 창조하였다(계 7장). 세상 교회는 사람의 계명을 가르치고 있으나, 우리 신천지는 열린 계시의 말씀을 받아 전하고 있다(계 10장, 계 14:1~6). 하나님께서 함께 하시는 곳이 어디인지 성경으로 판단해

---

395) 위의 책, 354~355.
396) 위의 책, 356~357.
397) 위의 책, 360.

보면 알 것이다.[398]

'정통과 이단'에 대한 신천지의 주장을 정리하면 다음과 같다.

＊정통은 하나님과 하나된 자이며 이단은 마귀와 하나된 자이다.
＊정통은 하나님의 씨를 받은 자이며 이단은 마귀의 씨를 받은 자이다.
＊유대교, 가톨릭, 개신교는 각각 자기들이 정통이라 한다.
＊하나님이 떠나면 오늘의 정통도 내일의 이단이 된다.
＊신흥 교단이라도 하나님이 함께 하면 정통이 된다.
＊신천지는 성경이 약속한 대로 열두 지파를 창조하였고 열린 계시를 전하고 있다.

② 성경적 해석

어제의 정통이 오늘의 이단이 되고, 오늘의 이단이 내일의 정통이 되는가?

하나님과 마귀 중 누구와 하나 되어 있는가에 따라 정통과 이단이 구분된다는 논리는 부적절하다. 하나님의 씨와 마귀의 씨에 관한 주장도 마찬가지이다. 왜냐하면 그것은 사람이 판별할 수 있는 문제가 아니기 때문이다. 이만희 씨가 제시한 누가복음 8:11, 마태복음 13:24~30, 마태복음 13:36~43은 씨 뿌리는 비유로서 '씨'에 따라 정통과 이단이 구분된다는 주장을 뒷받침 하지 못한다.

현재 유대교는 자기가 정통이라 하고, 가톨릭도 자기가 정통이라 하고, 개신교도 자기가 정통이라 한다. 틀린 말이 아니다. 그렇다 하더라

---

398) 위의 책, 361.

도 신천지가 정통이 되는 것은 아니다. 여기서는 타인을 부정함으로, 긍정을 얻겠다는 발상이 엿보인다. 설령 개신교가 이단이라 해도 신천지가 정통이 되는 것은 아니다. '모 아니면 도'식의 논리로는 신천지의 정통성을 증명할 수 없다. 이분법적 사고는 미성숙한 사고이다.

이만희 씨는 하나님께서 함께 하셨던 정통이었다 할지라도 하나님이 떠나시면 이단이 되고, 신흥교단이라도 하나님이 찾아가시고 하나님의 말씀이 나오면 그곳이 정통이라고 주장한다. 어제의 정통이 오늘의 이단이 되고, 오늘의 이단이 내일의 정통이 된다는 것은, 소위 신천지의 편리한 환상에 지나지 않는다. 그렇게 도전한다고 해서 그것이 성립되는 것도 아니며 바위에 계란치기에 불과할 뿐이다. 왜냐하면 그것을 정하는 유일한 기준은 성경이기 때문이다. 결국 정통과 이단을 구별하는 기준은 '교리'이며, 그 교리가 '성경적'인가에 달려있다. 그렇다면 성경이 말하는 '이단'(αἱρέσεις)은 무엇인가?

초대 교회 이단은 다른 복음, 다른 예수, 다른 구원, 다른 기독론을 전했다.

바울과 요한 당시의 초대교회를 위협했던 이단은 '영지주의'와 '율법주의' 이단이었다. 영지주의는 자기들만 구원에 이르는 특별한 영적 비밀을 소유했기에, 자기들에게로 와야 구원을 얻을 수 있다는 주장을 펼쳤다. 소위 '다른 구원론'이었다. 영지주의는 자기 집단에 대해 절대적인 의미를 부여했던 이단이었다. 이들은 육체로 온 예수, 육체로 죽은 예수를 부인하는 '다른 복음' '다른 예수'를 주장했다. 그래서 바울은 디모데에게 영지주의에 대한 경계를 당부했고(딤전 4:1~3 ; 딤후 2:16~18) 요한도 이들에 대한 경계를 강조했다(요일 2:22 ; 4:2~3 요이 1:7).

또 하나의 강력한 이단은 '에비온파', 소위 '율법주의 이단'이었다. 이 이단을 처리하기 위한 모임이 예루살렘 교회의 회의였다(행 15장). 이들은 예수를 믿어도 모세의 율법, 안식일, 할례, 레위기의 음식 규례를 지켜야 구원받는다는 소위 '다른 구원'을 전했다. 이들은 예수의 신성과 동정녀 탄생을 부인하는 '다른 기독론'을 주장했다. 바울은 갈라디아 교회와 빌립보 교회에 이 이단에 대한 주의를 당부했다(갈 1:7~9; 빌 3:2~3). 성경이 영지주의와 에비온주의를 이단으로 규정한 이유는 '다른 복음', '다른 예수', '다른 구원', '다른 기독론' 때문이었다. 이단의 기준은 이것이다.

신천지는 다른 복음, 다른 예수, 다른 구원, 다른 기독론을 전한다.

약속한 목자에게 가야만 구원 얻을 수 있다는 가르침[399]은 '다른 복음'이다. 예수님을 시대마다 택한 목자[400]중 하나로 간주하고, 예수를 하나님께서 자기의 영을 넣어 택한 종[401]으로 삼았다는 주장은 '다른 예수'이다. 영계의 영들과 육계의 인간의 몸이 결합한다[402]는 설은 '다른 구원'이다. 신천지의 교주를 "보혜사 성령"[403], "재림 주"[404]로 여기는 것은 '다른 기독론'이다. 여기에서 돌이키지 않는 한 오늘의 이단은 내일의 이단이 되며, 영원한 이단이 된다.

---

399) 위의 책, 73.
400) 위의 책, 92.
401) 위의 책, 415.
402) 위의 책, 256.
403) 위의 책, 416, 421.
404) 위의 책, 348.

4. 선악을 알게 하는 나무

① 신천지 주장

> 에덴동산의 선악 나무는 사단이 심었다는 것을 알 수 있다.[405]

> 한편, 다니엘서 4장 20~22절을 보면, 하나님께서는 바벨론 왕 느부갓네살을 큰 나무라고 하셨다. 그리고 그 나무는 견고하고 커서 땅 끝에서도 보이고 고(高)는 하늘에 닿았으며, 열매가 많아 만민의 식물(食物)이 될 만하고 가지에는 새가 깃들였다고 하셨다. 바벨론은 구약 시대에 이스라엘을 침략하여 빼앗은 이방이다. 하나님의 선민을 멸망시킨 이방 왕이 나무라면 선악 나무이며, 그 나무에 앉은 새는 악령이다. 그 안에 살고 있는 사람과 그 조직, 그것이 바로 선악 나무이며 지옥이다.[406]

'선악과'에 대한 신천지의 주장을 정리하면 다음과 같다.

* 선악과는 사탄이 심었다.
* 다니엘 4장의 바벨론 왕 느부갓네살은 나무이며, 이 나무는 선악과와 동일하다.
* 다니엘 4장의 나무에 앉은 새는 악령이다.
* 선악과는 악한 느부갓네살 왕이다. 따라서 선악과는 악한 조직이며, 악인들을 말한다.

---

405) 위의 책, 367.
406) 위의 책, 368~369.

② 성경적 해석

선악과는 느부갓네살 왕이며 악의 조직체인가?

"여호와 하나님이 그 땅에서 보기에 아름답고 먹기에 좋은 나무가 나게 하시니 동산 가운데에는 생명나무와 선악을 알게 하는 나무도 있더라"(창 2:9)에서 보듯이 선악과를 사탄이 심었다는 주장은 거짓말이다. 이만희 씨는 선악과를 악의 조직이라 주장하며 다니엘 4:20~22을 근거로 제시한다.

> 20 왕께서 보신 그 나무가 자라서 견고하여지고 그 높이는 하늘에 닿았으니 땅 끝에서도 보이겠고 21 그 잎사귀는 아름답고 그 열매는 많아서 만민의 먹을 것이 될 만하고 들짐승은 그 아래에 살며 공중에 나는 새는 그 가지에 깃들었나이다. 22 왕이여 이 나무는 곧 왕이시라 이는 왕이 자라서 견고하여지고 창대하사 하늘에 닿으시며 권세는 땅 끝까지 미치심이니이다(단 4:20~22).

본문은 느부갓네살 왕이 꾼 꿈을 다니엘이 해석한 내용이다. 느부갓네살 왕이 꿈에서 본 내용은 다음과 같다. "땅의 중앙에 한 나무"(4:10)가 점점 자라더니 그 키가 하늘에까지 닿았고, 그 가지에는 온 세상 사람들이 다 먹을 수 있을 만큼 많은 열매가 있었다. 들짐승들이 그 나무 그늘에 쉬고, 온갖 새들이 깃들이고, 온 세상 사람들이 그 열매를 먹는다는 내용이다(4:10~12). 하늘까지 닿은 나무에, 들짐승이 거하고, 새들이 깃들고, 사람들이 그 열매를 먹는 것은 곧 강성해질 왕의 장래에 대한 예시였다. 그래서 다니엘은 "왕이여 이 나무는 곧 왕이시라"(4:22)고 말했다. 꿈에서의 나무는 느부갓네살 왕을 상징한다. 이만

희 씨는 이 다니엘의 진술에 착안하여 '느부갓네살=나무'라는 등식을 세운다.[407]

그리고 이 나무를 창세기 2장의 선악과와 연결하여 '나무 = 선악과'라는 등식을 또 만든다. 꿈에 등장한 나무와 선악과를 동일시하는 근거는 둘 다 "땅(동산)의 중앙(가운데)"(단 4:10; 창 2:9) 에 있었기 때문이다. 이만희 씨는 이러한 황당한 연결고리를 사용해서 '느부갓네살=꿈속의 나무=선악과'라고 결론을 내린다. 그리고 느부갓네살은 악한 제국, 바벨론의 왕이었으므로, 선악과를 악한 조직 그리고 그 조직 속에 있는 사람들이라고 비약한다. 황당한 연결고리에 황당한 비약이다. 과연 선악과가 '나무'가 아니라 악한 조직이었을까? 그렇다면 하나님이 동산 중앙에 "심었다"는 표현은 무엇이며, "먹지도 만지지도 말라"는 명령은 무엇이며, "먹음직스럽게" 보였다는 표현은 무엇이며, 하와가 "먹고" 남편에게 "준 것"은 무엇인가? 과연 하나님께서 악한 조직을 동산 중앙에 심었으며, 악한 조직을 먹지도, 만지지도 못하게 했으며, 먹음직스럽게 보인 것은 악한 조직이었으며, 하와가 악한 조직을 먹고 남편에게 주었을까? 성경이 이렇게 허투루 쓰였고, 괜스레 적힌 글인가? 이만희 씨의 해석이 옳다면 느부갓네살이야말로 이 세상에 죄를 끌어들인 악이며, 인류의 원수여야 한다. 이 왕의 다음 이야기를 살펴보자.

성경은 느부갓네살이 이방 왕이었지만 하나님께 가까이 하려고 애쓴 인물로 소개한다.

느부갓네살은 이 꿈을 꾼 후에 점점 강성해져서 그의 명성이 하늘까지 닿게 되고 그 권세는 땅 끝까지 미치게 됨으로 그 꿈이 성취된다

---

407) 위의 책, 108.

(4:28). 그러나 다니엘 4장에 새로운 국면이 등장한다. 열두 달이 지난 뒤, 교만에 빠진 왕에게 하나님의 음성이 들린다(4:31). 그에게서 왕권이 떠나게 될 것과 그가 세상에서 쫓겨나서 들짐승과 함께 살면서 소처럼 풀을 뜯어먹을 것이라는 음성이었다(4:31~32). 이 음성 후 왕은 실지로 그와 같은 삶에 처한다. 7년 동안 들짐승처럼 비참한 생활을 한다. 그 이후에 다니엘 4장은 왕의 왕권이 다시 회복되는 이야기로 전환된다. 이러한 모든 과정이 성취되면서 왕은 하나님을 진정한 통치자로 여기며, 하나님의 절대 주권에 합당한 찬송과 영광을 드리며 다니엘 4장은 마무리된다(4:34~37). 하나님은 교만한 자를 철저히 낮추시며, 인간의 흥망은 오직 하나님의 주권 하에 있음을 고백하는 찬양이었다. 인류를 멸망에 빠뜨린 선악과의 실체가 저렇게 정확한 가사로 하나님을 찬양할 수 있을까? 이전의 느부갓네살은 이방 소년 다니엘을 바벨론의 치리자로 삼았다(2:7). 대신들의 이간에 속아 다니엘과 그 친구들을 사자굴에 던졌으나 머리카락 하나도 상하지 않은 그들을 보고, 여호와 하나님을 높이 찬양했다(3:29). 성경은 그가 비록 이방의 왕이었지만 하나님께 가까이 가려고 애쓴 인물로 그리고 있다. 성경은 조금도 그를 선악과의 실체로 그리고 있지 않다.

5. 약속한 목자

① 신천지 주장

> 신약 성경에 약속한 목자는 누구인가? 예수님께서 신약 성경에 약속
> 하신 목자는 요한계시록 2~3장의 니골라당과 싸워 이긴 자이다. 구
> 약 성경이 하나님께서 약속한 목자 예수님 한분을 증거한 것이라면
> (요 5:39), 신약 성경은 예수님이 약속한 목자 한 사람을 알리는 것이
> 라고 할 수 있다.[408]

'약속한 목자'에 대한 신천지의 주장은 다음과 같다.

* 구약 성경이 약속한 목자는 예수님이다.
* 신약 성경이 약속한 목자는 요한계시록의 니골라당과 싸워 이긴 자
  이다.
* 구약 성경은 예수님을 증거한 것이고 신약 성경은 약속한 목자를 증
  거한다.

② 성경적 해석

예수님은 구약이 약속한 인간 목자가 아니라 태초부터 선재했던 하나님이다.

구약 성경이 '약속한 목자'는 오직 예수님 한분이라는 주장은 예수님
을 태초부터 선재하셨던 하나님으로 증언하는 빌립보서 2:6과 정면으
로 충돌된다. "그는 근본 하나님의 본체시나 하나님과 동등됨을 취할

---

408) 위의 책, 410.

것으로 여기지 아니하시고"에서 '그'는 예수님을 가리키고, '본체'로 번역되어진 '모르페'(μορφῇ)는 동일한 본질이란 뜻으로 '예수님은 하나님과 동일한 존재'라는 의미이다. 예수님은 "하나님께서 택하신 자로, 하나님의 영을 모시고, 하나님의 말씀을 대언"[409] 했던 인간이 아니다.

약속한 목자라는 용어, 약속의 주체, 약속에 대한 기록은 성경에 존재하지 않는다.

이만희 씨는 자기 자신을 가리켜 신약성경이 약속한 목자라고 주장한다. 우선 '약속한 목자'라는 용어는 성경 상에 존재하지 않는다. 이스라엘 목자(겔 34:2), 선한 목자(요 10:11), 양의 목자(요 10:2), 영혼의 목자(벧전 2:25) 큰 목자(히 13:20) 등은 있지만 '약속한 목자'라는 용어는 없다. 게다가 약속이란 혼자 하는 것이 아니기에 그와 같은 약속을 한 주체가 누구인지, 그리고 성경 어디에 그 같은 약속이 기록되어 있는지 궁금하다. 이만희 씨는 예수님께서 약속하신 목자를 가리켜 사도 요한으로 비유된 인물이라고 주장[410] 했다지만 어떤 성경, 몇 장, 몇 절에 그런 기록이 있는지 궁금하다.

구약 성경은 예수님을 약속한 목자라고 증언하지 않는다.

과연 구약 성경은 예수님을 약속한 목자로 증언하는가? 구약은 앞으로 올 메시아를 가리켜 여자의 후손(창 3:15), 임마누엘(사 7:14), 인자 같은 이(단 7:13), 이새의 줄기에서 날 싹(사11:1), 의로운 가지(렘 23:5) 등으로 묘사했을 뿐 '약속한 목자'라는 칭호를 사용한 적이 없다.

---

409) 위의 책, 415.
410) 위의 책, 174.

예수님은 약속한 목자 한 사람을 알리기 위해서 오셨는가?

과연 예수님께서 이 약속한 목자 한 사람을 알리기 위해서 오셨는가? 신약 성경은 그것을 증명할 수 있는가? 성경은 예수님께서 오신 목적을 그렇게 말하지 않는다.

인자가 온 것은 섬김을 받으려 함이 아니라 도리어 섬기려 하고 자기 목숨을 많은 사람의 대속물로 주려 함이니라(마 20:28).

인자가 온 것은 잃어버린 자를 찾아 구원하려 함이니라(눅 19:10).

하나님이 그 아들을 세상에 보내신 것은 세상을 심판하려 하심이 아니요 그로 말미암아 세상이 구원을 받게 하려 하심이라(요 3:17).

하나님의 아들이 나타나신 것은 마귀의 일을 멸하려 하심이라(요일 3:8).

하나님이 자기의 독생자를 세상에 보내심은 그로 말미암아 우리를 살리려 하심이라(요일 4:9).

성경은 예수님께서 세상에 오신 목적을 약속한 목자와 연관 짓지 않는다. 예수님의 생애를 기록한 사복음서에 약속한 목자에 대한 고지가 나타나 있었던가? 예수님의 수많은 설교와 가르침 속에 이만희 씨에 대한 암시가 있었는가? 예수님께서 예고하신 장차 오실 "성령 하나님"(요 16:13)은 이만희 씨를 의미하지 않는다. 왜냐하면 그분은 성경에서 '프뉴마'(Πνεῦμα)로 표기하기 때문이다.

6. 이긴 자

① 신천지 주장

예수님께서 신약 성경에 약속하신 목자는 요한계시록 2~3장의 니골라당과 싸워 이긴 자이다.[411]

승리자이신 예수님께서는 사단의 목자와 싸워 이기는 자에게 천국과 영생을 허락하시고 치리권을 주신다고 요한계시록 2장~3장에 약속하셨다.[412]

이긴 자는 예수님으로부터 만국을 다스리는 철장 권세와 영생하는 양식(감추었던 만나)과 심판하는 돌(흰 돌)을 받고(계 2:17, 26~28), 그 위에 하나님의 이름과 새 예루살렘의 이름과 예수님의 새 이름이 기록되었고, 예수님의 보좌에 함께 앉게 된다(계 3:12, 21).[413]

'이긴 자'에 대한 신천지의 주장을 정리하면 다음과 같다.

＊예수님께서 약속한 목자는 니골라당과 싸워 이긴 자이다.
＊예수님은 이긴 자에게 천국과 영생과 치리권을 허락한다고 요한계시록 2~3장에 약속했다.
＊예수님은 이긴 자에게 만국을 치리하는 철장, 감추었던 만나, 심판하는 흰 돌, 예수님과 같은 보좌에 앉게 된다고 약속했다.

---

411) 위의 책, 411.
412) 위의 책, 411.
413) 위의 책, 413.

② 성경적 해석

이만희 씨는 니골라당과의 싸움을 포기하고 경기도 안양에 신천지 안양교회를 세웠다.

이만희 씨는 자기를 가리켜 요한계시록 2~3장의 니골라당과 싸워 이긴 자라고 주장한다. 니골라당은 예루살렘 교회의 집사 중 한 사람이었던 니골라(행 6:5)를 추종하는 무리들로 요한 당시 에베소 교회와 버가모 교회를 어지럽혔던 이단이었다. 2천 년 전 소아시아에 출현했던 니골라당은 이만희 씨와 결코 싸울 수 있는 대상이 아니다. 니골라당의 출현은 이만희 씨가 태어나기 전 일이기 때문이다.

이만희 씨에게 있어서 니골라당은 오평호 목사와 청지기교육원이다. 설령 오평호 목사가 니골라당이었다고 해도 이만희 씨는 그와의 싸움에서 오히려 졌다. 오평호와 그 무리들을 청계산에서 쫓아내지 못했기 때문이다. 오히려 이들과의 싸움을 포기하고 장막 성전의 이탈자들과 함께 경기도 안양 비산 2동에서 '신천지 안양교회'를 시작했다. 동시에 오평호 목사는 장막성전을 인수한 후 많은 성도들이 모여들자 교회 이름을 이삭중앙교회로 개칭한 후 성북구 하월곡동 3거리 대로변에 초대형 예배당을 짓기도 했다.[414]

이만희 씨는 오히려 그와의 싸움에서 패한 듯한 인상을 준다. 정작 이만희 씨가 이겼다면 오평호 목사는 청계산에서 쫓겨났어야 한다.

성경에 "이긴 자"라는 말은 없고 '이기는 자'로 표기하며, 시제는 과거가 아닌 현재 분사형이다.

요한계시록에는 '이긴 자'라는 표현이 없고 "이기는 그"(계 2:7, 17;

---

414) 탁명환, 『기독교 이단 연구』, 358–359.

3:21), "이기는 자"(계 2:11, 26; 3:5, 12) 만 있을 뿐이다. '이기는'으로 번역된 '니콘티'(νικῶντι) 혹은 '니콘'(νικῶν)은 승리하다의 뜻을 지닌 "니카오"(νικάω)의 현재분사형이다. 이것은 "계속 이겨나가는"의 의미이다. 계속 이기고 또 이겨서 마지막 순간에 가서야 비로소 '이겼다'라고 외칠 수 있는 '이김'이다. 이 '이김'은 과거의 승리가 아닌 계속해서 이기는 승리를 말한다. 1세기의 소아시아 교회들은 로마 제국의 회유와 박해에 맞서 순교를 각오해야만 했다. 그들의 싸움은 숭고한 것이었다. 잃어버린 장막성전의 교권을 되찾으려다 포기하고 타 지역에서 장막성전을 시작했던 패배자가 이 단어를 사용하는 것에 대해 부끄럽게 생각해야 한다.

요한계시록 2~3장의 상급의 대상은 이만희 씨가 아니라 소아시아 일곱 교회이다.

이만희 씨는 '이긴 자'인 자기가 예수님께서 요한계시록 2~3장에 약속하신 상급과 권세를 가지게 되었다고 주장한다. 그래서 자기는 현재 천국권과 영생권, 만국을 다스리는 권한, 영생하는 양식, 심판하는 권세, 예수님의 보좌에 같이 앉을 수 있는 권세를 가졌다고 한다. 그러나 감추었던 만나(진리의 말씀), 흰 돌(심판), 새 이름(보혜사)은 특정 개인에게 주신 약속이 아니라 버가모 교회에 주신 약속이다(계 2:17), '만국을 다스리는 권세'와 '예수님의 보좌에 앉을 수 있는 상급'도 각각 두아디라 교회와 라오디게아 교회를 향한 말씀이다(계 2:26; 3:21). 이 상급은 오늘날 어느 특정인을 대상으로 하는 것이 아니라 당시 일곱 교회가 그 대상이었다.

요한계시록 2~3장은 이만희 씨가 유재열 씨에게 보낸 편지라고 하지 않았던가?

이만희 씨는 요한계시록 2~3장을 자기가 유재열 씨에게 보낸 편지라고 주장했다. 다음을 살펴보자.

> 2~3장의 사건의 성취 및 편지 전달은 오늘날 대한민국 경기도 과천
> 소재 청계산 아래에서 이루어졌다.[415]

이만희 씨는 이 편지의 발신자에 대해서도 다음과 같이 밝힌다.

> 사도 요한은 보고 들은 대로 일곱 교회 일곱 사자에게 편지를 하였으
> 니 곧 2, 3장의 말씀이다. 여기서 사도 요한은 이 말씀이 응할 때 주
> 님의 사자(대언자)로 빙자한 인물인 것을 알아야 한다. 그러므로 사
> 건의 원인과 결과를 알아야 하며, 편지를 보내라고 지시하시는 인자
> 와 지시를 받고 편지하는 사도 요한과 편지를 받은 일곱 교회 일곱
> 사자와 침노한 우상 니골라당이 있으니 이 세 존재를 구별하여 보고
> 읽고 깨달아 구원자에게로 나아가야 한다.[416]

여기서 인자의 지시를 받고 편지한 사도 요한은 이만희 씨이다. 이만희 씨 자신이 요한계시록 2~3장의 편지를 청계산의 유재열 장막성전에게 보냈다는 것이다. 자기가 편지를 보냈고, 자기가 상급을 약속했고, 자기가 그 상급을 취했다. 이 '이긴 자 교리'는 앞뒤가 맞지 않는 허구로 얼룩져 있다. 신천지의 '이긴 자'와 요한계시록의 '이기는 자'는 그 단어의 용례와 내용과 시제에 있어서 일치하는 부분이 없다. '이기는 자'를 교회 공동체와 분리된 한 개인의 특권을 강화하는 용도로 사용하

---

415) 이만희, 『천지창조』, 197.
416) 이만희, 『하늘에서 온 책의 비밀 계시록의 진상 2』, 84.

는 것은 성경을 하나님의 말씀으로 믿는 사람으로서 할 수 있는 일이
아니다.

7. 대○예수교와 신천지

① 신천지 주장

대○예수교와 신천지예수교는 어떻게 다른가? 예수교라는 명칭은 예수님의 교회, 즉 교주가 예수님이라는 뜻이다. 육적 이스라엘 나라가 솔로몬 때 이방 신을 섬긴 죄로 남북으로 나누어진 것 같이, 우리나라도 현재 남북으로 나누어져 있다. 이중 남쪽은 대한민국이며, 이곳의 예수교를 대○예수교라고 한다. 대한민국은 지구촌에서 볼 때, 그리고 하늘에서 볼 때 아주 작은 나라이다. 그리고 대○예수교라는 명칭은 우리나라에 국한된 예수교를 의미한다. 그러나 신천지는 새 하늘과 새 땅이라는 뜻으로 신천지예수교라 하면 하늘과 땅, 산 자와 죽은 자 전체를 두고 말하는 크나 큰 예수 교단을 의미한다. 이는 대○예수교라는 명칭과는 비교할 수도 없는 것이다.[417]

'대○예수교와 신천지'에 대한 신천지의 주장을 정리하면 다음과 같다.

＊신천지 예수교라는 명칭은 예수님이 교주라는 뜻이다.
＊대○예수교는 남북으로 갈라진 좁은 땅에만 국한되어 있다.
＊신천지는 새 하늘과 새 땅이라는 뜻으로, 하늘과 땅 그리고 산 자와 죽은 자 전체를 두고 말하는 큰 예수 교단이다.

② 성경적 해석

---

417) 이만희, 『천지창조』, 514.

요한계시록 21장의 새 하늘과 새 땅이 신천지가 될 수 없다.

이만희 씨는 대ㅇ예수교와 신천지예수교는 공통점과 차이점이 있다고 한다. 공통점은 둘 다 "예수교"라는 명칭을 쓴다는 것이고, 차이점은 전자는 우리나라에 국한된 예수교이고, 후자는 하늘과 땅, 산 자와 죽은 자를 포괄하는 크나큰 예수교라는 것이다. 그리고 신천지는 영계와 육계, 산 자와 죽은 자까지 포함된 예수교라고 한다.

신천지라는 이름이 과연 이만희 씨의 주장대로 요한계시록 21:1의 새 하늘과 새 땅과 동의어가 될 수 있을까? 새 하늘과 새 땅이 펼쳐짐은 창세기 1장에서 처음 세계를 창조하신 목적이 성취되는 사건으로 전 지구적, 전 우주적 사건이다. 그러한 새 하늘과 새 땅을 신천지에 대입하는 것은 성경을 하나님의 말씀으로 믿는 사람들에게 당혹감을 안겨준다. 새 하늘과 새 땅은 신천지를 가리키는 말이 아니다.

수세기 동안 기독교 역사 속에서, 흥왕했다가 사라진 이단은 한둘이 아니었다.

이만희 씨는 스케일(scale)면에서 신천지와 대ㅇ예수교는 비교될 수 없다고 목청을 높인다. 신천지는 영계와 육계, 산 자와 죽은 자까지 포함하는 큰 예수교라고 하지만, 그 부분에 대해서는 대ㅇ예수교도 뒤지지 않는다. 기독교인들도 천국과 영생을 소망하며 살아가고 있고, 언젠가 이 땅에서 생을 마감하겠지만 주 예수 그리스도의 재림 때 육체적으로 부활할 것을 소망한다. 단 출처가 없는 영계와 육계의 결합설과 천년성 입주자들의 수명이 나무처럼 길어져서 영생한다는 '불멸설' 같은 거짓말에 미혹되지 않을 뿐이다. 고작 1984년도에 시작하여, 일시적으로 발흥했지만, 지난 수세기 동안 기독교 역사가 보여준 바에 의하면, 일시적으로 흥왕했다가 사라진 종파들이 어디 한둘이었는가? 그 같은 역사의 교훈을 망각하고 망나니처럼 도전한들, 그것이 계란으로 바위치기였음을 깨닫게 될 날도 머지않은 것으로 사료된다. 죽지 않고 영생한다는 90세의 지도자가 하늘나라에서 순교자의 영으로 다시 환생할 것이라는 교리변개만 하지 않기를 바랄 뿐이다. 예수님 승천 후 사도들과 속 사도들이 물려준 신앙의 터 위에 세워진 교회가 2천 년을 지내 오는 동안 말도 많고 탈도 많았다. 그러나 근본이 그리스도의 몸인 교회를, 하늘에서 내려오는 승리한 거룩한 새 예루살렘으로 본 사도 요한의 환상을 잊지 말아야 한다(계 21:2).

신천지는 예수가 없어도 존재할 수 있다.

이만희 씨는 신천지가 예수교임을 강조한다. 그러나 그것은 사실이 아니다. 이만희 씨의 저서 「천지창조」, 「천국의 비밀 요한계시록의 진상」, 「천국의 비밀 요한계시록의 실상」, 「하늘에서 온 계시록의 진상」, 「예수 그리스도의 행전」 그리고 신천지 출판부에서 나온, 저자 미상의 「진리의 전당 주제별 요약 해설」 등과 같은 신천지 저서들은 그와 같은 이만희 씨의 주장이 사실이 아님을 말한다. 왜냐하면 그 모든 저서, 모든 주제의 마지막은 항상 약속한 목자 혹은 이긴 자, 이만희 씨를 구원자로 내세우기 때문이다. 그것을 직접 눈으로 확인해보자.

> 계시록이 응하고 있는 오늘날은 계시록에 약속한 이긴 자(계2, 3장,
> 21:7)를 통하지 않고는 구원이 없다.[418]

> 계시록에 예언한 말씀이 이루어질 때는 계시록에 약속한 구원의 처
> 소와 구원의 목자를 찾아야만 구원받을 수 있다.[419]

---

418) 이만희, 「천국 비밀 요한계시록의 실상」, 37.
419) 위의 책, 40.

마지막 때 약속한 목자 이긴 자를 찾아야 영생과 천국을 얻을 수 있다. 이긴 자가 있는 성전은 하나님과 예수님께서 계시므로 만민이 와서 경배할 곳이 된다.[420]

약속의 목자는 성경에 약속한 목자로서 한 시대에 획(劃)을 그어 나누는 역할을 하는 목자이다. …약속한 목자가 온 후에는 그에게로 가야만 구원을 얻을 수 있다.[421]

이상과 같이 이기는 자가 천국과 영생의 양식을 받을진대 그에게 배우지 않으면 천국과 영생을 얻을 수 없다.[422]

이긴 자가 인도하는 새 하늘과 새 땅에 이름이 등록되는 것이 곧 생명책에 녹명되는 것이 된다.[423]

그 때(밤) 인자가 와서 이들에게 본문의 예언과 이대로 응한 사실을 증거할 때 듣고 보고 따르는 자가 데려감을 당하는 자가 되고, 듣고도 깨닫지 못하는 맹종들은 버려두게 된다. 그러므로 이 일을 전하는 인자를 기다리는 성도가 되어야만 참으로 믿는 자가 되고 구원에 이르게 된다.[424]

예언의 말씀대로 주께서 이루시고 나타낸 실상을 보고 구원자가 와서 자기 본 것과 말씀을 동시에 증거할 때 이 증거를 듣고, 보고, 인

---

420) 이만희, 『천지창조』. 98.
421) 위의 책, 72–73.
422) 이만희, 『천국 비밀 요한계시록의 실상』. 102.
423) 위의 책, 468–469.
424) 이만희, 『하늘에서 온 책의 비밀 계시록의 진상 2』. 501.

정하는 사람이 인 맞은 자들이 된다. 이것이 구원의 일이다.[425]

오늘날 신천지에서는 진리의 성령이 함께하는 약속한 목자가 성경을 통달하여 육하원칙으로 가르치고 있다. 그에게 말씀을 듣는 사람만이 땅에서 구속함을 받는 자가 되어 새 노래도 배울 수 있고(계 14:3), 보혜사도 알 수 있다.[426]

신약성경은 예수님께서 약속한 한 목자를 증거하고 있다. …성경 말씀대로 하나님과 그가 보내신 참 목자를 아는 자는 영생에 들어간다.[427]

주께서 보내신 사자의 말을 듣겠는가, 아니면 그를 이단이라고 매도하겠는가? 사람은 속여도 하나님은 속이지 못한다. 솔직한 신앙인이 되어 회개하고 참을 깨달아 믿어 구원받자.[428]

오늘날도 초림 때와 같이 약속한 계시록의 계시(계 10장)를 받지 못하면 하나님과 보낸 자를 알 수 없고 구원을 받지 못한다(마 11:27, 요 17:3).[429]

이럼에도 불구하고 신천지가 예수교라고 주장할 수 있을까? 이로 보건데 신천지는 예수가 없어도 존재하는 데 문제가 없다. 그러나 이만희 씨가 없으면 신천지는 존재할 수 없다.

---

425) 위의 책, 531.
426) 이만희, 『예수 그리스도 행전』, 362.
427) 위의 책, 287.
428) 『진리의 전당 주제별 요약 해설』, 76-77.
429) 위의 책, 142.

8. 동방교리

① 신천지 주장

또 보매 다른 천사가 살아계신 하나님의 인을 가지고 해 돋는 데로부터 올라와서 …인맞은 자들이 십 사만 사천이니(계 7:2~4)

섬들아 내 앞에 잠잠하라 민족들아 힘을 새롭게 하라 가까이 나아오라 그리하고 말하라 우리가 가까이 하여 서로 변론하자 누가 동방에서 사람을 일으키며 의로 불러서 자기 발 앞에 이르게 하였느뇨… 나 여호와라(사 41:1~4).

내가 땅 끝에서부터 너를 붙들며 땅 모퉁이에서부터 너를 부르고 네게 이르기를 너는 나의 종이라 내가 너를 택하고 싫어버리지 아니하였다 하였노라(사 41:9).

…내가 동방에서 독수리를 부르며 먼 나라에서 나의 모략을 이룰 사람을 부를 것이라 내가 말하였은즉 정녕 이룰 것이요 경영하였은즉 정녕 행하리라(사 46:10~11).

이상의 말씀의 결론은 한결같이 동방 한반도요 땅 끝이요 땅 모퉁이다. 이곳이 해 돋는 곳이다. …하나님의 종들의 이마에 인을 치는 천사는 동방의 해 돋는 나라에서 올라왔다. 하나님의 모략을 성취할 자는 동방에서 부름 받는다.[430]

각별히 우리가 유념할 것은 이 생수가 진리의 성읍 새 예루살렘(슥 8:3) 곧 주의 성산에서 흘러 나와 동해와 서해로 흐르게 되매 천하

---

430) 이만희, 『천국의 비밀 계시록의 진상』, 31.

(동 서양)가 이 생수로 영생을 얻는다는 사실이다. 물론 영적인 의미가 부가된 말씀이라 하겠으나 실제의 사물이나 사건을 빙자하여 비유를 베풀었을 것이 확실한 이상 그 실물이 있어야 한다. 동해와 서해가 없는 나라 같으면 어찌 동해와 서해를 들어서 설명할 수 있으리요, 페일언하고 그 나라는 분명코 동해와 서해가 있는 반도국임을 의심할 여지가 없다. [431]

'동방교리'에 대한 신천지의 주장을 정리하면 다음과 같다.

* 요한계시록 7:2~4, 이사야 41:2, 41:9, 46:10~11에 나오는 동방은 한반도이다.
* 하나님의 종들의 이마에 인을 치는 천사는 동방의 해 돋는 나라에서 올라왔다.
* 하나님의 모략을 성취할 자는 동방에서 출현한다.
* 스가랴 14:7~8에서 생수가 예루살렘에서 흘러 동해와 서해로 흐른 것은 비유이며 실상은 동해와 서해가 있는 반도국이다.

② 성경적 해석

성경에 나오는 "해 뜨는 곳"과 "동방"은 모두 대한민국을 가리키는가?

신천지는 이만희 씨를 마지막 때 하나님의 부름 받은 목자라는 사실을 강화하기 위해, 이전 사이비 교주들이 사용했던 동방 교리를 차용해 쓰고 있다. '동방'을 강조하는 이유는 한국을 말하기 위함이다. '한국'이 특별한 사명자가 출현하는 장소로 증명되면, 이만희 씨는 메시아

---

431) 위의 책, 32–33.

격의 존재가 될 뿐 아니라 '신적' 지위까지 보장받는다. 이만희 씨가 동방을 한반도를 가리키는 것이라고 말하는 구절은 요한계시록 7:2, 이사야 41:2, 이사야 41:9, 이사야 46:11, 스가랴 14:8이다.

성경에 나와 있는 "해 뜨는 곳"은 모두 해가 뜨는 동쪽을 가리킨다.

요한계시록 7:2 해석

> 또 보매 다른 천사가 살아 계신 하나님의 인을 가지고 해 돋는 데로
> 부터 올라와서 땅과 바다를 해롭게 할 권세를 받은 네 천사를 향하여
> 큰 소리로 외쳐(계 7:2).

하나님의 도장을 가진 한 천사가 '해가 돋는 곳'에서 올라왔다. 이만희 씨는 이 장면을 가리켜 '동방의 해 뜨는 나라'에서 천사가 출현한 것으로 해석한다. '해가 돋는 곳'(ἀπὸ ἀνατολῆς ἡλίου)은 해가 뜨는 지점일 뿐 '나라' 혹은 '국가'라는 의미를 부여할 수 없다. 이만희 씨 주장대로라면 성경에 나오는 '해 돋는 곳'을 모두 '동방의 해 뜨는 나라'로 해석해야 한다.

> 그 후에 광야를 지나 에돔 땅과 모압 땅을 돌아서 모압 땅의 해 뜨는
> 쪽으로 들어가 아르논 저쪽에 진 쳤고 아르논은 모압의 경계이므로
> 모압 지역 안에는 들어가지 아니하였으며(삿 11:18).

이 '해 뜨는 쪽'은 단순히 모압 땅의 동쪽을 가리킨다.

또 그발 족속의 땅과 해 뜨는 곳의 온 레바논 곧 헤르몬 산 아래 바알 갓에서부터 하맛에 들어가는 곳까지와(수 13:5).

이 "해 돋는 곳"은 그발 족속의 땅 동쪽을 가리킨다. 성경에서 해 뜨는 곳이란 표현은 단지 동쪽을 가리키는 것이지 동방의 해 뜨는 나라를 의미하지 않는다.

이사야 41:2 해석

누가 동방에서 사람을 일깨워서 공의로 그를 불러 자기 발 앞에 이르게 하였느냐 열국을 그의 앞에 넘겨 주며 그가 왕들을 다스리게 하되 그들이 그의 칼에 티끌 같게, 그의 활에 불리는 초개 같게 하매(사 41:2).

이사야 41장은 장차 전개될 남 유다의 멸망과 회복에 대한 메시지를 담고 있다. 41장은 비록 하나님의 백성이 바벨론에 멸망당하지만 장차 동방에서 한 사람을 일으켜 열국을 정복하고, 그 열국과 구별되는 하나님의 백성을 보호하겠다는 이사야의 예언의 메시지이다. 하나님이 동방에서 일으키는 한 사람은 바벨론으로부터 유다를 해방시킨 페르시아 왕 고레스를 가리킨다. 이사야의 예언이 선포된 지 160년 후에 고레스는 페르시아의 왕이 된다(스 1:1~4; 6:3~5). 여기서 동방은 해 뜨는 나라, 한반도국이 아니라 페르시아이다.

이사야 41:9 해석

내가 땅 끝에서부터 너를 붙들며 땅 모퉁이에서부터 너를 부르고 네
게 이르기를 너는 나의 종이라 내가 너를 택하고 싫어버리지 아니하
였다 하였노라(사 41:9).

이사야 41:9은 하나님께서 포로 기간이 끝나면 자기 백성을 구원하
실 것을 말씀하신 내용이다. "땅 끝", "땅 모퉁이"는 유다 땅에서 매우
먼 이방 땅을 가리킨다. 하나님은 아무리 먼 곳, 아무리 절망적인 곳에
서도 자기 백성을 구원하실 것이라는 약속이다. 이 구절은 '한국'을 말
하고 있지 않다. 여기서 '너'는 이만희 씨가 아니라 남 유다 백성이다.

이사야 46:11 해석

내가 동쪽에서 사나운 날짐승을 부르며 먼 나라에서 나의 뜻을 이룰
사람을 부를 것이라 내가 말하였은즉 반드시 이룰 것이요 계획하였
은즉 반드시 시행하리라(사 46:11).

하나님께서 동쪽에서 부를 날 짐승과 먼 나라에서 하나님의 뜻을 이룰
사람은 페르시아 고레스 왕이다. 여기서 동방은 페르시아를 가리킨다.

스가랴 14:8 해석

그 날에 생수가 예루살렘에서 솟아나서 절반은 동해로, 절반은 서해
로 흐를 것이라 여름에도 겨울에도 그러하리라(슥 14:8).

예루살렘에서 솟아난 생수가 절반은 동해로 흐르고, 절반은 서해로

흐른다는 표현에서 동해는 '사해'를 가리키고 서해는 '지중해'를 가리킨다. 예루살렘에서 일출을 바라볼 때 사해는 예루살렘의 앞에 위치하고 있고 지중해는 예루살렘의 뒤에 위치하고 있기 때문이다. 스가랴서의 동해와 서해는 한반도국과는 무관하다.

살펴본 바와 같이 요한계시록 7:2, 이사야 41:2, 이사야 41:9, 이사야 46:11, 스가랴 14:8은 한반도국을 나타내지 않는다.

9. 첫째 장막과 둘째 장막

① 신천지 주장

> 모세가 만든 두 장막은 비유로서 첫 장막인 성소는 세상에 속하여 쇠
> 하여 없어져 버리는 장막성전을 나타낸다. 그리고 휘장 뒤에 있는 둘
> 째 장막은 지성소다. 멸망자에 의하여 성소인 첫 장막이 멸망 받아
> 없어진 후에 하늘 문이 열리면서 장막이 나타난다. 이 장막이 신천지
> 증거장막이다.[432)

> 처음 언약에 흠이 없었다면 새 언약을 세울 필요가 없게 된다. 첫 장
> 막인 장막성전이 배도하지 아니하였다면 둘째 장막이 따로 설 필요
> 가 없다는 말이다. 그러므로 첫 장막은 배도로 말미암아 멸망자의
> 손에 넘어가고 없어지게 되고 불가불 둘째 장막이 서게 되는 것이
> 다.[433)

'첫째 장막과 둘째 장막'에 관한 신천지의 주장을 정리하면 다음과 같다.

* 모세가 만든 장막은 비유이다.
* 모세의 장막에서 성소는 없어지는 장막이며 지성소는 둘째 장막이다.
* 처음 언약이 흠이 없었다면 새 언약을 세울 필요가 없었다.
* 처음 언약은 배도하여 사라진 장막을 가리키고 새 언약은 신천지 증
　거 장막을 가리킨다.

---

432) 김건남, 김병희, 322.
433) 위의 책, 321.

② 성경적 해석

첫 언약은 불완전한 구약의 제사 곧 율법이고, 둘째 언약은 그리스도의 피 흘림으로 얻은 십자가의 복음을 말한다.

신천지는 히브리서 8:7의 "저 첫 언약이 무흠하였더라면 둘째 것을 요구할 일이 없었으려니와"에서 첫 언약은 배도하여 멸망당한 유재열 장막성전이며, 둘째 것(둘째 언약)은 신천지 장막성전을 가리킨다고 해석한다.

'첫 언약'으로 번역된 '헤 프로테 에케이네'(ἡ πρώτη ἐκείνη)를 직역하면 '그 첫 그것'이다. "헤"(ἡ)는 앞에 이미 언급되었던 그 어떤 것을 가리키는 관사이다. 앞서 히브리서 8:1~6의 내용은 불완전한 율법에 따라 희생제물을 드렸던 구약의 제사장들은 장차 오실 예수 그리스도를 예표한다는 내용이다. 왜냐하면 구약의 제사는 사람의 죄를 용서하는 효력에 있어서 한시적이기 때문이다. 7절의 "첫 언약"은 옛 율법, 구약의 불완전한 희생 제사를 가리킨다. 이 첫 언약은 배도한 유재열 장막성전을 가리키지 않는다. 이는 히브리서 8장을 한번만 정독하면 어렵지 않게 해석할 수 있다. 그 율법이 "무흠하였더라면" 즉 흠 잡을 것이 없이, 완전하였더라면 둘째 것을 요구하지 않았다. 둘째 것 곧 새 언약은 히브리서 9:11~22에 소개되어 있는 동물의 피가 아닌 흠 없고 거룩한 그리스도의 피 흘림으로 얻은 십자가의 복음을 의미한다.

모세의 장막은 오늘날의 두 장막성전을 가리키는 비유인가?

신천지는 모세가 만든 장막을 비유라고 주장한다. 「진리의 전당 주제별 요약 해설」은 다음과 같이 주장한다.

> 첫 장막은 둘째 장막 곧 오늘날 개혁된 신천지예수교 증거장막 성전
> 이 설 때까지 비유로 있는 것에 불과하다(히 9:1~10).[434)]

신천지는 모세의 '성막'을 비유라 주장하며, 성막 안의 성소는 유재열 장막성전과 동일시하고, 지성소는 신천지 장막성전과 동일시한다. 신천지가 이렇게 자의적으로 해석할 수 있는 자신감(?)을 제공하는 구절은 히브리서 9:9이다.

> 이 장막은 현재까지의 비유니 이에 따라 드리는 예물과 제사는 섬기
> 는 자를 그 양심상 온전하게 할 수 없나니(히 9:9).

모세의 장막은 하나의 모형으로서 하늘의 참 장막을 깨닫게 해주는 예시이다. 여기서 비유로 번역된 '파라볼레'(παραβολή)는 '상징'(symbol) 혹은 '예시'(illustration)라는 의미이다. 다른 번역본 성경과 영문성경에도 이와 같이 표현하고 있다.

> 이 모든 것은 현세를 상징하는 것입니다. 그 제도를 따라 봉헌물과
> 희생제물을 바치지만 그것이 예배하는 사람의 양심을 완전하게 해주
> 지는 못합니다(히 9:9, 공동번역성경).

> 이 장막은 현 시대를 상징합니다. 그 장막 제의를 따라 예물과 제사
> 를 드리지만, 그것이 의식 집례자의 양심을 완전하게 해주지는 못합
> 니다.(히 9:9, 새번역).

---

434) 『진리의 전당 주제별 요약 해설』, 301.

which is a symbol for the present time. Accordingly both gifts and sacrifices are offered which cannot make the worshiper perfect in conscience.(히 9:9. NASB).

This is an illustration for the present time, indicating that the gifts and sacrifices being offered were not able to clear the conscience of the worshiper(히 9:9, NIV).

모세의 장막은 다른 무엇을 깨닫게 하기 위한 '상징'혹은 '예시'이다. "이 장막은 현재까지의 비유니"에서 "현재"는 현재 히브리서를 읽고 있는 독자들의 시대를 말한다. 이 시대의 사람들에게 있어서 모세의 장막은 하나의 모형으로서, 참 장막인 하늘의 장막을 깨닫게 해주는 상징이라는 의미이다. 구약의 사람들은 모세의 장막 제도에 따라 희생제물을 드림으로 죄 용서는 받게 되었지만, 제물 드리는 사람의 양심까지는 깨끗하게 하지 못하는 불완전한 것이었다(9:9). 그래서 이 제도는 새로운 제도를 세울 때까지만 적용되는 한시적인 것이었다(9:10). 히브리서를 읽고 있는 독자들 시대의 모세의 장막은 하늘에 있는 참 장막을 보여주고, 깨닫게 하는 의미만 있다는 것이다. 히브리서 9:9~10은 유재열 장막성전과 신천지 장막성전을 나타내는 비유가 아니다.

히브리서 9:1~10은 모세의 장막의 내부 구조를 말하는 것이며 오늘날의 두 장막성전과는 무관하다.

히브리서 9:1~10은 첫 언약에 해당되는 '성막'의 구조에 대한 설명이다. 성소를 첫 번째 장막이라고 하고, 지성소를 두 번째 장막이라 부른다. 성소 안에는 등, 상, 진설병 등이 놓여 있고, 지성소에는 금향

로, 만나, 아론의 싹 난 지팡이, 언약의 두 돌판을 둔 언약궤가 놓여 있
다는 내용이다(9:1~5). 그리고 성막에서 행해지는 제사 예법(9:6~7)
과 지성소에 대제사장이 짐승의 피를 들고 들어가는데, 그 짐승의 피
는 불완전한 것이라는 내용이다. 지성소는 아직 열리지 않은 상태라는
설명(9:7~8)과 새로운 것이 오기까지 구약의 희생제물은 상징이며 예
표라는 내용으로 구성되어 있다(9:9~10). 이 내용을 한 번만 정독하면
이것이 모세의 장막의 내부 구조를 말하는 것인지, 현대에 두 장막성
전을 말하는 것인지 쉽게 확인 가능하다.

10. 재림 예수 이만희

① 신천지 주장

길을 예비하도록 분부하신 하나님, 그 하나님의 명을 받아 아시아에 예비 제단이 출현하였음은 주의 강림이 이곳에 이루어질 것을 의미한다. 그래서 볼지어다 구름을 타고 강림한다고 말한 것이다.[435]

구름은 말씀이요 또한 성령이다. 잠언서 16장 15절의 말씀엔 늦은 비곤 봄비를 내리는 구름을, 이사야서 5장 6절의 말씀엔 구름을 명하여 비오지 못하게 하셨다 하였음을 살펴보면 구름은 비를 내리는 주체로 등장한다. 비는 하나님의 말씀이요, 말씀은 곧 영이시다. 따라서 구름을 타고 강림하신다는 말씀을 영해하면 성령으로 강림하신다는 말이다.[436]

장차 오실 구주는 성령으로 강림하시어 지상에 세운 사명자의 육체를 들어 사역케 하신다는 말씀을 구름타고 오신다고 말씀하신 것이다. 구약 시대에 구름 타고 오신다던(단 7:13) 예수의 경우를 보더라도 세례요한에게서 세례를 받으신 후 물에서 올라오실 때에 성령(그리스도)이 그의 머리에 임하셨다. 즉, 육체를 가지신 사명자 예수에게 성령이 임하여 구주의 길을 출발하지 않았던가?.[437]

그러므로 성령이신 주께서 지상의 한 사명자 곧 육체를 부르시어 그

---

435) 이만희, 『천국의 비밀 계시록의 진상』. 33.
436) 위의 책. 34.
437) 위의 책. 34.

에게 임하시니 번개같이 오시는 일이요 구름을 타고 오시는 일이
다.[438]

누가복음 17장 24절 이하를 상기해보자. 번개가 하늘 아래 이편에서
번뜻하여 하늘 아래 저편까지 비춤같이 인자도 자기 날에 그러하리
라.…이게 무엇을 함축하고 있는 말인가? 번개처럼 오신다 함은 성
령강림이며…[439]

 '재림 예수 이만희'에 대한 신천지의 주장을 정리하면 다음과 같다.

＊주의 재림은 길 예비 제단이 있었던 그 현장에서 이루어진다.
＊예수님 재림 때 타고 온다는 구름은 실지 구름이 아니라 영(성령)을
  가리킨다.
＊구름타고 재림한다는 말은 지상의 사명자의 육체에 성령이 임하는
  것을 말한다.
＊구름 타고 오신다고 했던 예수님도 그 육체에 성령이 임하여 초림했
  다.
＊누가복음 17:24에서 번개처럼 임한다는 표현은 성령이 육체에 임하
  는 재림을 말한다.

② 성경적 해석

구름이 성령을 가리키는가?

---

438) 위의 책, 34.
439) 위의 책, 35.

이만희 씨는 자기 자신이 재림주임을 나타내기 위해 장차 올 재림 주는 길 예비 제단에 있었던 현장에 임하게 된다고 주장한다. 길 예비 제단은 유재열 장막성전을 가리키고, 그 '현장'은 경기도 과천 청계산을 가리킨다. 이는 성경과 무관한 자의적인 주장이다.

이만희 씨는 예수님의 재림을 언급할 때마다 등장하는 "구름"(마 24:30; 26:64; 눅 21:27; 계 1:9)을 자기 자신을 재림주로 만드는 소재로 활용한다. 그는 구름을 영이라 해석하고, 영으로 재림하시는 예수를 주장한다. 말하자면 예수는 육체로 오는 것이 아니라 영으로 재림하는데 그 영이 자기에게 임하게 되었다는 것이다. 그는 잠언 16:15과 이사야 5:6의 두 구절이 구름을 영으로 해석할 수 있는 단서라고 제공한다. 이 두 구절을 해석해 보자.

잠언 16:15 해석

> 왕의 희색은 생명을 뜻하나니 그의 은택이 늦은 비를 내리는 구름과
> 같으니라(잠 16:15).

이 구절은 한 나라의 왕이 베푸는 은총을 늦은 비를 몰고 오는 구름에 비유하고 있다. 늦은 비는 4월에 내리는 비로, 곡식을 여물게 할 뿐아니라 여름 가뭄을 지탱해 주는 비로써 이스라엘은 이 비를 큰 축복이라고 생각했다. 여기서 구름은 봄비를 내리게 하는 구름을 가리킨다. 만약 이 구름을 영으로 해석한다면 봄비를 내리게 하는 주체는 성령이 된다. 아주 희한한 문장이 된다.

이사야 5:8 해석

내가 그것을 황폐하게 하리니 다시는 가지를 자름이나 북을 돋우지 못하여 찔레와 가시가 날 것이며 내가 또 구름에게 명하여 그 위에 비를 내리지 못하게 하리라 하셨으니(사 5:6).

하나님께서 남 유다 백성을 더 이상 돌보지 않겠다는 단호한 의지를 표명하신다. 하나님께서 포도나무 줄기에서 삐져나온 불필요한 가지나, 나무 밑에 자라는 잡초를 더 이상 제거해주지 않을 것이며, 구름을 명하여 비를 내리지 못하게 하듯이 더 이상 남 유다에게 은총과 혜택을 베풀지 않겠다는 내용이다. 여기서 구름은 하늘의 구름을 가리킨다. 이 구름을 영으로 해석하면 하나님께서 영을 명하여 비를 내리지 못하게 한다는 뜻이 된다. 아주 기이한 문장이 된다.

구름은 하나님의 임재의 상징이며 예수님은 다니엘 7:13을 자신의 재림에 적용했다.

예수님은 자신의 재림을 언급할 때 나타내신 '구름'의 원어인 '네펠론'(νεφελῶν), '네펠레'(νεφέλη), '네펠라이스'(νεφέλαις)는 단수, 복수, 그리고 정관사의 유무에 따라 형태는 약간씩 달라지지만 모두 하늘의 구름을 의미한다. 구약 성경에서 구름이란 하나님의 임재 시에 나타나는 현상(출 19:9, 16; 24:15~16; 40:34; 신 4:11; 5:22; 왕상 8:11; 시 97:2)이며 구름을 타고 오는 존재는 오직 하나님 한 분 밖에 없음을 나타내는 전통적인 표현법이다(시 104:3; 사 19:1). 다니엘은 인류 최후의 날에 구름타고 오는 인자에 대해 예언했다(단 7:14). 이 구름도 역시 구약의 용례와 관계있다. 이 인자는 심판주로서의 인자이다. 예수님은 구름 타고 오는 인자가 바로 자기 자신인 것을 다니엘서를 인용해서 정확하게 나타내셨다(마 24:30; 26:64).

그 때에 인자의 징조가 하늘에서 보이겠고 그 때에 땅의 모든 족속들
이 통곡하며 그들이 인자가 구름을 타고 능력과 큰 영광으로 오는 것
을 보리라(마 24:30).

예수께서 이르시되 네가 말하였느니라 그러나 내가 너희에게 이르노
니 이 후에 인자가 권능의 우편에 앉아 있는 것과 하늘 구름을 타고
오는 것을 너희가 보리라 하시니(마 26:64).

**예수님은 성령을 덧입고 초림한 인간이 아니라, 육신을 입고 초림한 하나님
자신이다.**

예수님의 육체에 성령이 임하여 초림했다는 주장은 대단히 질이 좋
지 않다. 예수님은 육체를 가진 인간이었는데 그 육체에 성령이 임한
후 초림하게 되었다는 주장은 전통적인 기독론을 파괴한다. 이는 예수
님을 가리켜 시대마다 택함 받은 여러 목자 중 한 사람[440]이며, 하나님
의 씨에 의해 새롭게 창조된 피조물로서의 하나님의 아들[441]이라는 주
장과 동일한 맥락이다. 예수님은 하나님이시다. 그는 태초부터 계셨던
존재이며(요 1:2), 만물을 그의 손으로 지으신 자이며(요 1:3), 성부 하
나님과 동일 본질인 하나님 자신이었다(빌 2:6). 그러한 하나님이 단지
자기를 비워 종의 형체를 가지셨을 뿐이다(빌 2:7~8). 예수님은 요단
강에서 세례 받기 이전부터 이미 초림해 계셨고, 요단강 세례 후부터
공식적인 공생애 사역을 시작하셨다.

누가복음 17:24은 예수님이 성령을 입고 육신으로 재림한다고 주장하는 거짓

---

440) 이만희, 『천지창조』, 92.
441) 위의 책, 93.

그리스도를 조심하라는 당부이다.

　이만희 씨는 예수가 자기 육체 속에 성령을 받아들인 후 초림했듯이 재림도 그와 꼭 같은 방식으로 이루어진다고 한다. 그는 자기를 가리켜, 예수의 영이 자기 육체 속에 들어와 있는 재림 예수라고 하며 이것을 믿음으로 받아들이라고 한다. 그는 이 주장의 근거로 누가복음 17:24을 제시한다.

> 번개가 하늘 아래 이쪽에서 번쩍이어 하늘 아래 저쪽까지 비침같이
> 인자도 자기 날에 그러하리라(눅 17:24).

　누가복음 17:22~37은 하나님 나라가 임하는 시기를 묻는 바리새인들의 질문을 계기로, 예수님께서 하나님 나라가 임하게 될 '때'의 징조에 관해서 가르치신 본문이다. 그 징조 중 하나는 거짓 그리스도의 출현이다. 이들이 예수님의 재림 약속을 이용하여 도처에서 자기가 이미 재림해 있는 예수라고 주장한다는 것이다(눅 17:23). 예수님은 그런 가짜 재림 예수를 만났을 때 어떻게 행동해야 할지에 관해 설명하셨다. 예수님은 번개가 하늘 이편에서 번쩍하여 저편까지 비치듯이 자신의 재림도 그와 같을 것이라고 설명했다. 번개는 전광석화처럼 순식간에 끝나지만, 모든 사람이 볼 수 있다. 예수님께서는 초림 때와는 달리 재림 때는 모든 사람들이 인식할 수 있도록, 공개적으로, 그리고 순식간에 오실 것을 말씀하셨다. 그러므로 자기가 재림 예수라는 사람에게 절대 속지 말 것을 당부하셨다. 누가복음 17:23~24은 이만희 씨가 영으로 재림해 있는 예수라는 주장을 지지하지 않는다. 오히려 이만희 씨는 이 구절이 주는 메시지를 정확하게 파악해야 한다. 조심해야 할 가짜 재림 예수가 이 시대에는 없는지 이만희 씨는 눈여겨 봐야 한다.

　이만희 씨가 쓴 「천지창조」에는 신천지가 신봉하고 있는 모든 교리들이 총망라되어 있다. 오랫동안 이 천지창조를 연구하면서 수없이 발견하고 또 확인할 수 있었던 것은 어떤 주제를 다루든지 이 책의 결론은 매번 동일하다는 것이다. '기(起) 승(承) 전(轉) 신천지', '기(起) 승(承) 전(轉) 이만희'라는 점이다. 이만희 씨는 성경을 진지하게 읽고, 그 의미를 진지하게 파악하려는 노력은 처음부터 하지 않는다. 성경의 모든 본문을 기성교회를 매도하거나 신천지의 특권을 강화하는 이원론적 해석에만 몰두한다. '성경인봉설'은 이만희 씨에게 성경 해석의 전권을 부여하기 위해 만들어진 교리이다. 2천 년 동안 성경이 인봉되어 감추어졌다고 주장하는 목적은 오직 이만희 한 사람을 이 시대의 유일한 성경 해설자로 내세우기 위함이다. 신천지 신도의 숫자가 십사만 사천 명이 되면 영계의 영들이 육체에 내려와 인류 최후의 혼인 예식이 거행된다는 주장도 신천지라는 집단의 특권을 강화하는 수단일 뿐 성경과는 무관하다. 창세기 1장의 6일 창조 기사를 신천지의 설립과정으로 해석하는 이만희 씨에게서 망상적 징후를 느낄 수 있었다.

　노정 교리 또한 이만희 씨를 시대의 마지막 목자로 등장시키기 위해서 만든 교리이다. 마지막 목자의 전단계의 목자로 예수님을 설정해서 인간의 대열에 세우고 실패자로 만드는 대담성은 그가 성경을 하나님의 말씀으로 믿는 사람이 아니라는 확신을 가지기에 충분했다. 이만희 씨가 거품을 물고 자화자찬하는 자기의 요한계시록 해석은 유재열, 오평호, 이만희라는 세 인물을 중심으로 벌어졌던 장막성전의 변천사였다. 더군다나 이만희 씨는 요한계시록에 등장하는 모든 심판과 재앙을 기성교회에 대입함으로 기성교회는 사탄에게 조종당하고 있는 멸망 받아야 할 악한 집단으로 세뇌시킨다. 신천지 추수꾼들의 비상식적, 비윤리적 포교 행태는 이런 가르침에 세뇌된, 극단적인 혐오감에서 비롯된 것이라 볼 수 있다. 이렇듯 이만희 씨의 모든 성경 해석은 기성교회를 매도하거나, 아니면 신천지를 시대의 마지막 보루로 강화하는 이원론적 사고에 초점이 맞추어져 있다. 문제는 이러한 해석을 하나님의 말씀으로 믿고 따르는 사람이 있다는 데 있다.

천지창조를 포함한 이만희 씨의 저서들을 계속 분석하면서 확신을 가졌던 것 중 하나는 신천지는 기독교의 한 분파가 아니라는 점이다. 신천지는 완전히 다른 종교이다. 포장지는 성경이지만 내용은 성경이 아니다. 예수님을 말하고 있지만 기독교는 아니다. 신천지 성경 공부를 처음 접해본 사람들이 느끼는 공통적인 감정 중 하나는 '대단히 성경적이다' 라는 것이다. 그래서 안심하고 참여하게 되었다는 이야기를 듣는다. 이런 이야기를 들었을 때 망치로 머리를 한 대 맞는 기분이었다. 저런 가르침을 '성경적'이라고 생각하는 성도의 수준을 탓하기 전에 그동안의 내 자신을 돌아보게 되었다. 내가 성도들에게 그동안 무엇을 가르치고 무엇을 설교했는가? 성경을 올바르게 가르치고 전달하는 데 치중했는가? 아니면 성도들의 감성을 자극하는 설교에만 치중했는가를 돌아보았다. 그리고 저들을 떠나보낸 것은 모두 내 책임이라는 자책을 하게 되었다.

신천지에 미혹된 사람들을 구해내는 일도 중요하지만 근본적인 해결

책은 미연에 방지하는 것이다. 그 대비책 중 하나는 교회가 건전한 신학적 토대 위에 성경을 정확하게, 해석하고 가르치는 일에 집중하는 것이다. 이런 풍토가 조성될 때 신천지의 말장난을 '성경적'이라고 오인하는 일은 현저히 줄어들 것이라고 생각한다. 현재 한국에 있는 모든 교회들은 예외 없이 신천지의 도전을 받아내야 하는 현실에 직면해 있다. 이 책은 이 점에 있어서 이 땅에 있는 교회들에게 기여할 것이다. 얼마 전 안산에 있는 어느 교회의 목사님 한분이 전화를 걸어왔다. 신천지에서 이탈하여 본 교회로 돌아온 성도들이 겪는 어려움에 대해 토로하였다. 그 중 하나는 그동안 신천지에서 배워왔던 내용들이 아직도 잔상으로 남아 있어 적지 않은 혼란이 생긴다는 것이었다. 이 책이 신천지 교주 사후, 대거 교회로 돌아올, 잃었던 양들을 올바르게 지도하는 데 유용하게 활용될 수 있을 것이라 확신한다.

[참고 문헌]

· 김건남, 김병희. 『신탄』. 과천: 도서출판 신천지, 1985.
· 박수암. 『요한계시록』. 서울: 대한기독교출판사, 1989.
· 이만희. 『예수 그리스도의 행전』. 서울: 도서출판 신천지, 2006.
· 이만희. 『성도와 천국』. 안양: 도서출판 신천지, 1995.
· 이만희. 『영원한 복음 새노래 계시록 완전 해설』. 안양: 도서출판 신천지, 1986.
· 이만희. 『천국 비밀 요한계시록의 실상』. 과천: 도서출판 신천지, 2005.
· 이만희. 『천국의 비밀 계시록의 진상』. 안양: 도서출판 신천지, 1985.
· 이만희. 『천지창조』. 과천: 도서출판 신천지, 2007.
· 이만희. 『하늘에서 온 책의 비밀 계시록의 진상 2』. 안양: 도서출판 신천지, 1988.
· 탁명환. 『기독교 이단연구』. 서울: 국종출판사, 1986.
· 탁명환. 『한국의 신흥종교 기독교편 1권』. 서울: 국종출판사, 1972.
· 탁명환. 『한국의 신흥종교 기독교편 3권』. 서울: 국종출판사, 1974.
· 한창덕. 『한 권으로 끝내는 신천지 비판』. 서울: 새물결플러스, 2013.
· 『진리의 전당 주제별 요약 해설』. 과천: 도서출판 신천지, 2009.
· 『진리의 전당 주제별 요약해설 Ⅲ-1』. 과천: 도서출판 신천지, 2011.
· 『진리의 전당 주제별 요약해설 Ⅲ-2』. 과천: 도서출판 신천지, 2011.
· 『진리의 전당 주제별 요약 해설 Ⅴ』. 과천: 도서출판 신천지, 2014.
· 게르하르트 킷텔, 게르하르트 프리드리히. 『신약성서 신학사전』. THEOLOGICAL
  DICTIONARY OF THE NEW TESTAMENT. 번역위원회 역. 서울: 요단출판사, 1986.
· 고든 웬함. 『창세기 1-15』. "WORD BIBLICAL COMMENTARY volume 1". 박영호 역.
  서울: 도서출판 솔로몬, 2001.
· M. 유진 보링. 『요한계시록』. 소기천 역. 서울: 한국장로교출판사, 2011.